金融管理与实务专业系列规划教材

ZHENGQUAN JINGJIREN GANGWEI SHIXUN

证券经纪人
岗位实训

（第2版）

张存萍　主　编

电子工业出版社
Publishing House of Electronics Industry
北京·BEIJING

图书在版编目（CIP）数据

证券经纪人岗位实训/张存萍主编. —2 版. —北京：电子工业出版社，2012.9

（零距离上岗）

高职高专金融管理与实务专业系列规划教材

ISBN 978-7-121-17522-0

Ⅰ. ①证… Ⅱ. ①张… Ⅲ. ①证券交易－经纪人－高等职业教育－教材 Ⅳ. ①F830.91

中国版本图书馆 CIP 数据核字（2012）第 147702 号

策划编辑：晋　晶
责任编辑：刘淑敏
印　　刷：北京京师印务有限公司
装　　订：北京京师印务有限公司
出版发行：电子工业出版社
　　　　　北京市海淀区万寿路 173 信箱　邮编　100036
开　　本：787×980　1/16　印张：16.5　字数：370 千字
版　　次：2008 年 9 月第 1 版
　　　　　2012 年 9 月第 2 版
印　　次：2019 年 8 月第 7 次印刷
定　　价：30.00 元

　　凡所购买电子工业出版社图书有缺损问题，请向购买书店调换。若书店售缺，请与本社发行部联系，联系及邮购电话：（010）88254888，88258888。

　　质量投诉请发邮件至 zlts@phei.com.cn，盗版侵权举报请发邮件至 dbqq@phei.com.cn。

　　本书咨询联系方式：（010）88254199，sjb@phei.com.cn。

前　言

　　当前中国金融行业的发展日新月异，尤其证券行业的迅猛发展更是有目共睹。随着证券业机构业务的不断创新，人才的竞争愈加激烈，对证券投资经纪人的需求量也越来越大，而高等职业教育金融专业学生正是这一行业急需的人才。为了适应这种需要，高职教育金融专业证券投资教学也必须加快改革的步伐，以培养出符合行业实际要求专业人才。但目前市场上有关证券经纪人培训方面的教材非常少，为适应证券专业高职高专学生证券经纪人岗位实训改革的需要，提高证券公司经纪人岗前培训质量，北京财贸职业学院的几位教师凭借其在金融企业的实践经验，并对证券公司和商业银行等企业进行了大量的调查和走访，收集了大量资料，广泛听取证券从业人员意见的基础上，编写了本教材。

　　本教材编写的主要思路，是从证券经纪人岗位培训这一角度着手，针对金融专业高职学生今后的工作岗位要求而设计。目前，证券公司、基金管理公司、商业银行要求客户经理以重点开展各类金融产品的营销为主要业务，因此，在本教材中，对证券基础知识、技术分析、柜台业务等内容的学习，都最终以开展证券营销业务为目的。

　　本教材具有以下特色：

　　（1）实用性强。　本教材按照一般的教学规律设计教材结构与内容，从而更加符合证券专业教学改革的要求；本教材本着高等职业教育"理论够用"的理念，不过多地罗列理论，而是在跟踪金融业最新的知识与理论的前提下，保证全书结构的完整；同时借鉴学习领域课程开发的思路，更加关注学生的认知能力、一般行动能力和个性发展，把有效的学习过程作为本教材的主导思想。

　　（2）可操作性强。本教材注重培养学生作为证券经纪人的营销技能。在提供证券与证券营销等基本理论知识和方法的前提下，依据证券经纪人岗位的实际要求，编写了模拟情景设计和模拟实训练习等内容，这一形式生动、趣味性强，会极大地激发学生的学习积极性。另外，根据这一教材是实训教材的特点，所写的技能训练完全可以在课堂教学中实现，以提高课堂教学效果，减轻学生课后负担。

　　（3）具有创新性。本教材首次对证券营销的核心内容话术，从沟通的角度进行了论述，并对证券营销实际业务开展中所涉话术进行了初步设计。为学生今后进入证券机构从业打下了坚实的基础，并对其日常生活中处理人际关系也有一定的帮助。

当然，经纪人在具体的营销过程中，针对客户的每个问题都有不同的答案。因为每个客户的性格与文化背景不一样，每次拜访的时间及周边环境也不同，因此只有在特定的场合，特定的话术才更有效。教材中所写的话术内容仅仅是一般性的原则或规律，以书面语形式举例，并非所有话术内容都与实际一致，每段话术只作为开展证券营销的一种思路，仅供参考。

本教材以项目导向——任务驱动的思路安排如下：

（1）在每一项目的叙述过程中，穿插安排了大量的流程图、图示、模拟情景设计、表格、对话等形式表现证券经纪人岗位实训的内容。

（2）通过模拟情景设计与实训题，使学习者具备一定的证券投资业务能力，掌握基本的业务技巧。

（3）针对证券公司营业部柜台业务的开展，本教材把每一项业务的标准文本作为附录列在书后，方便教师教学任务的实施以及使学生在模拟训练中具有实际操作的真实感。

本书第2版的整体框架主要是四部分，即证券基本知识、证券经纪业务柜台业务流程、证券投资技术分析和证券服务营销。对第1版主要在以下方面进行修改。

（1）为了避免大家对证券经纪人职业与客户经理岗位称谓的混淆，本教材的修订版书名由《证券投资客户经理（经纪人）岗位实训》改为《证券经纪人岗位实训（第2版）》。

（2）每章前加一个学习导航，用框架图的形式表现。

（3）每章正文之前加一个与本章内容有关的相关链接，在教辅中提供案例讨论题点。

（4）在每章后增加单元实训题，即把书中原来的模拟实训题改为单元实训题，增加参考答案。

（5）减少了第4章证券柜台业务流程的内容。

（6）根据证券公司对证券经纪人开展业务的要求，增减证券营销的内容。

本教材主要内容分为四部分。

第一部分是证券经纪业务基本知识，主要从证券营业部的角度出发，以证券经纪人在工作中所需要的证券投资基本知识和技能为主要内容，包括股票、债券、基金，证券市场运行，证券公司营运模式等。

第二部分是经纪业务柜台业务流程，主要是经纪业务的主要内容及各种业务的流程，以及经纪人所具备的业务能力，包括证券账户、资金账户开立，各类账户的挂失补办、非交易过户、转托管、交易结算，资金第三方存管业务等业务流程，以及在开展各项业务时应该注意的风险和防范措施。

第三部分是证券投资技术分析。这部分主要是对证券投资技术分析的理论基础、基本要素及技术分析方法，以及常见技术指标的计算方法和一般应用法则做了阐述。

第四部分是证券服务营销。这一部分是本教材的重要内容。证券营销的产品主要是服务，主要是经纪人用语言把所销售的服务产品推销出去，如何用语言与客户进行沟通，因此话术就成为证券营销的关键。本部分内容以证券营销原理、证券营销步骤与技巧、客户管理、经纪人服务礼仪和证券投资电话营销为主要内容，在编写形式上主要是知识点、模拟情景设计及课堂练习等，其中许多方面突出营销话术的训练。

本教材适用于高职高专院校、成人高等院校等相关专业的教学，也适用于证券公司营业部培训经纪人使用。

本教材由北京财贸职业学院张存萍主编，具体负责制定本教材的写作大纲，并做了全面修改和编辑。北京财贸职业学院郑宏韬、乌日娜，陕西航空技术学院谭敏，首都经贸大学博士生宋佳娟，山西大同大学商学院史润玲，四川西华大学研究生冯世勋参与了本教材的编写工作。本书各章分工如下：第1章由谭敏、宋佳娟执笔，第2章、第4章、第6章、由张存萍执笔，第3章由乌日娜执笔，第5章由郑宏韬执笔，第7章由宋佳娟执笔，第8章由冯世勋、宋佳娟执笔，第9章由史润玲执笔。

在本教材的写作过程，我的导师中央财经大学期货交易所所长贺强教授严谨致学的精神给了我很大的鼓舞，使我顺利完成了本教材的写作。与此同时，还得到了众多专家学者的大力指导与帮助，其中，华西证券公司总经理叶寅寅、市场总监温劲对本教材编写大纲提出了宝贵的修改意见，华林证券公司杨勇先生、华西证券公司沈毅女士对本教材第4章证券公司柜台业务流程做了具体指导。同时，还要感谢电子工业出版社的编辑对本教材的出版付出了辛勤努力。

在编写本教材过程中，我们参阅了证券投资方面的专著、论文和相关资料，并注明所引材料的出处，其中或许有个别遗漏，在此，谨向有关作者致以诚挚的谢意。

由于编者第一次尝试编写高职实训类教材，尽管走访了许多证券公司，查阅了很多参考书，但终究水平有限，教材中会有不当或错误之处，还请业内学者专家批评指正，不吝赐教。

北京财贸职业学院　张存萍
2012年于北京甜水园

"证券经纪人岗位实训"课程进度安排表

序　号	项目名称	任　务	课时分配
项目一	有价证券咨询	任务 1：为客户做股票投资基础知识咨询	10
		任务 2：为客户做债券投资知识咨询	
		任务 3：为客户做基金投资知识咨询	
项目二	股票市场运行	任务 1：了解证券交易规则	8
		任务 2：认知股票价格指数	
项目三	把握证券公司营运模式	任务 1：证券公司的设立	6
		任务 2：了解证券公司的主要业务	
项目四	掌握柜台业务流程	任务 1：开立证券账户和资金账户	8
		任务 2：挂失补办账户	
		任务 3：掌握客户交易结算资金第三方管理的相关规定	
		任务 4：掌握证券委托的不同方式及其风险点	
		任务 5：熟悉证券交割流程与风险防范	
项目五	掌握证券投资技术分析	任务 1：认知技术分析方法	8
		任务 2：运用证券技术指标为客户提供咨询服务	
项目六	把握证券营销基本原理	任务 1：认知证券营销基本原理	8
		任务 2：把握证券营销话术	
项目七	运用证券营销话术开展经纪人业务	任务 1：了解证券营销步骤	10
		任务 2：掌握证券营销的话术技巧	
		任务 3：把握电话营销技巧	
项目八	有效管理证券投资客户	任务 1：认知证券客户管理流程	6
		任务 2：正确对客户进行分类	
		任务 3：对证券投资客户忠诚度进行管理	
项目九	培养证券经纪人职业素养	任务 1：认知证券经纪人的职责	8
		任务 2：养成证券经纪人的素质	
		任务 3：把握证券经纪人礼仪	
总计	72 学时		

目 录

CONTENTS

项目一

有价证券咨询

⚙ **知识目标**
掌握股票、债券、基金的基本专业知识。

⚙ **实训目标**
比较股票、债券、基金收益和风险，把握各自的卖点，能够根据客户的需要准确介绍各类投资产品的基本知识，增加客户对客户经理的信任。

学习导航

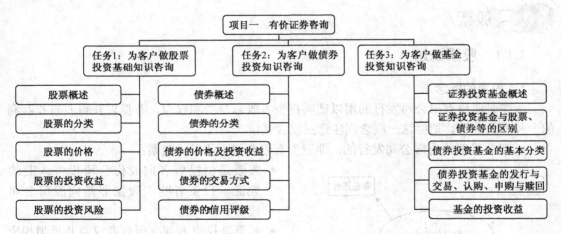

✏ **相关链接**

投资理财，已经成为人们现代生活中的一部分。

过去，大多数人采用储蓄的方式将钱积蓄起来，以保证自己生活水平的平稳。考虑到通货膨胀的压力，如果我们把所有的钱都用来储蓄，这并不是一种很好的方式。如果存款利率低于通货膨胀率，则通货膨胀每年都在侵蚀人们的现金资产。

随着金融业的发展，普通人能够使用的投资理财工具也多了起来。股票、债券、基金都是面向投资者的投资理财工具。通过正确的投资，人们不仅能够实现财富的保值增值，还能分享中国经济高速成长的成果。但就像种地一样，所有的农民都面临着相似的挑战，即天气、土地和市场。经验丰富的农民通过种植不同的作物来应对这种不可预测性。例如，有些作物头一年长势良好，但第二年就不一定了。

成功的投资同样依靠这些经过实践证明的原理。像农耕一样，投资也有许多不确定性。经验表明，不同证券要有良好表现，需要不同的条件，经验丰富的投资者就是要投资于不同的证券组合来规避不确定性风险。

对于大多数投资者来说，证券市场过于复杂，他们需要证券市场专业人士帮助他们来了解这个市场，关于股票、债券和基金等基础投资知识是最基本的内容。那么如何用通俗的语言，为投资者提供证券市场基本知识咨询服务，就是证券行业理财经理的工作之一。

（选自 http://blog.fund123.cn/ldsh/archive/2007/10/31/40242.aspx，《讲故事，说理财》电子工业出版社世纪波公司，2008 年。）

任务 1：为客户做股票投资基础知识咨询

1.1 股票

1.1.1 股票概述

1．股票的概念

股票是股份有限公司发行的用以证明投资者股东身份和权益，并据以获得股息和红利的一种有价证券。把握这一概念应注意三层含义：

• 股票是股份有限公司发行的，非股份有限公司不能发行股票；

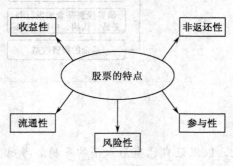

图 1-1　股票的特点

• 股票是由投资者向股份公司投资入股的凭证，投资者购买股票即是向股份公司投资；

• 股票是投资者拥有所有者权益并承担相应责任的凭证。

2．股票的特点

股票是股份公司资本的构成部分，投资者可以将股票买卖、转让或作价抵押，作为资本市场的长期信用工具，股票的特点如图 1-1 所示。

模拟情景设计 1-1

情　　景：在实训室模拟证券公司营业部。

学生角色：3 人一组，1 人为客户，2 人为客户经理。

客户身份：某服务行业一般职员（女性），40 岁左右，对股票基础知识了解甚少。

情景内容：客户来到证券公司营业部，咨询有关股票投资事宜。

情景设计：

　　客户经理：您好（行鞠躬礼），请问有什么可以帮到您的？

　　客户：你好，关于股票投资方面我有一些疑惑想请你解答一下。

　　客户经理：好的，您有哪些疑问呢？

　　客户：我在书上看到股票有一个特点是非返还性，不太理解是什么意思？

　　客户经理：就是说投资者一旦买入股票，对于上市公司来说，就可以永久性地占有这些资金，在公司的存续期间，投资者都不能向公司要求退股抽资。要想收回自己原来的投资，投资者只有通过股票交易市场将股票卖出，转让给其他投资者才行。这样对投资者而言，就面临着在股市低迷时，股票被套牢，要想变现，就可能面临投资损失。

　　客户：股票的收益性，是不是指投资者买了股票就可以赚钱了呢？

　　客户经理：它是指投资者持有股票本身可以获得一定数额的收益，是对于投资者转让资本使用权的回报，是股东拥有的一种权利的表现。但由于市场变化莫测，买了股票并不能保证肯定赚钱。这也就是说投资股票是有风险的，即表现为股票的特点之一：风险性。投资于股票能否获得预期收入，要看公司的经营情况和股票交易市场上的行情，而这都不是确定的，变化极大，所以投资者必须具备承担风险的能力。正所谓"入市有风险，投资需谨慎"。

　　客户：那股票收益性表现在哪些方面呢？

　　客户经理：表现为股息收入、红利收入和买卖证券的差价。

　　客户：是不是说我可以在股票市场随时买卖呢？

　　客户经理：对，只要是在交易日，投资者可以将股票在股票市场上随时转让，进行买卖。也可以继承、赠与、抵押，但不能退股。这就是股票的流通性特征。

　　客户：我还想了解一下股东参与企业决策的权力，你再给我介绍一下好吗？

　　客户经理：哦，是这样的。投资者买入股票成为该公司的股东，拥有参与公司经营决策、贯彻自己意志并维护自己权益的权利。表现为股票持有者有权出席股东大会，选举公司董事会，参与公司重大决策等。股东参与公司决策权利的大小取决于其持有股份的多少。实践中，只有股东持有的股票数量达到能左右决策结果所需的实际多数时，才能掌握公司的决策控制权。

　　客户：好的，非常感谢你帮我了解这么多的股票投资知识。这很有利于我对股票市场的认识。

　　客户经理：不客气，欢迎您再来。

1.1.2 股票的分类

1. 股票的一般类型

为满足不同的需要，在各国证券市场实践中产生了各种不同类别的股票，分类方法也有差异，常见的股票类型如表 1-1 所示。

表 1-1 常见股票类型

分类标准	名 称	含 义	说 明
按股东享有权利和承担风险的大小不同	普通股	股份公司发行的随企业利润变动而变动的一种股票，是股份公司资本构成中最普通、最基本的股份 普通股票是标准股票，持有者是公司的基本股东	股东的权益： ● 决策参与权 ● 盈余分配请求权 ● 剩余财产分配 ● 优先认股权 ● 股份自由转让权
	优先股	股份公司发行的、在分配公司收益和剩余财产方面比普通股具有优先权的股票 优先股可以先于普通股获得股息，股息收益率事先确定	股东权益： ● 股息领取优先权 ● 剩余资产分配优先权 ● 不享有公司经营参与权
按票面是否记载投资者姓名	记名股	股票票面和股份公司的股东名册上记载股东姓名的股票	转让时应由股东向公司办理转让过户手续
	不记名股	股票票面和股份公司股东名册上均不记载股东姓名的股票	持有此种股票就是公司的股东，可任意转让
按业绩好坏	绩优股	业绩优良且比较稳定的公司发行的股票具有较高的投资回报和投资价值 这类上市公司行业内达到了较高的市场占有率，形成了经营规模优势，利润稳步增长，市场知名度很高	在我国，衡量绩优股的主要指标是每股税后利润和净资产收益率。一般而言，每股税后利润在全体上市公司中处于中上地位，公司上市后净资产收益率连续三年显著超过 10%的股票当属绩优股之列
	垃圾股	业绩较差的公司发行的股票这类上市公司由于行业发展前景不好或经营不善有的甚至进入亏损行列	股票在市场上的表现委靡不振，股价走低，交投不活跃，年终分红也差

续表

分类标准	名　称	含　义	说　明
我国的交易品种	A股	人民币普通股票。由我国境内的公司发行，供境内机构、组织或个人（不含台、港、澳投资者）以人民币认购和交易的普通股股票	股票代码 6 字头开头的是上海证券交易所的 股票代码 0 字头开头的深圳证券交易所的
	B股	人民币特种股票，面向境外投资者发行的以人民币标明面值，以外币认购和买卖，在上海、深圳证券交易所上市交易的股票	沪市 B 股以美元计价 深市 B 股以港元计价
	H股	注册地在中国大陆、上市地在香港的外资股	
	N股	中国境内企业在纽约证交所上市的股票	
	L股	中国境内企业在伦敦证交所上市的股票	
	S股	中国境内企业在新加坡证交所上市的股票	

2．我国股票基本类型

股票按购买主体划分可分为国家股、法人股、公众股、外资股，如图 1-2 所示。

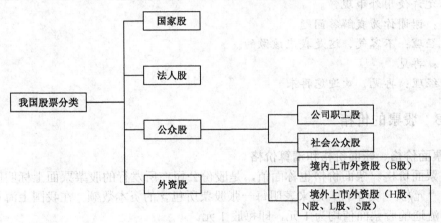

图 1-2　按投资主体分类的股票类型

 模拟情景设计 1-2

情　　景：证券公司营业部。

学生角色：客户、客户经理。

基本情景：在实训室模拟证券公司营业部。

情景内容：一位想了解 B 股投资的客户张先生走进证券公司营业大厅，向接待的客户经理进行咨询。

情景设计：

　　大堂经理：您好，请问有什么可以帮到您的？

　　客户：哦，我想咨询一下关于 B 股投资的内容。

　　大堂经理：我们有专业的客户经理为您服务，请您随我来好吗？（做前右指示，请客户走，大堂经理先向客户经理介绍客户张先生，后向客户介绍客户经理李先生。）

　　客户经理：您好，您想咨询股票哪些方面的内容呢？

　　客户：我从没有做过 B 股投资，想知道什么是 B 股？

　　客户经理：B 股是境内上市外资股，原来是指股份有限公司向境外投资者募集并在我国境内上市的股份，投资者限于外国的自然人、法人和其他组织；我国香港、澳门、台湾地区的自然人、法人和其他组织；定居在国外的中国公民等。B 股采取记名股票形式，以人民币表明面值，以外币认购、买卖，在境内证券交易所上市交易。

　　客户：噢，原来是这样。那么我可以投资 B 股市场吗？

　　客户经理：从 2001 年 2 月对境内居民个人开放 B 股市场之后，境内投资者逐渐成为 B 股市场的重要投资主体，B 股的"外资性"也发生了变化，所以境内居民也可以投资 B 股了。但境内居民个人只能用现汇存款和外币现钞存款以及从境外汇入的外汇资金从事 B 股交易，不允许使用外币现钞。

　　客户：谢谢你为我解答问题。

　　客户经理：不客气，这是我应该做的。

　　客户：再见。

　　客户经理：再见，欢迎您再来。

1.1.3　股票的价格

1. 票面价格、账面价格和清算价格

　　（1）票面价格。票面价格也称面值，是股份公司在所发行的股票票面上标明的票面金额，它以"元/股"为单位，用来表明每一张股票所包含的资本数额。在我国上海和深圳证券交易所流通的股票面值均为 1 元，即每股 1 元。

　　计算公式：

$$票面价格 = \frac{上市的资本总额}{上市的股数}$$

　　股票面值的作用之一是表明股票的认购者在股份公司的投资中所占的比例，作为确定股东权利的依据。第二个作用就是在首次发行股票时，将股票的面值作为发行定价的一个依据。一般来说，股票的发行价格都会高于其面值。当股票进入流通市场后，股票的面值就与股票的价格没有什么关系了，股民将股价炒到多高，它就有多高。

　　（2）账面价格。账面价格也称净值，又称为每股净资产，是用会计统计的方法计算出来的每股股票所包含的资产净值。其计算方法是用公司的净资产（包括注册资金、各种公

积金、累积盈余等，不包括债务）除以总股本，得到的就是每股的净值。股份公司的账面价格越高，则股东实际拥有的资产就越多。由于账面价格是财务统计、计算的结果，数据较精确而且可信度很高，所以它是股票投资者评估和分析上市公司实力的重要依据之一。投资者应注意上市公司的这一数据。

计算公式：

$$普通股票每股账面价格 = \frac{净值 - 优先总面额}{普通股股数}$$

（3）清算价格。清算价格是指一旦股份公司破产或倒闭后进行清算时，每股股票所代表的实际价值。只有在股份公司因破产或其他原因丧失法人资格而进行清算时才被作为确定股票价格的依据，在股票的发行和流通过程中没有意义。

2. 理论价格、发行价格、交易价格

（1）理论价格。理论价格在理论上，可以把股票的未来收益资本化，形成股票的理论价格。由于受资金供求、预期等因素的影响，理论价格与实际价格往往不一致，但理论价格是实际价格的基础，实际价格不会偏离理论价格太远。

计算公式：

$$理论价格 = \frac{股票红利收益}{利息率}$$

（2）发行价格。发行价格是指股份有限公司将股票公开发售给特定或非特定的投资者所采用的价格。根据发行价格与票面金额的不同差异，发行价格可分为面值发行和溢价发行两种。

一般而言，在确定股票发行价格时应综合考虑公司的赢利水平、公司潜力、发行数量、行业特点以及股市状态等影响股票价格的基本因素。

确定发行价格的方法一般为市盈率法。

计算公式：

$$市盈率 = \frac{股票价格}{每股净赢利}$$

$$每股净赢利 = \frac{每股税后利润}{股份总额}$$

通过市盈率法确定股票发行价格，股份公司首先应根据专业会计师审核后的赢利预测计算出发行公司的每股净赢利；其次根据二级市场的平均市盈率、发行公司的行业情况、经营状况及其成长性等拟订发行市盈率；最后发行市盈率与每股净赢利的乘积决定股票的发行价格。

计算公式：

$$股票发行价格 = 每股净赢利 \times 发行市盈率$$

（3）交易价格。交易价格是指在证券市场上买卖股票的价格，即股票的市价，也称股票行市。交易价格经常波动，是股票供求和市场行情变化等因素共同作用的结果。

计算公式：

$$股票市价 = \frac{预期股息收益率}{市场利率}$$

1.1.4　股票的投资收益

众所周知，在证券市场投资品种的选择方面，往往具有高风险、高收益和低风险、低收益的特征。股票属于前者，其卖点就在于那些激进性的投资者，喜欢高风险、高收益。

1. 股票收益的构成

股票投资收益是指投资者从购入股票开始到出售股票为止整个持有期间的收入，由股息、资本利得和资本增值收益组成，如表1-2所示。

表1-2　股票收益分类

收益类型	含　义	征税情况
股息（现金红利/红股）	现金红利：以货币形式支付 红股：以股票形式支付，其来源都是未分配利润	目前现金红利和红股要上交所得税。个人投资者由上市公司代扣代缴，机构投资者、法人投资者则自行缴纳
资本利得	指股票持有者持股票到市场上进行交易，当股票的市场价格高于买入价格时，卖出股票就可以赚取差价收益	内地股市尚不对该部分实施征税，但在境外发达国家和地区都是征税的
资本增值收益	上市公司在使用资本公积进行转增时送股	转增是不用缴纳所得税的

（1）股息。股息是指股票持有者依据股票从公司分取的赢利。获取股息红利，是股东投资于上市公司的基本目的，也是上市公司对股民的主要回报。股息有现金红利和红股两种形式。在熊市阶段，投资者往往希望得到现金红利，因为股价在不断下跌。而在牛市阶段，投资者又希望得到红股，因为股价在持续上涨。

（2）资本利得。资本利得是指投资者在证券市场上交易股票，通过股票买入价与卖出价之间的差额所获取的收入，又称资本损益。当卖出价大于买入价时为资本收益，即资本利得为正；当卖出价小于买入价时为资本损失，即资本利得为负。

（3）资本增值收益。资本增值收益是指上市公司在使用资本公积进行转增时送股，但送股的资金不是来自当年的可分配利润，而是公司提取的公积金。上市公司在实施转增时必须使用资本公积的股本溢价部分，而这部分的来源往往依靠上市公司实施首发融资或再融资等方式才能获得。资本增值收益又可称为公积金转增股本。

2. 股票收益率的计算方法

计算股票的收益有以下三种类型：股票收益率、持有期收益率、股份变动后持有期收益率，具体情况如表 1-3 所示。

表 1-3　股票收益率计算分类

名　称	含　义	对股票投资的指导作用
股票收益率（本期股利收益率）	股份公司以现金派发股利与本期股票价格的比率。表明以现行价格购买股票的预期收益	可用于计算已得的股利收益率，也可用于预测未来可能的股利收益率。如果打算投资某一只股票，可用实际已发的现金股息与当前的市场价格计算，得出预计的股利收益率，对做出投资决策有一定的指导作用
持有期收益率	投资者买入股票持有一定时期后又卖出该股票，在投资者持有该股票期间的收益率	这一指标是投资者最关心的，它反映投资者在一定持有期内所获得的全部股息和资本利得收入的总和。如果与债券收益率和银行利率做比较时，必须将其化为年收益率
股份变动后持有期收益率	投资者买入股票后，上市公司给持有股票者送股、配股、增发，导致股票市场价格和投资者持股数量发生变化	及时了解投资者收益率的变化，有利于及时调整投资策略

（1）股票收益率公式计算。股票收益率用公式表示如下：

$$股利收益率 = \frac{年现金股利}{本期股票价格} \times 100\%$$

式中，本期股票价格指证券市场二的该股票的当日收盘价，年现金股利指上一年每一股票获得的股利。

✎　**例 1-1**　某投资者以每股 20 元买入某公司股票，持有 1 年获得现金股利 1.80 元，计算股利收益率。

$$股利收益率 = \frac{1.80}{20} \times 100\% = 9\%$$

（2）持有期收益率计算。持有期收益率用公式表示如下：

$$持有期收益率 = \frac{现金股利 + （卖出价 - 买入价）}{买入价} \times 100\%$$

✎　**例 1-2**　某投资者以每股 20 元买入某公司股票，持有 1 年获得现金股利 1.80 元，在分得现金股利 2 个月后，将股票以 23.2 元市价出售，计算持有期收益率。

$$持有期收益率 = \frac{1.8 + （23.2 - 20）}{20} \times 100\% = 25\%$$

（3）股份变动后持有期收益率计算。股份变动后持有期收益率用公式表示如下：

$$股份变动后持有期收益率 = \frac{调整后资本利得 + 调整后现金股利}{调整后的买入价} \times 100\% = 19\%$$

✎　**例 1-3**　某投资者以每股 20 元买入某公司股票，持有 1 年获得现金股息 1.80 元后，某上市公司以1：2的比例拆股。拆股决定公布后，公司股票市价涨到22元/股，拆股后市价为11元/股，如果投资者此时以市价出售，计算股份变动后持有期的收益率。

$$\text{股份变动后持有期的收益率} = \frac{(11-10)+0.9}{10} \times 100\% = 19\%$$

1.1.5　股票的投资风险

投资者在追求投资收益的同时，也必然同时面对投资风险。所谓风险，一般的理解是指遭受各种损失的可能性。股票投资的风险则是指实际获得的收益低于预期的收益的可能性。包括系统风险和非系统风险，如图1-3所示。

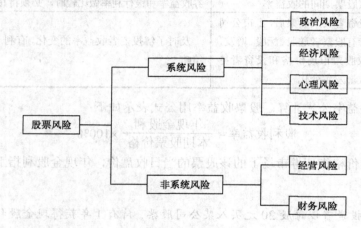

图 1-3　股票投资风险

1. 系统风险对股票价格影响的传导过程

系统风险指的是总收益变动中由影响所有股票价格的因素造成的那一部分。经济的、政治的和社会的变动是系统风险的根源，典型的普通股票的总风险中大约有一半是系统风险，这种风险是投资者无法控制的。系统风险对股票价格影响的传导过程如表1-4所示。

表 1-4　系统风险对股票价格的传导过程

风险类型	含　义	对股票价格的影响	系统风险对股票价格影响的传导过程
通货膨胀风险	指由于通货膨胀引起的投资者实际收益率的不确定	当货币资金供应量增长过猛，出现通货膨胀时，证券的价格也会随之发生变动	通货膨胀之初：企业的房地产、机器设备等固定资产账面价值因通货膨胀高涨→使企业存货能高价售出→使企业从以往低价购入的原材料上获利→名义资产增值与名义赢利增加→公司股票的市场价格上涨 通货膨胀持续上升后：新的生产成本因原材料等价格上升而提高→企业利润相应减少→投资者开始抛出股票→使股票市场需求萎缩→股票价格下降

续表

风险类型	含　义	对股票价格的影响	系统风险对股票价格影响的传导过程
利率风险	由于利率发生变动，从而会给股票市场带来的影响。利率是指银行信用活动中的存贷款利率	银行利率上升，股票价格下跌，反之亦然	银行储蓄存款的安全性高于股票投资→存款利率上升→资金从证券市场流出→使证券投资需求下降→股票价格下跌 银行贷款利率上升后→信贷市场银根紧缩→企业资金流动不畅→利息成本提高→赢利能力削弱→造成股票市场价格下跌
汇率风险	由于汇率发生变动，从而会给股票市场带来的影响	汇率上升，本币贬值，过口型上市公司股票价格下跌，反之亦然	汇率上升→本币贬值→利于出口型企业→经营成本下降→利润增加→上市公司股票价格上升 汇率上升→本币贬值→不利于出口型企业→经营成本上升→利润减少→上市公司股票价格下跌
宏观经济风险	宏观经济风险主要是由于宏观经济因素的变化、经济政策变化、经济的周期性波动以及国际经济因素的变化给股票投资者可能带来的意外收益或损失		在经济复苏和繁荣时期，社会总需求、总投资旺盛，经济增长率上升，就业率和个人收入水平也有较大的提高，与此同时，证券市场筹资与投资十分活跃，证券投资收益看好 在经济萧条，特别是危机时期，由于社会经济活动处于停滞不前甚至萎缩和倒退状态，经济秩序不稳定，证券市场也必然受到冲击。这样就可能出现：一方面，资金需求减少，市场交易规模随之缩小；另一方面，股票价格大幅度波动并呈现跌势，投资者实际收益下降，甚至出现亏损
社会政治风险	一国政治局势出现大的变化，对证券市场价格产生的影响	政局恶化、内幕交易、社会丑闻，股票价格下跌	政府更迭、国家首脑健康状况出现问题、国内出现动乱、对外政治关系发生危机时→对证券市场产生影响 政界人士参与证券投机活动和证券从业人员内幕交易的政治、社会丑闻→对证券市场的稳定构成很大威胁 政治危机、内幕交易、社会丑闻→对于在海外从事直接投资的股份制企业→在海外投资的利益受到损失→在国内发行股票价格也会受到不利影响→这种国家风险将会转移到企业普通股票持有者身上
市场风险	投资者对股票看法（主要是对股票收益的预期）的变化所引起的大多数普通股票收益的易变性	一些公司股票价格由于不明原因突然下降了	各种政治的、社会的和经济的事件→根据他们自己对这些事件的看法做出判断和反应→投资者对某些种类股票（或一只股票）的看法发生变化→抛出股票→投资者作为一个群体的情绪波动往往导致滚雪球效应→害怕蒙受更大损失大量抛售股票→使股市进一步下跌→最后发展到整个股市狂跌

2. 非系统风险对股票投资的影响

非系统风险是总风险中对一个公司或一个行业是独一无二的那部分风险。管理能力、消费偏好、罢工等因素造成一个公司利润的变动。因非系统风险仅涉及某个公司或某个行业的股票，所以投资者可以通过审慎的投资选择来减少甚至避免非系统风险。非系统风险的主要形如表 1-5 所示。

表 1-5　非系统性风险对股票的影响

风险类型	含　义	风险表现	规避风险思路	提醒投资者注意要点
金融风险	与公司筹集资金的方式有关。通常通过观察一个公司的资本结构来估量该公司的股票的金融风险	资本结构中贷款和债券比重小的公司，其股票的金融风险低；贷款和债券比重大的公司，其股票的金融风险高	只要购买债务较小的公司股票就行	选择举债少的公司股票也有缺点，因为这些企业在经济扩张时期收益和股息的增加往往落后于那些将债务作为公司资本结构的一部分的公司，因此，金融风险的减少是以减少潜在的收益为代价的，股票投资者需要在这两者之间权衡
经营风险	由于公司的外部经营环境和条件，以及内部经营管理方面的问题造成公司收入的变动而引起的股票投资者收益的不确定	股票投资者会遭遇两方面的风险：当公司收入突然下降时，导致股东们所得股息减少或根本没有股息。与此同时，股票的市场价格一般也会随之降低，使股东们蒙受双重损失	在选择股票投资时，对上市公司的经营管理水平有比较清醒的判断	让投资者自己判断上市公司的经营效率难度较大，这主要是因为一般的投资者都不是专业投资者，缺少专业投资知识，因此，在投资时尽量选择专业的证券公司帮助其判断所选上市公司的经营水平　由于普通股持有者在进行现金分配时排在最后，与公司的债券持有者相比，普通股票持有者处于一个风险大得多的地位
流动性风险	由于将资产变成现金方面的潜在困难而造成的投资者收益的不确定	一种股票在不做出大的价格让步的情况下卖出的困难越大，则拥有该种股票的流动性风险程度越大	在流通市场上交易的各种股票当中，流动性风险差异很大，这取决于股票投资者选择优质股票的能力	当投资者打算在一个没有什么买主的市场上将一种股票变现时，就会掉进流动性陷阱　降低流动性风险的策略就是在选择股票投资时一定要做好资金使用计划。以免急着要将股票变现忍痛贱卖，在价格上做出很大牺牲
操作性风险	由于投资者不同的心理素质与心理状态、不同的判断标准、不同的操作技巧造成的投资收益的差异	操作性风险中最重要的是心理因素的影响。个人投资者的心理因素内容比较复杂，心理素质稳定的人往往面临的风险较小。反之较风险较大	通过掌握更多的股票投资知识、经验与技巧，调整自己的心态，提高自身修养，从而在股票投资中提高操作能力	操作风险中，比较典型的有"搏傻"心理、从众心理、贪婪心理、侥幸心理和赌徒心理等

模拟情景设计 1-3

情　　景：证券公司营业部。

学生角色：3人一组，1人为客户，2人为客户经理。

客户身份：某服务行业一般职员（女性），40岁左右，对股票基础知识了解甚少。

情景内容：客户来到证券公司营业部，咨询有关股票投资事宜。

情景设计：

客户经理：您好（行鞠躬礼），请问有什么可以帮到您的？

客户：我想了解一下投资股票都能获得哪些收益呢？

客户经理：哦，是这样，股票投资收益主要由股息、资本利得、资本增值收益三部分构成。股息也就是说您投资了某只股票，依据股票从公司分取的赢利。资本利得是说假如您在证券市场上交易股票，通过股票买入价与卖出价之间的差额所获取的收入，但这个收入并不一定是正的，当卖出价大于买入价时为资本收益，这时资本利得为正，但当卖出价小于买入价时，就是资本损失，即资本利得为负。资本增值收益也就是上市公司在使用资本公积进行转增时送股，这也是一种股票的收益方式。

客户：这样说来，股票投资的回报也不一定是稳定的啊！

客户经理：是的，证券市场投资品种的选择方面，往往具有高风险、高收益和低风险、低收益的特征。股票属于前者，股票的价格受到很多因素的影响会产生波动，所以投资者在入市之前必须有良好的心理准备，切忌把炒股当成赌博啊！

客户：你说的太对了。我还想咨询一下，最近一直关注股市行情，有些股票戴了"ST"的帽子却涨得特别好，听说"ST"了就是被特别处理了，那这种股票还能投资吗？

客户经理：您说的没错，ST股票确实是因为该上市公司的一些财务状况或其他异常状况而被特别处理。前一阶段，市场热炒ST股票，主要基于一些绩差低价股经过成功重组后变为高价股的预期。这样的案例也不少，但是*ST公司未能重组退市的案例也很多，投资这一类股票风险还是非常大的，必须考虑做好承受高风险的准备。

客户：是的，那么我如果投资了股票，应该怎么计算我的投资收益呢？

客户经理：计算投资收益可以有这几种方法：可通过计算股利收益率、持有期收益率来获知您的投资收益，我给您写出计算公式，举几个例子您就明白了。

……

客户：谢谢你为我解答了这么多问题。

客户经理：不客气，欢迎您下次再来。

任务 2：为客户做债券投资知识咨询

1.2 债券

1.2.1 债券概述

1. 债券的概念

债券是发行人依照法定程序发行的约定在一定期限还本付息的有价证券。债券有四个方面的含义：① 发行人是借入资金的经济主体，如政府，企业等；② 投资者是出借资金的经济主体；③ 发行人需要在一定时期按一定的利率还本付息；④ 反映了发行者和投资者之间的债权债务关系，而且是这一关系的法律凭证。

2. 债券的基本要素

债券作为证明债权债务关系的凭证，一般具有一定格式的票面形式来表现。通常，债券票面上基本要素的主要内容如图 1-4 所示。

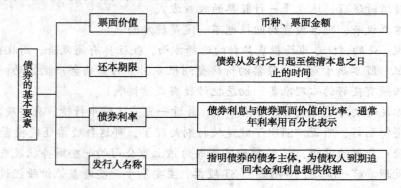

图 1-4　债券的基本要素

3. 债券的特点

（1）偿还性，是指债券有规定的偿还期限，债券发行人在债券到期时应对投资者进行还本付息。

（2）流动性，债券一般都可以在债券市场上自由转让，变现能力较强。

（3）安全性，是指债券持有人的收益相对固定，不随发行人经营收益的变动而变动，可按期收回本金。与股票相比，债券投资风险较小。

（4）收益性，是指债券能给投资者带来一定的收入。这种收入主要表现为利息，即债权投资的报酬。

1.2.2　债券的分类

1．政府债券、金融债券、公司债券

按照发行主体，可将债券划分为政府债券、金融债券、公司债券。

（1）政府债券，由中央政府债券和地方政府债券组成。中央政府发行的债券称为国债，这类债券因有国家财政担保，所以信用度高、流动性高，是投资者接触最多的一种债券。地方政府债券简称地方债，是由地方政府为进行地方的经济开发、建设、公共设施建设等筹集资金而发行的债券。目前在我国只允许中央政府发债，地方政府是没有发债权的。

（2）金融债券，是银行或非银行的金融机构为筹措长期信贷资金而向社会发行的一种债券。

（3）公司债券，又称企业债券，是股份公司为筹措生产经营、技术改造、扩大生产资金而公开发行的债券，一般多为中长期债券。公司债券的风险比国家债券和金融债券的风险大，因此票面利率较高。可转换债券也属于企业债券。

2．短期债券、中期债券和长期债券

按照债券的归还期限，可将债券划分为短期债券、中期债券和长期债券。

（1）短期债券，是指期限在 1 年内还本付息的债券，短期债券的发行一般采取贴现发行方式。

（2）中期债券，是指还本付息的期限为 1 年以上 10 年以内。

（3）长期债券，是指期限在 10 年以上才能还本付息的债券。

3．附息债券、贴现债券和普通债券

按付息的方式不同可将债券划分为附息债券、贴现债券和普通债券。

（1）附息债券，是在它的券面上附有各期息票的中长期债券，息票的持有者可按其标明的时间期限到指定的地点按标明的利息额领取利息。

（2）贴现债券，是在发行时按规定的折扣率将债券以低于面值的价格出售（即折价发行），在到期时持有者仍按面额领回本息，其票面价格与发行价之差即为利息。例如，投资者以 70 元的发行价格认购了面值为 100 元的 5 年期的贴息债券，那么在 5 年到期后，可兑付到 100 元的现金，其中 30 元的差价即为债券的利息。

（3）普通债券，按不低于面值的价格发行，持券者可按规定分期分批领取利息或到期后一次领回本息。

4．特殊类型的债券

可转换公司债券，债券的持有者可按一定的条件根据自己的意愿将持有的债券转换成股票，并且同时兼有债券和股票的双重性质。可转换公司债券与一般的债券一样，在转换前可以定期得到利息收入，不享有股东的权利。当发行公司的经营业绩取得显著增长时，可转换公司债券在约定的期限内可以按预定转换价格由投资者选择转换成股份。投资者拥有的转换权可以确保其分享公司未来的增长利益。

 模拟情景设计 1-4

情　　景：商业银行证券销售部。

学生角色：客户、客户经理。

客户身份：从未进入证券市场，对市场基本知识了解较少。

情景内容：某客户走进商业银行柜台前咨询有关债券事宜。

情景设计：

客户：我想问一下什么是凭证式国债？

客户经理：凭证式国债是指国家采取不印刷实物券，而用填制"国库券收款凭证"的方式发行的国债。

客户：这种国债有什么特点呢？

客户经理：我国从1994年开始发行凭证式国债了。这种国债具有类似储蓄、又优于储蓄的特点，通常被称为"储蓄式国债"，是以储蓄为目的的个人投资者理想的投资方式。与储蓄相比，凭证式国债的主要特点是安全、方便、收益适中。

客户：那记账式国债又是什么？

客户经理：记账式国债是指没有实物形态的票券，而是在电脑账户中做记录。在我国，上海证券交易所和深圳证券交易所已为证券投资者建立电脑证券账户，因此，可以利用证券交易所的系统来发行债券。我国近年来通过沪、深交易所的交易系统发行和交易的记账式国债就是这方面的实例。如果投资者进行记账式债券的买卖，就必须在证券交易所设立账户。所以，记账式国债又称无纸化国债，具有成本低、收益好、安全性好、流通性强的特点。

客户：既然都是国债，那它们两者之间有什么区别呢？

客户经理：两者的主要区别在于以下几个方面：

- 券面形式不同。凭证式国债是一种国家储蓄债，通过银行系统发行，券面上不印制票面金额，为非标准格式，根据认购者的认购额填写实际的缴款金额，以"凭证式国债收款凭证"记录债权；记账式国债没有实物形态的票券，以电脑记账形式记录债权，通过无纸化方式发行和交易。

- 债权记录方式不同。记账式国债通过债券托管系统记录债权，投资者购买记账式国债必须开设账户；购买凭证式国债则不需开设账户，由发售银行向投资者出示凭证式国债收款单作为债权记录的证明。

- 票面利率确定机制和计息方式不同。记账式国债的票面利率是由国债承购包销团成员投标确定的；凭证式国债的利率是财政部和中国人民银行，参照同期银行存款利率及市场供求情况等因素确定的。记账式国债自发行之日起计息；凭证式国债从购买之日起计息。

- 流通或变现方式不同。记账式国债可以在上海证券交易所、深圳证券交易所或银行柜台上市流通，其二级市场交易价格由市场决定，投资者可随时变现；凭证式国债不可以上市流通，但可以提前兑取，按其实际持有时间及相应的利率档次计付利息。

客户：噢，我明白了，谢谢您这么详细的解答，我明白了很多这里面的知识。

客户经理：您不用客气，这都是我们应该做的。

 模拟情景设计 1-5

情　　景：商业银行营业部。

学生角色：客户、客户经理。

情景内容：某客户来到商业银行柜台前咨询有关购买债券事宜，提出以下问题。

情景设计：

客户：以前买国债是我们老百姓以往最常见的投资所选，除此之外我们还可投资其他类型的债券吗？

客户经理：您的这个问题很有代表性。随着近几年管理层大力推动直接融资的发展，我国债券市场上债券的种类也得到了极大丰富。除了国债外，个人投资者可以参与的债券交易还包括公司债、企业债、可转债、可分离债等，这几类债券均为交易所上市的券种，凡开有股票账户的投资者都可以参与买卖。

客户：那这里面的基本情况怎么样呢？

客户经理：目前上海证券交易所已有多只企业债和公司债上市交易，此外还有一些可转债。自管理层正式推出公司债后，预计未来公司债的规模将有较快增长，这为个人投资者提供了更多的投资机会。此外，目前可以发债的企业和上市公司都是较大型的企业，效益良好，再加上担保条款的保护，债券的信用风险普遍较低，而收益率则要高于国债，对于保守型的投资者或者进行资产配置来说，将一定比例的资金投资于债券是不错的选择。

客户：噢，看来债券市场上我们普通老百姓可选择的投资品种也越来越丰富了，我得好好关注一下这些呢。

客户经理：是的，如果您有需要，我们随时可以为您提供这方面的咨询服务……

1.2.3 债券的价格及投资收益

1. 债券的理论价格

（1）单利与复利。简单来说，单利就是上一期利息不计入下一期本金的利息计算方法。

复利就是指"利滚利"，上一期的利息计入下一期的本金重复计息。

（2）终值和现值。在进行债券投资分析时，应考虑到货币的时间价值。货币之所以具有时间价值是因为使用货币按照某种利率进行投资的机会是有价值的。考虑货币的时间价值，主要有两种表达形式：终值和现值。

1）终值。终值是指今天的一笔投资在未来某个时点上的价值。债券分别按复利和单利计算终值。

$$单利终值=初始本金×(1+利息率×持有年限)$$

$$复利终值=初始本金×(1+利息率)^{持有年限}$$

✎ **例1-4** 每年支付一次利息的5年期国债，年利率为5%，面值为100元，那么这张债券5年后的终值应为134元，即$100×(1+5\%)^5$。

2）现值，是终值的逆运算。在做投资决策时，很多时候都需要在现在的货币和未来的货币之间做出选择，也就是将未来所获得的现金流量折现与目前的投资额相比较来测算盈亏。将未来值计算成现值的过程也叫贴现。所以现值也称贴现值，其利率则被称为贴现率。

计算公式：

$$贴现值=\frac{未来价值}{(1+贴现率)^{投资年限}}$$

✎ **例1-5** 某投资经理承诺在5年后将向投资者支付10万元，同时他保证每年的投资收益率为10%，那么他现在向投资者要求的初始投资额应为多少？

$$100\,000÷(1+10\%)^5=62\,092.13（元）$$

也就是说，投资者目前出资62 092.13元，由投资经理以每年10%的收益率经营5年后，投资者才能获得10万元的价值回报。

2. 债券收益率的计算

债券的收益率是债券收益与其投入本金的比率，通常用年率表示。债券收益不同于债券利息。债券利息仅指债券票面利率与债券面值的乘积。但由于人们在债券持有期内，还可以在债券市场进行买卖，赚取价差，因此，债券收益除利息收入外，还包括买卖盈亏差价。决定债券收益率的主要因素，有债券的票面利率、期限、面值和购买价格。

最基本的债券收益率计算公式：

$$债券收益率=\frac{到期本息和-发行价格}{发行价格×偿还期限}×100\%$$

由于债券持有人可能在债券偿还期内转让债券，因此，债券的收益率还可以分为债券出售者的收益率、债券购买者的收益率和债券持有期的收益率。

$$债券出售者的收益率=\frac{卖出价格-发行价格+持有期间的利息}{发行价格\times持有年限}\times100\%$$

$$债券购买者的收益率=\frac{到期本利和-买入价格}{买入价格\times剩余期限}\times100\%$$

$$债券持有期的收益率=\frac{卖出价格-买入价格+持有期间的利息}{买入价格\times持有年限}\times100\%$$

例1-6 投资者于2001年1月1日以102元的价格购买了一张面值为100元，利率为10%，1997年发行的5年期国债。计息方式为每年1月1日支付一次利息，持有到2002年1月1日，计算债券收益率，债券出售者的收益率。出让人如果从发行时就买入该国债，那么计算债券持有期收益率。

债券收益率=(100+100×10%-102)÷(102×1)×100%=7.8%

债券出售者的收益率=(102-100+100×10%×4)÷(100×4)×100%=10.5%

债券持有期的收益率=(102-100+100×10%)÷(100×1)×100%=12%

3．影响债券投资收益的因素

影响债券投资收益的因素主要有债券的利率，债券价格与面值的差额，债券的还本期限，市场供求、货币政策和财政政策四类。具体如图1-5所示。

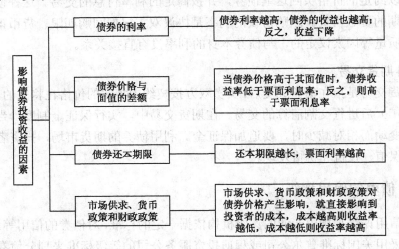

图1-5 影响债券投资收益的因素

债券投资应考虑的主要问题如图1-6所示。

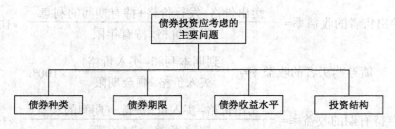

图 1-6　债券投资应主要考虑的主要问题

1.2.4　债券的交易方式

1．债券现货交易

债券现货交易又叫现金现货交易，是债券交易中最古老的交易方式。它是债券买卖双方对债券的买卖价格均表示满意，在成交后立即办理交割，或在很短的时间内办理交割的一种交易方式。以深圳为例，投资者可直接通过证券账户在深圳证券交易所全国各证券经营网点买卖已经上市的债券品种。

2．债券回购交易

债券回购交易是指债券的买卖双方按预先签订的协议约定在卖出一笔债券后，在一段时间后，再以约定的价格买回这笔债券，并按商定的利率付息的交易。这种债券交易实际上是一种短期的资金借贷。回购协议的利率是协议双方根据回购期限、货币市场行情以及回购债券的质量等因素议定的，与债券本身的利率没有直接关系。

3．债券期货交易

债券期货交易是指在债券成交后，买卖双方按契约中规定的价格在将来的一定日期（如三个月或半年）后进行交割清算的交易。在期货交易中，实行保证金制度，当保证金随着债券的价格变动而相对减少时，要追加保证金。利用债券的期货市场，投资者可达到三个目的：套期保值、投机和价格发现。

1.2.5　债券的信用评级

债券的信用评级是指由专业的评级机构依据一定的标准，对债券的信用等级进行评定。世界上一般采用美国标准普尔公司或穆迪投资服务公司的等级标准来划分债券级别。两家评级机构信用等级的划分大同小异，前者分为 10 级，后者分为 9 级，标准从高到低共分为三个大级别。评审债券信用等级主要考虑三个因素，一为债券发行人的资信，二为债券发行人的偿还能力，三为投资者购买债券后可能承担的风险。债券的信用等级划分如表 1-6 所示。

表 1-6 债券的信用评级

评级机构	高级债券	投机家债券	垃圾债券
	AAA 级	BBB 级	CCC 级
标准普尔公司	AA 级	BB 级	CC 级
	A 级	B 级	C 级和 D 级
穆迪投资	Aaa 级	Baa 级	Caa 级
服务公司	Aa 级	Ba 级	Ca 级
	A 级	B 级	C 级

A 级债券是最高级别的债券，这类债券本金和收益的安全性最大，受经济形势影响的程度较小，收益水平较低，筹资成本也低。

B 级债券的安全性、稳定性及利息收益会受到经济中不稳定因素的影响，经济形势的变化对这类债券的价值影响很大。

C 级和 D 级，是投机性或赌博性的债券。

任务 3：为客户做基金投资知识咨询

1.3 基金

1.3.1 证券投资基金概述

1. 证券投资基金的概念

证券投资基金是一种利益共享、风险共担的集合投资方式，即通过发行基金券（基金股份或受益凭证），集中投资者的资金，交由专家管理，以资产的保值增值等为根本目的，根据投资组合的原理，从事股票、债券等金融工具的投资，投资者按照投资比例分享其收益并承担风险的一种投资制度。

证券投资基金的投资对象是资本市场上的上市股票和债券，货币市场上的短期票据和银行同业拆借，以及金融期货、黄金、期权交易、不动产等，有时还包括虽未上市但具有发展潜力的公司债券和股权。

2. 证券投资基金的特点

（1）小额投资，费用低廉。在我国，每份基金单位面值为人民币 1 元。投资者可以根据自己的财力，多买或少买基金单位，从而解决了中小投资者"钱不多、入市难"的问题。此外，投资基金所收取的费用非常低廉。基金管理公司就提供基金管理服务而针对基金收取的管理费一般为基金资产净值的 1%～2.5%，投资者购买基金缴纳的费用通常为认购总额的 0.25%，低于购买股票的费用。

（2）组合投资，分散风险。证券投资基金集中投资者的资金，具有相当的规模，可以同时投资于数十种甚至上百种证券，或投资于不同种类的投资工具和不同类型、不同国别的金融市场，从而能够有效地分散投资风险。

（3）实行专业管理，专家操作。证券投资基金的运营和投资决策的制定都由基金经理人（又称基金管理人）或基金管理公司负责，能够为投资者提供专业化的服务，大大简化了投资环节。

（4）规模经营，降低成本。证券投资基金将小额资金汇集起来，其经营具有规模优势，可以享受佣金折扣的优惠，从而降低了经营成本；从筹资的角度来说，也可以有效降低发行费用。

（5）实行“利益共享、风险共担”的分配原则。证券投资基金取得收益在扣除各种费用后，按投资者的出资比例进行分配。投资中的各种风险也由投资者按出资比例共同承担。在投资基金运作的过程中，基金管理公司只是作为基金的受托管理人获得固定比例的佣金，而不参与投资收益的分配。

（6）证券投资基金以纯粹的投资为目的。证券投资基金投资的目的是为了取得利息、股息、红利或买卖差价收益，绝无通过买卖股票而控制特定企业的意图。这一点在投资基金信托契约或各国的法律法规中均有明确的规定。

证券投资基金的运作流程如图 1-7 所示。

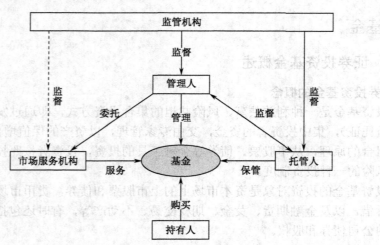

图 1-7　证券投资基金的运作流程

 模拟情景设计 1-6

情　　景：证券公司营业部、商业银行基金销售部，宣传栏上有各种基金宣传单、电脑、网络。

学生角色： 客户、客户经理。

客户身份： 客户是一位商业服务行业职员，年龄为 25 岁，月收入 3 000 元，大学专科学历，一年后成家。从未投资过证券产品，仅有银行存款。现在想做基金投资。

情景内容： 某客户来到证券公司营业部，提出下列问题。

情景设计：

客户经理：您好，（行鞠躬礼），请问有什么可以帮到您的？

客户：哦，我想投资基金，但对此不了解，今天想咨询一下关于基金方面的问题。

客户经理：哦，欢迎您，请问，你有什么问题呢？

客户：什么是基金呢？

客户经理：证券投资基金是一种利益共享、风险共担的集合投资方式，即通过发行基金券（基金股份或受益凭证），集中投资者的资金，交由专家管理，以资产的保值增值等为根本目的，根据投资组合的原理，从事股票、债券等金融工具的投资，投资者按照投资比例分享其收益并承担风险的一种投资制度。

客户：能不能通俗地说说呢？

客户经理：基金就像一口大锅，许多投资人把钱投进去。因为这些人没有时间，没有相关的知识或者没有兴趣去亲自买股票。这口锅里的钱交给金融界的专家，也就是所谓的基金经理人，去投资买股票。这就是基金。

客户：为什么基金经理能帮我挣钱？

客户经理：负责基金资产操作的基金管理公司，一般拥有大量的专业投资研究人员和强大的信息网络，能够更好地对证券市场进行全方位的动态跟踪与分析，将资金交给基金管理人管理，使我们中小投资者也能享受到专业化的投资管理服务。

客户：为什么说基金的风险比股票小？

客户经理：个人投资者由于资金量小，一般无法通过不同的股票分散投资风险。基金经理通常会购买几十种甚至上百种股票，投资者购买基金就相当于用很少的资金购买一揽子股票，某些股票下跌造成的损失可以用其他股票上涨的赢利来弥补，因此可以充分享受到组合投资、分散风险的好处。

客户：如果他拿着我的钱潜逃呢？

客户经理：这个可能是没有的，因为基金资产是由基金托管人代为保管。基金经理人负责基金的投资操作，本身并不经手基金财产的保管。基金的保管由独立于基金管理人的基金托管人负责。二者相互制约、相互监督，这种制衡机制对投资者提供了重要保护。

客户：谢谢你的解答。再见！

客户经理：再见！

1.3.2 证券投资基金与股票、债券等的区别

证券投资基金和债券、股票的区别主要反映在发行主体、与投资者的关系、运行机制、

风险收益状况、投资回收方式和存续时间上，具体如表 1-7 所示。各种投资工具的比较如表 1-8 所示。

表 1-7　证券投资基金与股票、债券的区别

不 同 点	股 票	债 券	证券投资基金
发行主体	股份公司发行	政府、银行、企业发行	契约形式或公司形式发行
与投资者的关系	股权关系	债权债务关系	信托契约关系
运行机制	完全由股份公司运用，股票持有人有权参与公司管理	完全由债务人自由支配	投资人和发起人不直接从事基金的运作，而是委托管理人进行运营
风险收益状况	风险较大，收益也大，但不确定	风险小，本金能得到保证，收益相对固定	风险大于债券小于股票，收益高于债券低于股票
投资回收方式	无限期，若要收回，只能在证券交易市场上变现	有一定期限，期满后收回本金	封闭式基金有一定期限，封闭期内可在交易市场上变现，期满后，按持有份额分得资产；开放式基金没有期限，投资者可随时赎回
存续时间	无限期	有固定期限	有一定存续时间

表 1-8　各种投资工具比较

工 具	风险收益特征	缺 点
基金	收益高，风险中	投资成本较高
股票	收益高，风险大	适宜于专业投资者
存款	收益低，风险低	落后于通货膨胀
债券	收益偏低，风险较小	在物价上涨时跌幅较大
信托	收益偏低，非主流品种	几乎没有流动性
外汇	收益偏低，非主流品种	不能自由兑换外汇
期货	收益高，风险高	进入门槛高，奉献非常大
保险	收益低，消费品种	投资效果差
地产	收益高，风险高	流动性太差，投资成本高
黄金	收益偏低	市场空间小，限制因素多

1.3.3　证券投资基金的基本分类

1．开放式基金和封闭式基金

按基金是否可以自由赎回和基金规模是否固定，分为开放式基金和封闭式基金。

（1）开放式基金，是指在设立基金时，其基金的规模不固定，投资者可以随时认购基金受益单位，也可以随时向基金公司或银行等中介机构提出赎回基金单位的一种基金。

例如，我国首只开放式基金"华安创新"，首次发行 50 亿份基金单位，设立时间 2001 年，没有存续期，而首次发行的 50 亿份的基金单位也会在"开放"后随时发生变动，如可能因为投资者赎回而减少，或者因为投资者申购或选择"分红再投资"而增加。

（2）封闭式基金，是指在设立基金时，规定基金的封闭期限及固定基金发行规模，在封闭期内投资者不能向基金管理公司提出赎回，基金的受益单位只能在证券交易所或其他交易场所转让。

例如，在深圳证券交易所上市的基金开元，1998 年设立，发行额为 20 亿基金份额，封闭期 15 年。也就是说，基金开元从 1998 年开始运作期限为 20 年，运作额度 20 亿，在此期限内，投资者不能要求退回资金，基金也不能增加新的份额。

封闭式基金在公开上市 3 年后也可以改为开放式基金。从目前基金的发展趋势来看，开放式基金的发展较快。开放式基金与封闭式基金的对比如表 1-9 所示。

表 1-9 封闭式基金与开放式基金比较

	封闭式基金	开放式基金
交易场所	有组织的交易所	基金管理公司或代销机构网点（主要指银行等网点）
基金存续期限	有固定的期限	没有固定的期限
基金规模	固定额度，一般不能再增加发行	没有规模限制（但有最低规模限制）
赎回限制	在期限内不能直接赎回，需通过上市交易套现	可以随时提出购买和赎回申请
交易方式	上市交易	基金管理公司或代销机构网点（主要指银行等网点）
价格决定因素	交易价格主要有市场供求关系决定	价格依据基金的资产净值而定
收益分红方式	现金分红	净值增长，现金分红，再投资分红
费用	交易手续费	申购费和赎回费
投资策略	封闭式基金不可赎回，无须提取准备金，能够充分运用资金进行长期投资，取得长期经营绩效	必须保留一部分现金或流动性资产，以便满足投资者随时赎回的需要，不能将全部资金进行长线投资，更需注重流动性等风险管理，要求基金管理人具有较高的投资管理水平
信息披露	单位资产净值每周至少公告一次	单位资产净值每个开放日进行公告

2．契约型基金和公司型基金

按基金的组织形式不同，分为契约型基金和公司型基金。

（1）契约型基金，又称单位信托基金，是指将投资者（受益人）、管理人（基金管理公司）、托管人（基金托管机构）三者作为基金的当事人，通过签订基金契约的形式发行受益凭证而设立的一种基金。契约型基金由基金管理人负责基金的管理操作；基金托管人作为基金资产的名义持有人，负责基金资产的保管和处置，对基金管理人的运作实行监督。

（2）公司型基金，是依据《公司法》组成的、以赢利为目的，投资于有价证券的股份制投资公司。公司通过发行股份募集资金，投资者通过购买公司的股份成为公司的股东，按公司章程规定享有权利和履行义务，并领取股息、红利。公司型基金在其组织形式上和股份有限公司类似，由股东选举董事会，由董事会选聘基金管理公司，负责管理基金业务。

契约型基金和公司型基金的区别如表 1-10 所示。

表 1-10 契约型基金和公司型基金的区别

	契约型基金	公司型基金
成立运作依据	依据《信托法》组织和运作	依照《公司法》组织和运作
法人资格	没有法人资格	有法人资格
投资者地位	购买了基金的受益凭证，是信托关系的受益人，对基金如何运作没有发言权	基金投资公司的股东，可以参加股东大会，行使监督权和表决权，以股息形式取得收益
资本结构	发行受益凭证	除发行普通股外，还可发行公司债券和优先股
融资渠道	集中投资者的资金，不能向银行举债	在运作良好，又需要增加投资组合的总资产时，可以以公司名义向银行借款
设立方式	我国目前的证券投资基金均以契约型基金设立	通过发行股份募集资金

3．基金的其他分类

（1）根据投资对象划分。按照投资对象不同分为股票型、债券型、货币市场型、混合型基金。

1）股票型基金，是指 60%以上的基金资产投资于股票的基金，主要持有各种普通股票，有时也持有短期政府债券或商业票据，以方便资金周转。特点是投资风险分散，投资变现较好，收益稳定，投资相对容易，投资视野广阔。

2）债券型基金，是 80%以上的基金资产投资于各种债券，包括国债、金融债券及公司债券等，一般会定期派息，收益稳定，费用较低且流动性强、安全性高，适合想获得稳定收入的投资者。

3）货币市场基金，是指基金资产仅投资于货币市场工具，如国库券、商业票据、银行定期存单等，一般为开放式的，所要求的最低投资额也较低，很适合中小投资者，具有本金安全，流动性高，月月分红，秋后收益高的特点。

4）混合型基金，通常是指股票基金与债券基金的混合，既持有股票，又持有债券，各自的情况以比例而定。

相对而言，股票型基金的风险较大，混合型基金次之，债券型基金风险较低，货币市场基金风险最低。

（2）根据投资风险与收益划分。按照投资风险与收益的不同分为积极成长型、成长型、价值型、平衡型、保本型基金。

1）积极成长型基金，以追求资本的最大增值为操作目标，通常投资于价格波动性大的个股，择股的指标常常是每股收益成长、销售成长等数据，最具冒险进取特性，风险和报酬最高，适合冒险型投资人。

2）成长型基金，以追求长期稳定增值为目的，投资标的以具长期资本增长潜力、素质优良、知名度高的大型绩优公司股票为主。

3）价值型基金，以追求价格被低估、市盈率较低的个股为主要策略，希望能够发现那些暂时被市场所忽视、价格低于价值的个股。

4）平衡型基金，以兼顾长期资本和稳定收益为目标。通常有一定比重资金投资于固定收益的工具，如债券、可转换公司债等，以获取稳定的利息收益，控制风险，其他的部分则投资股票，以追求资本利得。风险报酬适中，适合稳健、保守的投资人。

5）保本型基金，以保障投资本金为目标，结合低风险的收益型金融工具和较具风险的股票。运作方式是将部分资金投资于国债等风险较低的工具，部分资金投资于股票。在国内，保本型基金基本都有第三方担保。需要提醒投资者的是，保本基金并非在任何时间赎回都可保本，在保本期到期之前赎回，也可能面临本金损失的风险。

目前，我国还没有退出真正意义上的保本基金，不过在晨星（中国）的基金分类中已经有了6只保本基金的身影。

 模拟情景设计 1-7

情　　景：证券公司营业部、商业银行营业部。

客户身份：一位40多岁的客户来到证券公司营业部（商业银行营业部），计划选择基金投资，但不知哪一类基金适合自己，向客户经理咨询适合自己的基金类型。

情景内容：客户向客户经理咨询基金类型。

情景设计：

客户经理：您好，有什么需要我帮忙吗？

客　户：你好！我想买些基金，但不知买哪一类的基金比较好？你能帮我说说吗？

客户经理：哦，是这样的。基金是一种有价证券投资，投资者选择基金投资，目的是使自己的资产保值和增值，但有收益就会伴随着风险。因此，您必须要弄清自己预期的收益和能承担的风险的状况。

客户：哦，那怎么才能知道自己的风险承受能力有多大呢？

客户经理：按投资者风险承受力的大小，可以把投资者分为三类，即积极型投资者、稳健型投资者、保守型投资者。积极型投资者风险承受力最强，期望的收益最高。保守型投资者风险承受力最弱，期望资产能保值，或高于银行同期存款就行。稳健型投资者处于这二者之间。这三类投资者的风险承受力依次递减，对预期收益的期望仿效递减。

客户：都有哪些类型的基金呢？各自的风险与收益如何？

客户经理：根据基金投资对象不同，基金可以分为股票型基金、混合型基金、债券型基金、货币市场基金。股票型基金的风险较大，混合型基金次之，债券型基金风险较低，货币市场基金风险最低。

客户：我自己每月收入也不多，还要养家糊口，投资还是保险一些比较好。那你看我适合投资哪一类的基金呢？

客户经理：根据您的情况，您属于保守型的投资者。你可以选择债券型基金和货币市场型基金。

客户：这两种基金都有什么特点呢？

客户经理：货币市场基金资产仅投资于货币市场工具，如国库券、商业票据、银行定期存单等，所要求的最低投资额也较低，很适合中小投资者，具有本金安全，流动性高，月月分红，税后收益高的特点。债券型基金则是 80% 以上的基金资产投资于各种债券，包括国债、金融债券及公司债券等，一般会定期派息，收益稳定，费用较低而且流动性强、安全性高，适合于想获得稳定收入的投资者。

客户：谢谢，从你这里我了解了适合自己的基金类型。再见！

客户经理：不客气，再见！

 模拟情景设计 1-8

情　　景：证券公司营业部。

学生角色：客户、客户经理。

情景内容：某客户来到证券公司营业部，咨询 LOF 和 ETF 类型的基金常识。

情景设计：

客户：我想知道什么是 LOF 基金？

客户经理：LOF 基金，英文全称是"Listed Open-Ended Fund"，汉语称为"上市型开放式基金"。也就是上市型开放式基金发行结束后，投资者既可以在指定网点申购与赎回基金份额，也可以在交易所买卖该基金。不过投资者如果是在指定网点申购的基金份额，想要上网抛出，须办理一定的转托管手续；同样，如果是在交易所网上买进的基金份额，想要在指定网点赎回，也要办理一定的转托管手续。

客户：那么还有一种 ETF 基金，又是什么呢？

客户经理：ETF 基金全称是"交易所交易基金"，是指可以在交易所上市交易的基金，英文为 Exchange Traded Fund，其代表的是一揽子股票的投资组合，投资人通过购买基金，一次性完成一个投资组合（如某个指数的所有成分股股票）的买卖。

客户：谢谢你为我解答问题。

客户经理：不客气，欢迎您下次再来。

1.3.4 证券投资基金的发行与交易、认购、申购与赎回

1. 基金的发行

基金的发行可分为私募发行和公开发行两种。前者是指基金受益凭证只能由特定的投资者认购，不向全社会公开发售。而后者是指基金受益凭证向全社会公开发售，由投资者自由认购。

在我国，按照《证券投资基金管理暂行办法》的规定，证券投资基金的发行只能采用公募的方式，目前主要采用网上公募的方式，即将发行的基金单位通过和证券交易系统联网的证券营业部，向广大的社会公众发售的发行方式。

2. 基金的交易

（1）交易方式。封闭式基金在首次发行结束后就封闭起来，投资者在基金的存续期内不能将持有的基金受益凭证卖回给基金，只能在上市后竞价买卖。开放式基金的交易实际上是投资者和基金之间进行的，投资者转让基金的受益凭证，只需在基金首次发行结束后的一段时间后，在开设的专门柜台，随时申购或赎回。

（2）交易的场所。封闭式基金的交易场所可能是全国性的证券交易所或区域性的证券交易中心。开放式基金是在各基金专门开设的柜台进行。

（3）交易的价格。封闭式基金的单位买卖价格以基金的净资产为基础，但主要由市场供求来决定。开放式基金单位价格是基金的净资产值和交易费用。一般是每天一报价，并且每天只有一个买入价和卖出价。

3. 开放式基金的认购、申购与赎回

买基金有认购和申购两种方式。投资者在开放式基金募集期间、基金尚未成立时购买基金单位的过程称为认购。在基金成立后，投资者再通过销售机构申请向基金管理公司购买基金单位的过程称为申购。

（1）开放式基金的认购程序。投资者参与认购开放式基金有开户、认购、确认三个步骤，具体要求以基金发行公告为准。

1）基金账户的开立。投资者进行开放式基金的认购必须拥有基金注册登记人为投资者开立的基金账户。基金账户可以通过基金代理销售机构办理。目前我国开放式基金主要通过基金管理人的直销中心、商业银行及证券公司三个渠道进行销售。

个人投资者申请开立基金账户，须提供下列资料：

- 本人法定身份证件（身份证、军官证、士兵证、武警证、护照等）；
- 委托他人代为开户的，代理人需携带授权委托书、代理人有效身份证件；
- 在基金代销银行或证券公司开立的资金账户；
- 开户申请表。

机构投资者申请开立开放式基金账户需指定经办人办理，并提供下列资料：

- 法人营业执照副本或民政部门、其他主管部门颁发的注册登记证书原件及复印件（加盖机构公章）；
- 加盖机构公章、法定代表人私章的对基金业务经办人的授权委托书；
- 机构代码证；
- 经办人身份证件；
- 开户申请表；
- 银行或证券公司资金账户；
- 预留印鉴。

2）资金账户的开立。资金账户是投资者在代销银行、证券公司开立的用于基金业务的结算账户，投资者认购、申购、赎回基金份额及分红、无效认（申）购的资金退款等资金结算均通过该账户进行。

3）认购确认。投资者在办理开放式基金认购申请时，需在资金账户中存入足够的现金。一般情况下，基金认购申请一经提交，不得撤销。投资者在 T 日提交认购申请后，一般可于 $T+2$ 日后到办理认购的网点查询认购申请的受理情况。投资者在提交认购申请后应及时到原认购网点打印认购成交情况和认购的基金份额。

（2）开放式基金认购和申购费的计算。目前，基金公司会设定不同档次的认购和申购费率，即根据投资者购买金额的多少用不同水平的费率。具体情况查询各基金费率情况表说明。通常来说，认购费率为 1%，申购费率为 1.5%。

认购计算公式为：认购费用=认购金额×认购费率

净认购金额=认购金额-认购费用+利息

认购份额=净认购金额÷基金面值（1.00）

✎ **例1-7**　一位投资者有 100 万元用来认购开放式基金，假定认购费率为 1%，基金单位面值为 1 元，计算认购费用、净认购金额、认购份额。

认购费用=100×1%=1（万元）

净认购金额=100-1=99（万元）

认购份额=99 万÷1.00=99（万份）

申购计算公式为：

申购费用=申购金额×申购费率

净申购金额=申购金额−申购费用

申购份额=净申购金额÷申请日基金单位净值

例1-8　一位投资者有100万元用来申购开放式基金，假定申购的费率为2%，单位基金净值为1.5元，计算申购费用、净申购金额、申购份额。

申购费用=100×2%=2（万元）

净申购金额=100−2=98（万元）

申购份额=98万−1.50=653 333.3（份）

（3）开放式基金的赎回。基金赎回即卖出基金单位收回资金的行为。

基金赎回计算公式为：

赎回费用=赎回份额×赎回当日基金单位净值×赎回费率

赎回金额=赎回份额×赎回当日基金单位净值−赎回费

注：一般赎回费率为0.5%

例1-9　一位投资人要赎回1万份基金单位，假定赎回的费率为0.5%，单位基金净值为1.5元，计算赎回费用和赎回金额。

赎回费用=1.5×10 000×0.5%=75（元）

赎回金额=1.5×10 000−75=14 925（元）

1.3.5　基金的投资收益

1. 基金收益的构成

基金的收益是基金资产在运作过程中所产生的超过本金部分的价值。在我国，基金收益可分为以下三种类型：利息收入、股利收入、资本利得。

基金的利息收益主要在两种情况下获得，一是在基金运作时，会保持一部分资产为现金，或银行存款，从商业银行取得一定的利息收入。另一种情况是指基金投资于债券、商业本票、可转让存单及其他短期票券上，这些资产都明确了利息率、到期日及发放利息的时间、方式，持有这些资产也带买利息收入。

基金的股利收益是指证券投资基金通过在一级、二级市场上购入并持有各公司发行的股票，进而从公司取得的一种收益。

基金的资本利得收益是其在资本供应充裕、价格较低时购入证券，而在证券需求旺盛、价格上涨时卖出证券，所获得的差价，往往在基金收益中占有很大的比重。

基金的投资收益如图1-8所示。

2. 基金分红

基金分红是指基金将收益的一部分以现金形式派发给投资人，这部分收益原来就是基金份额净值的一部分。

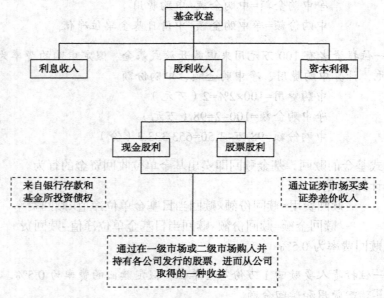

图 1-8　基金收益的构成

　　封闭式基金的收益分配每年不得少于一次，年度分配比例不得低于基金年度已实现收益的 10%。开放式基金提供现金分红和红利再投资两种方式供投资者选择。投资者若选择现金分红，红利将于分红日从基金托管账户向投资者指定的账户划出；而红利再投资则是基金管理公司向投资者提供的、直接将所获红利再投资于基金的一种服务，相当于上市公司以送股形式分配收益。若投资者暂时不需要现金，就可以选择红利再投资方式。

 模拟情景设计 1-9

情　　景：商业银行证券营销部。

学生角色：客户、客户经理。

情景内容：某客户投资的基金品种近日分红，该客户来到商业银行咨询有关基金分红事宜。

情景设计：

　　客户：我了解基金分红有现金分红和红利再投资两种，那么我究竟应该选择哪一种更有利呢？

　　客户经理：您说得很正确，基金分红是有这两种，如果您偏重于获得短期收益，那么建议您选择现金分红，过两天现金红利就会自动划拨到您的资金账户上。如果您是看中基金投资的长线效应，那么红利再投资更符合。另外对于那些没有精力打理自己投资的投资者，红利再投资是比较适合的分红方式。

客户：你的解释我明白了，平时我们工作都比较忙，看来选择红利再投资还是比较适合的。

客户经理：基本是这样。如果分红的基金是一只符合您投资预期的基金，只要其一直保持一贯的投资风格和投资理念，历史业绩就可以作为未来业绩的参考，利用红利再投资可以使您的收益循序渐进。另外还需要判断现在的市场是熊市还是牛市，在熊市里，现金分红可以锁定收益，控制风险。在牛市里，与其把红利变成现金放在银行"睡大觉"，不如选择红利再投资，除了可达到增值的目的，还可以节约再投资的成本。

客户：谢谢你耐心地为我解答这些问题。

客户经理：不客气，欢迎您下次再来。

 模拟情景设计 1-10

情　　景：在实训室模拟证券公司营业部，商业银行证券销售部。

客户经理：3人一组，其中1人为客户，2人为客户经理。

客户身份：

某企业退休职工，已退休5年，每月能领到固定退休金，有几万元积蓄。但因儿子、儿媳先后下岗，孙子学业也需用钱，所以打算搞点投资，为儿孙积累些资产，但本人对证券知识知之甚少。

情景内容：客户走进证券公司营业部，咨询有关基金投资事宜。

情景设计：

客户：你好，我想打听一下买什么样的基金能够每年都获得50%以上的收益？

客户经理：您好，请坐。请问您老怎么知道基金每年能有50%以上的收益呢？

客户：我们有些邻居去年投资基金，好几个年获益都在50%以上，我现在退了休，没什么事情，有一点积蓄，也想搞点投资，给儿孙们攒点钱。

客户经理：基金投资的收益是不确定的，以股票型基金为例，有些年份收益可能就高，如50%，但有些年份可能很低，如5%，甚至由于市场变化也可能出现负收益。您老现在退休，如果投资这样的基金，一旦出现负收益，全家上下的生活可能就没有安全保障了。您真想投资的话，建议您还是选择投资风险较小、安全性比较高的基金产品。

客户：那我该选择哪类基金进行投资呢？

客户经理：从资金安全性角度出发，比较适合退休老人的基金是债券型基金或者货币市场基金。这些基金投资的主要是国债、企业债等有固定收益的证券或者商业票据、银行定期存单等货币市场工具，最低投资额度也较低，具有本金安全、流动性高的特点。或者您也可以考虑投资配置型基金，这些基金的基金经理会根据市场的变化不断调整资产组合，投资者就不必时刻关注基金走势了。

客户：噢，原来是这样！谢谢你告诉我这些，对于我们退休上了年纪的人，本金的安全性是最重要的。

客户经理：是的。

客户：投资基金需要办些什么手续呢？

客户经理：需要先办理开户手续，也就是开立基金账户。开户时需要本人的法定身份证件，并填写《基金账户业务申请表》，如果您需要开立的话，我们有专门的人员会根据您的需要向您提供服务。

客户：谢谢你为我解答了这么多问题。

客户经理：您不必客气，这是我们应该做的。

……

单元实训题

目　　的：掌握证券投资基金的概念、特点，分清不同类型基金的特点与风格。比较几种主要投资工具之间的区别，把握卖点。

规则与要求：

3人一组，1人为客户经理，1人为客户，另1人为评委。要求客户经理当众陈述证券投资基金的种类、特点及与股票、债券的主要区别，之后轮流进行表演。

场　　景：（1）地点：实训室。

　　　　　（2）人物：客户经理、客户、评委。

评　　价：

由教师评价、小组评价、学生自评相结合，评价标准如下分述。

（1）专业能力方面：基本掌握基金概念与特征；参与活动态度认真、对话内容具有一定专业性；礼仪规范。

（2）方法能力方面：应变能力和语言表达能力都有一定提高。

（3）社会能力方面：对合作的同学有了更深入的认识，能与同学很好的合作并完成任务，团队合作意识强。

股票市场运行

✪ 知识目标

掌握股票交易市场运行规则等基本知识。

✪ 实训目标

- 利用证券交易规则，帮助客户正确计算交易盈亏平衡点，解答相关投资疑问。
- 在理解证券风险和证券交易指数含义前提下，帮助客户规避投资风险理性投资。

学习导航

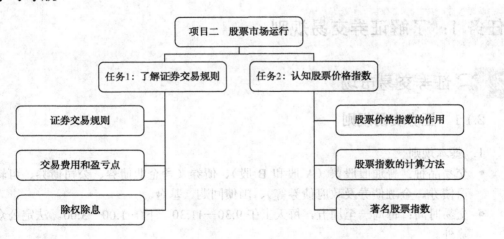

✎ 相关链接

　　纽约证券交易所和德国证券交易所将组成联合控股公司，联合控股公司将在荷兰阿姆斯特丹注册，在德国法兰克福和美国纽约设两个总部。由于德国证交所目前市值为114

亿欧元，超过市值约 70 亿欧元的纽约证交所，因此，前者的股东将持有新公司 59%～60%的股份，后者的股东股份额将为 40%～41%。新交易平台的年交易额为 20 多万亿美元，超越美国芝加哥商品交易所，成为跨越美国、德国、法国、荷兰和葡萄牙的全球最大证券和金融衍生产品交易平台。

　　就在两家证券交易所的合并计划曝光前数小时，伦敦证交所表示将与加拿大多伦多证交所合并，前者持股 55%，后者持股 45%。伦敦和多伦多证交所都是世界知名矿产能源股交易所，合并成功后新证交所将成为全球最大的矿产和能源公司上市平台。

　　上海证券交易所研究中心副总监施东辉谈道：国际证券交易市场并购潮的主要起因是竞争。传统交易所受电子交易等可替代交易平台的冲击，赢利压力增大，而合并后可以降低成本。

　　证券交易所好比"菜市场"，规模越大，品种越全，就越能吸引投资者，形成规模效应，以此分得更大块的"市场蛋糕"。从投资者的角度看，合并能够给交易带来更多的便利和更全的产品，使投资者享受一站式服务。然而，与此同时，两家交易所的合并必将要求对交易规则、交易费用进行统一规定，甚至可能对股票价格指数产生一定的影响。了解股票市场运行的基本知识是进行证券市场问题分析的前提和基础。

　　（选自：纽约证交所"远嫁"德国，伦敦证交所"联姻"加拿大，国际证券交易市场掀起合并潮. 人民日报，2011 年 2 月 11 日。）

任务 1：了解证券交易规则

2.1 证券交易市场

2.1.1　证券交易规则

1．基本规则

- 交易品种：普通股股票（A 股和 B 股）、债券（含企业债券、公司债券、可转换公司债券、金融债券及政府债券等）、国债回购、基金。
- 交易时间：每周一至周五，每天上午 9:30—11:30，下午 1:00—3:00。法定公众假期除外。
- 交易顺序：投资者委托买卖下单后，证券公司作为经纪人把所有委托指令及时传到证券交易所的撮合主机，由撮合主机完成交易。
- 交易原则：证券交易按价格优先、时间优先的原则竞价撮合成交。

价格优先是指较高价格买进申报优先于较低价格买进申报，较低价格卖出申报优先于较高价格卖出申报。时间优先是指买卖方向、价格相同的，先申报者优先于后申报者，先后顺序按交易主机接受申报的时间确定。

价格优先的两种情况：

- 在集合竞价中，如果甲、乙两笔委托同时进入电脑撮合主机，甲买入委托价高于乙买入委托价，则在进行集合成交处理时对符合条件的甲和乙委托，甲先成交；如果甲卖出委托价高于乙卖出委托价，则乙先成交。在价格都相同的情况下，以"时间优先"。上述如果甲和乙的委托价格相同，甲的委托比乙的委托先进入电脑，则甲先成交。
- 在连续竞价中，如果甲、乙的买卖委托符合撮合条件，甲委托先进入电脑，则以甲的委托价成交。例如，甲填买入委托价 8.60 元，为买盘最高价，乙填卖出委托价 8.56 元，为卖盘最低价，此时，如果甲在时间上比乙先委托进入电脑，则以甲价成交，二者成交价为 8.60 元。

交易所电脑主机对来自全国各地投资者的委托单按"价格优先、时间优先"的原则在经过集合竞价处理后，进入连续竞价，对进入电脑的每一笔委托逐笔进行撮合处理。具体过程如表 2-1 所示。

表 2-1　股票集合竞价过程

买入申报			卖出申报		
价位（元）	申报量（股）	此价位之上申报累计	价位（元）	申报量（股）	此价位之上申报累计
10.8	100	100	10.5	100	100
10.7	300	400	10.6	100	200
10.6	400	800	10.7	300	500
10.5	200	1 000	10.8	200	700
10.4	200	1 200	10.9	300	1 000

10.8 元价位上买入申报 100 股，卖出申报 700 股，成交 100 股。在 10.7 价位上，买入申报累计 400 股，卖出申报 500 股，可成交 400 股。在 10.6 元的价位上，买入和卖出申报累计为 800 股和 200 股，可成交 200 股。在 10.5 元和 10.4 元价位上分别成交 100 和 0 股。则 10.7 元的价位可获得成交量最大，这一价格就是该股票该日的开盘价。

2. 申报规则

- 报价单位：股票为"每股价格"，基金为"每份基金价格"，债券为"每百元面值的价格"，债券回购为"每百元资金到期年收益"。
- 价格最小变动单位：A 股、基金和债券的申报价格最小变动单位为 0.01 元人民币；B 股上海证券交易所为 0.01 美元、B 股深圳证券交易所为 0.01 港元；债券回购上海证券交易所为 0.005 元、深圳证券交易所为 0.01 元。
- 涨跌幅限制：股票、基金交易的涨跌幅比例为 10%，ST 股票价格涨跌幅比例为 5%。

在价格涨跌幅限制以内的申报为有效申报。超过涨跌幅限制的申报为无效申报。股票、基金上市首日不受涨跌幅限制。

- 委托买卖单位：买入股票或基金，申报数量应当为 100 股（份）或其整数倍。债券以人民币 1 000 元面额为 1 手。债券回购以 1 000 元标准券或综合券为 1 手。债券和债券回购以 1 手或其整数倍进行申报，其中，上海证券交易所债券回购以 100 手或其整数倍进行申报。交易时间内，零股（不足 100 股的股票）可以随时委托卖出，但不能委托买入零股。
- 申报上限：股票（基金）单笔申报最大数量应当低于 100 万股（份），债券单笔申报最大数量应当低于 1 万手（含 1 万手）。交易所可以根据需要调整不同种类或流通量的单笔申报最大数量。

在集合竞价阶段，投资者进行委托时特别要注意的是，在有涨跌幅限制的情况下，有效委托是这样确定的：根据该只证券上一交易日收盘价及确定的涨跌幅度来计算当日的最高限价、最低限价。目前，股票、基金的涨跌幅度为 10%，其中 ST 股票价格涨跌幅度比例为 5%，有效价格范围就是该只证券最高限价、最低限价之间的所有价位。限价超出此范围的委托为无效委托，系统做自动撤单处理。

（1）竞价规则。

- 竞价方式：证券交易一般采用电脑集合竞价和连续竞价两种方式。集合竞价是指对一段时间内接受的买卖申报一次集中撮合的竞价方式，其目的就是产生当日各种股票的开盘价。连续竞价是指对买卖申报逐笔连续撮合的竞价方式。
- 竞价时间：集合竞价，上午 9:15—9:25；连续竞价，上午 9:30—11:30，下午 1:00—3:00。具体情况如图 2-1 和图 2-2 所示。

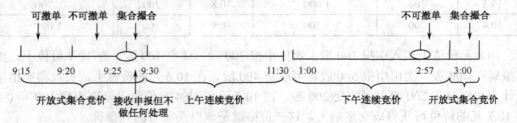

图 2-1　深市的正常交易时间图

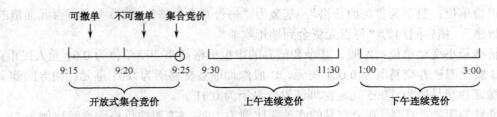

图 2-2　沪市的正常交易时间图

集合竞价中未能成交的委托，自动进入连续竞价。连续竞价以"价格优先，时间优先"的顺序逐笔撮合，直至收市。（以上介绍的规则不包括无涨跌限制的证券竞价、证券上市首日的竞价。）

（2）交易委托方式。目前，证券营业部普遍存在的交易委托方式主要有柜台当面委托、电话委托、传真委托、小键盘委托、触摸屏自助系统、远程可视委托、网上委托和手机委托。一些证券公司的证券营业部还推出全公司范围内的通买通卖，即在同一证券公司下属任何一家营业部买入的股票，可以在该证券公司其他任何一个营业部卖出。

（3）股票的托管、集中托管原则。投资者股份由券商或证券交易所统一保管，这就是股票的托管和集中托管。目前深沪两个登记结算公司对股份都采用集中管理方式，但二者区别如表 2-2 所示。

表 2-2　沪深两市股票的托管、集中托管区别

深市登记结算公司股份托管	沪市登记结算公司股份托管
在全国各地深圳证券交易所会员券商的证券营业部，券商保留和管理其名下投资者的股份明细资料	统一托管在中国证券登记结算有限责任公司上海分公司处，由上海证券交易所统一管理
深圳证券登记结算公司集中管理股份	在实行全面指定交易后，证券商处存有对办理了指定交易的投资者明细资料
投资者可凭本人身份证、深圳证券账户卡，直接在托管商处查询其股份和资金余额、委托成交、分红派息、配股确认等情况	投资者可凭本人身份证、上海证券账户卡，可以在指定交易的证券部查到个人沪股股份资料

 模拟情景设计 2-1

情　　景：在实训室模拟证券公司营业部。

学生角色：5 人一组，分别扮演客户、客户经理。

客户身份：张先生在某证券营业部刚刚开了户，对证券股票市场交易规则不熟悉。

情境内容：学生根据股票证券交易的基本规则，能为客户解答基本的疑难问题。

情景设计：

客户经理：您好，有什么可以帮到您的吗？

客户：你好，我想咨询一下证券交易规则方面的问题。

客户经理：我是证券营业部的专业咨询人员，请坐。

客户：买卖哪些证券不受涨跌幅限制？

客户经理：目前，上海、深圳证券交易所有涨跌幅限制的证券包括：A 股、B 股、基金；不受涨跌幅限制的证券为债券，包括企业债券、国债、可转换债券、金融债券等；此外，部分证券在上市首日也不受涨跌幅限制。

客户：申报的委托价格超出了涨跌幅限制怎么办？

客户经理：交易委托系统将视该委托为无效申报，因而无法进入交易所主机撮合。

客户：申报委托时为什么系统返回"申报数量错"？

客户经理：可能的原因有单笔申报数量超出限制或买入委托不是最小交易单位的整数倍。

客户：哪些交易委托可以申请撤单？

客户经理：交易委托在成交前一般都可以撤单，但下列委托除外：申购新股；申购新股增发；交易所规定的其他不得申请撤单委托。

客户：股票当日停牌可以提交买卖委托吗？

客户经理：对于停牌期间股票的申报委托上海、深圳证券交易所交易规则不同。上海证券交易所开市期间停牌的，停牌前的申报参加当日该证券复牌后的交易；停牌期间，不接受申报，但停牌前的申报可以撤销。深圳证券交易所停牌1小时（一般指上午停牌）的股票，停牌期间，可以申报，申报也可以撤销；复牌时对已接受的申报实行集合竞价。

客户：提交的委托在多长时间内有效？

客户经理：交易委托一般当天有效，即委托有效期从委托申报开始至当天闭市结束。

客户：为什么提交的交易委托不能成交？

客户经理：主要原因可能有：填写的委托不完整被视为无效委托时，将无法进入交易所电脑主机；证券行情显示价格与委托系统实际撮合交易的市价存在一个时间差，当委托进入交易所电脑主机时，实际的撮合价格可能已发生了很大的变化，因而无法按照行情显示价格成交；申报时间内，没有与委托相匹配的申报价位或申报数量；其他可能导致委托无法成交的原因。

客户：哪些品种可以做市价委托？

客户经理：有涨跌幅限制的证券在连续竞价期间可以接受市价委托，如股票（非上市首日）、基金、权证，而债券因无涨跌幅限制不能接受市价委托。

客户：为什么深市股票行情在14:57后没有成交价、买卖盘消失，最后在15:00才出现收盘价？而上海市场正常。

客户经理：深市收盘采用开放式集合竞价（与开盘类似），从14:57开始通过买卖盘揭示收盘参考价格、匹配量和未匹配量。

客户：什么是零股呢？零股是如何产生的？

客户经理："所谓"零股"，即不足100股（最小交易单位）的股票。交易时间内，零股可以随时委托卖出，但不能委托买入零股。

客户：零股是怎么产生的呢？

客户经理："零股"的产生，一种可能是股票经过送股、配股、转配股后产生了"零股"；另一种可能是因为允许委托卖出零股，那么卖出盘完全有可能存在零股。相应的委托买入者就有可能获得零股。例如，投资者甲在证券营业部通过电话委托卖出深发展200股，但最后只成交了55股。本来是整数的股票却成了有零股的股票，显然电脑撮合系统将整数委托"化整（数）为零（股）"。由于进入交易所电脑竞价撮合系统的卖出委托有零股出现，相对应的买入委托就有可能会以零股成交，而不以整数成交；反过来，如果委托买入以零股成交的话，那么整数的卖出委托也可能出现零股成交的情况。

客户：那我作为投资者应该注意什么呢？

客户经理：您这个问题提得非常好，您必须注意的是，在填写委托单的时候，买入委托是不能填写零股的，只能填整数；卖出委托可以填写零股；进入电脑竞价撮合系统，经竞价撮合，委托买入者虽然以整数委托，但可能会出现买入零股的现象；整数卖出者也可能会出现"化整为零"的现象。电脑系统也是按投资者指令进行撮合，是合法的。正确的做法是，只要把这部分零股委托卖出就可以了。

客户：谢谢你帮我解答这些问题。

客户经理：不客气。

3．B股基本交易规则

- 交易品种：深圳B股和上海B股。
- 交易时间：每周一至周五，每天上午 9:30—11:30，下午 1:00—3:00。
- 交易原则：价格优先、时间优先。
- 价格最小变化档位：深圳证券交易所为 0.01 港元，上海证券交易所为 0.001 美元。
- 交易单位：委托买卖及清算的价格以一股为准。深市B股买卖数额以一手即 100 股或其整数倍为单位。沪市B股买卖数额一手为 1 000 股或其整数倍为单位。
- 交易方式：深市B股交易方式分为集中交易和对敲交易。
- 集中交易：在交易时间内通过交易所集中市场交易系统达成的交易。
- 对敲交易：B股证券商在开市后至闭市前 5 分钟将其接受的同一种B股买入委托和卖出委托配对后输入，经交易所的对敲交易系统确认后达成的交易。对敲交易仅限于股份托管在同一证券商处且不同投资者之间的股份协议转让。每笔交易数量须达到 50 000 股以上。
- T+3 交收：B股的交收期为 T+3，即在达成交易后的第四个交易日完成资金和股份的正式交收，并实现"货银对付"。在此之前，投资者不能提取卖出股票款和进行买入股票的转出托管。

 模拟情景设计 2-2

情　景：证券公司营业部、商业银行证券销售部，股票行情电子板，电脑，网络，计算器。

学生角色：3 人一组，其中 1 人为客户，2 人为客户经理。

客户身份：职业为企业技术人员，年龄为 40 岁，对证券市场基础知识有所了解，想要了解关于证券交易的基本规则。

情景内容：客户走进证券营业部，咨询股票交易基本规则。

情景设计：

客户经理：您好，有什么可以帮到您的吗？

客户：你好，我想咨询一下证券交易规则方面的问题。

客户经理：好的，请问您有什么问题呢？

客户：实时开户成功当日可以办理上海账户指定交易吗？

客户经理：上海A股证券账户在实时开户配号的第二个工作日（$T+1$日）可申请指定交易，上海B股账户在实时开户配号当日即可申请指定交易，指定交易成功后$T+1$日方可买卖证券。

客户：上海B股账户也需要办理指定交易吗？

客户经理：境内投资者的上海B股账户必须办理指定交易。境外投资者的上海B股账户无须办理指定交易，但必须指定一家证券营业部作为结算代理会员。

客户：上海账户撤销指定交易时为什么会返回"撤销指定失败"？

客户经理：可能的原因有：该证券账户尚处于冻结状态；账户已办理了回购登记，必须先撤销回购登记；存在未交收事项，如当日有交易委托、证券欠库、处于新股配售交款期等。

客户：上海指定交易和撤销指定交易是当日生效吗？

客户经理：A股指定交易成功的当日即可使用该账户买卖证券；撤销指定成功当日即可在其他证券营业部将该账户申办指定交易；B股指定交易成功的$T+1$日方可使用该账户买卖证券；撤销指定成功$T+1$日方可在其他证券营业部将该账户申办指定交易。

客户：新股申购结果还未揭晓，可以办理转指定交易吗？

客户经理：不可以办理转指定。

客户：在同一家证券公司的不同营业部之间也需要办理深圳证券的转托管吗？

客户经理：是的，深圳市场的证券托管是以交易单元为单位而非证券公司，只要发生交易单元的变化就必须办理转托管。

客户：哪些证券可以办理转托管？

客户经理：可以办理转托管的仅限于深圳市场的证券，包括：股票（A股、B股）、基金、国债（限于2000年以后发行）、企业债、可转换债券、权证。

客户：当日买入已成交的深圳证券可以办理转托管吗？

客户经理：可以。

客户：为什么会发生转托管未到账的情况？

客户经理：可能有以下原因：转出营业部申报错误，交易系统未受理；申报的转入营业部交易单元错误，证券转入其他营业部；转入营业部未及时将转入证券记入投资人账户；权证由于是$T+1$ DVP交收，交易当日申报转托管是不可能成功的。

客户：证券被误转托管到其他营业部时怎么办？

客户经理：投资人可以前往转入的营业部再办理一次转托管；由原转出营业部向深圳证券交易所和中国证券登记结算公司深圳分公司申请办理调整错账。

客户：停牌的股票是否可以办理转托管？

客户经理：可以。

客户：新股申购中签还未上市的股票是否可以办理转托管？

客户经理：在新股尚未登记前，不能办理转托管。

客户：在一家证券营业部买入的证券可以在另一家证券营业部卖出吗？

客户经理：买入的上海市场的证券（包括A股、境内B股、基金、国债），如果投资者将买入证券营业部的指定交易撤销，再将证券账户指定交易在另一家证券营业部，即可在该营业部卖出原证券。但是，上海市场企业债券只能在买入的证券营业部卖出。买入的深圳市场的证券，投资者可以将其转托管到另一家营业部，再从该营业部卖出。

客户：谢谢你帮我解答了这些问题。

客户经理：不客气，如果您需要办三方托管业务，欢迎您随时来我公司办理。

 ## 模拟情景设计 2-3

情　　景：模拟实训室、证券公司营业部、商业银行证券销售部，股票行情电子板，电脑，网络，计算器。

学生角色：3人一组，其中1人为客户，2人为客户经理。

客户身份：职业为企业技术人员，年龄为40岁，对证券市场基础知识了解较少，想要了客户交易结算资金第三方存管业务。

情景内容：客户经理为客户解答证券交易结算资金第三方存管等疑问。

情景设计：

客户经理：您好，有什么可以帮到您的吗？

客户：你好，我想咨询一下证券交易结算资金第三方存管的问题。

客户经理：好的，请问您有什么问题呢？

客户：什么是客户证券交易结算资金第三方存管？

客户经理：客户证券交易结算资金第三方存管简称"第三方存管"，是指证券公司客户保证金交由银行存管，由存管银行按照法律、法规的要求，负责客户交易结算资金存取、转账以及证券交易保证金的安全管理。证券公司不再向客户提供交易结算资金存取服务，只负责客户证券交易、股份管理和清算交收等。实施第三方存管制度后，客户证券交易操作方式保持不变。

客户：什么是客户交易结算资金管理账户？

客户经理：指存管银行为每个投资者开立的，管理投资者用于证券买卖用途的交易结算资金存管专户。客户交易结算资金管理账户记载客户交易结算资金的变动明细，并与客户的银行结算账户和客户的证券资金账户之间建立对应关系。

客户：什么是客户银行结算账户？

客户经理：指投资者在存管银行开立的，用于银行资金往来结算，并与客户证券资金账户和客户交易结算资金管理账户建立转账对应关系的银行存款账户。

客户：什么是客户证券资金台账？

客户经理：指投资者在证券公司开立专门用于证券交易的资金账户，与投资者在存管银行开立的客户交易结算资金管理账户一一对应。证券公司通过该账户对投资者的证券买卖交易进行前端控制，进行清算交收和计付利息等。

客户：多银行第三方存管模式有什么好处？

客户经理：为便于客户选择存管银行，证券公司将选择多家商业银行作为存管银行，但每个客户只能选定其中的一家存管银行开立客户交易结算资金管理账户，建立第三方存管关系，进行资金转账。在第三方存管以前，同一资金账户中对应两个以上银行账户进行原始银证转账的客户，需要到开户证券营业部柜台撤销多余银行的银证转账业务。

客户：谢谢你帮我解答了这些问题。

客户经理：不客气，欢迎您随时来我公司咨询问题。

2.1.2 交易费用和盈亏点

1．交易费用

上海证券交易所对股票交易收取手续费如表 2-3 所示。

表 2-3   上海证券交易所证券交易部分费用

A 股交易	佣金	小于或等于成交金额的 0.3%，起点 5 元
	过户费	成交面额的 0.1%，起点 1 元（双向）
	印花税	成交金额的 0.3%（双向）
B 股交易	佣金	小于或等于成交金额的 0.3%，起点 1 美元
	结算费	成交金额的 0.05%（双向）
	印花税	成交金额的 0.1%（双向）
基金	佣金	小于或等于成交金额的 0.3%，起点 5 元
债券交易（国债、企业债、可转债）	佣金	不超过成交金额的 0.1%，起点 5 元
查询	交易记录	查询费	20 元/户
	账户余额		机构 50 元/户，个人 20 元/户

根据证券交易的费用情况，客户经理要特别提示投资者在日常交易中，要考虑交易成本的问题。沪深两市都设最低收费标准，深股最低收费标准为 5 元，沪股最低收费标准为 5 元。如果某投资者以 4.20 元买入深市某股 100 股，那么手续费为 420×3‰=1.26 元，加上印花税 420×1‰=0.42 元，共 1.26+0.42=1.68 元，但是按最低收费标准，不足 5 元按 5 元收取，该投资者将被实际收费 5 元。

从上述例子可以看出，对于小额投资者来说，应特别注意交易成本的问题。沪市手续费最低收费也是 5 元，更要考虑到这个问题，在买卖时多买卖几百股，计算出应付交易费用的最低限额，然后定下买卖股数。

2. 交易盈亏点计算

$$卖出收入–买入支出≥0 \text{ 即为交易盈亏点}$$

卖出收入=卖出股数×假定卖出价–卖出股数×假定卖出价（交易佣金率+印花税率）–卖出股票数量×过户费率

买入支出=买入股数×买入价–买入股数×买入价（交易佣金率+印花税率）–买入股数×过户费率

在上海证券交易所以每股 12 元的价格买入航天科技（A 股）10 000 股，提出以下问题：如果我想卖出股票，最低以什么价格全部卖出股票才能保本？（假定佣金按 2‰收，印花税、过户费按规定收，不收委托手续费。）

假设卖出价格为每股 P 元。

$$卖出收入=10\ 000×P–10\ 000×P(0.002+0.001)–10\ 000×0.001$$
$$买入支出=10\ 000×12–10\ 000×12(0.002+0.001)–10\ 000×0.001$$
$$当卖出收入–买入支出≥0 \text{ 时，} P≥12.05$$

那么，该投资者的盈亏平衡点是 12.05 元，要最低以每股 12.05 元的价格全部卖出该股票才能保本。

2.1.3 除权除息

上市证券发生权益分派、公积金转增股本、配股等情况，交易所会在股权（债权）登记日（B 股为最后交易日）次一交易日对该证券做除权除息处理。

1. 股票除权

上市公司分红送股必须要以其一天为界定日，以规定哪些股东可以参加分红，那一天就是股权登记日。在这一天仍持有该公司股票的所有股东可以参加分红，这部分股东名册由登记公司统计在册，在固定的时间内，所送红股自动划到股东账上。

股权登记日后的第二天再买入该公司股票的股东已不能享受公司分红，具体表现在股票价格变动上，除权日当天即会产生一个除权价，这个价格相对于前一日（股权登记日）虽然明显降低了，但不是股价下跌，并不意味着在除权日之前买入股票的股东因此而有损失，相对于除权后"低价位"买入股票但无权分享红利的股东而言，在"高价位"买入但有权分享红利的股东，二者利益、机会是均等的。

如某股 10 送 3 股，股权登记日当天股民甲以收市价 10 元，买进 1 000 股共花本金 10 000元（不含手续费、印花税）；第二天该股除权，除权价为 7.69 元，此时股民甲股票由原来的 1 000 股变为 1 300 股，以除权价计算，其本金仍为 10 000 元，并没有损失。

2. 股权登记日、除权（息）日

上市公司的股份每日在交易市场上流通，上市公司在送股、派息或配股的时候，需要定出某一天，界定哪些股东可以参加分红或参与配股，定出的这一天就是股权登记日。也就是说，在股权登记日这一天仍持有或买进该公司的股票的投资者是可以享有此次分红或参与此次配股，这部分股东名册由证券登记公司统计在案，届时将所应送的红股、现金红利或者配股权划到这部分股东的账上。

这里请投资者注意，上海证券交易所规定，所获红股及配股需在股权登记日后第二个交易日上市流通。所以，如果投资者想得到一家上市公司的分红、配股权，就必须弄清这家公司的股权登记日在哪一天，否则就会失去分红、配股的机会。股权登记日后的第一个交易日就是除权日或除息日，这一天购入该公司股票的股东是不可以享有本次分红的"新股东"，不再享有公司此次分红配股。

3. 含权、含息股，填权和贴权

上市公司在董事会、股东大会决议送红、配股后，尚未正式进行分红、配股工作，股票未完成除权、除息前称为"含权"、"含息"股票。

股票在除权后交易，交易市价高于除权价，取得送红或配股者得到市场差价而获利为填权。交易市价低于除权价，取得送红配股者没有得到市场差价，造成浮亏，则为贴权。

4. 除权、除息价的计算

上市公司进行分红后，除去可享有分红、配股权利，在除权、除息日这一天会产生一个除权价或除息价，除权价或除息价是在股权登记这一天收盘价基础上产生的，根据深、沪证券交易所交易规则的规定，计算办法具体如下：

$$除权（息）价=[（前收盘价-现金红利）+配（新）股价格×$$
$$流通股份变动比例]÷（1+流通股份变动比例）$$

 模拟情景设计 2-4

情　　景：证券营业部、银行营业部，股票行情电子板，电脑，网络，计算器。

学生角色：5人一组，其中1人为客户，4人为客户经理，组成团队。

客户身份：女士，30岁，投资股票市场3年，但对股票投资分红、股票除权与除息等知识了解不多。

情景内容：为客户解答关于分红、除权除息等疑难问题。

情景设计：

客　户：你好！我想了解一些关于股票分红方面的常识。

客户经理：我是专门负责客户股票投资咨询服务的客户经理，很愿意为您服务。您请坐。您有哪些问题要咨询呢？

客　户：我有一只股票，在除权日卖出股票，是否仍有分红？

客户经理：股权登记日当天收市后，仍持有该公司股票，可享有分红；因为股权登记日是用以区分能否享受公司红利的标志，凡在股权登记日这一天（直到收市）仍持有公司股票的，属于可享受该公司分红的股东，第二天（除权日）再买入股票的，已不可享受分红。但在除权日抛出原持有股票，依然是可以享受公司分红的股东。

客户：除权价等于开盘价吗？

客户经理：除权（息）日该证券的前收盘价为除权（息）日除权（息）价。证券每日的开盘价是经过集合竞价产生的，开盘价不完全等于除权价。此时，除权价（前收市价）只能作为除权日当天个股开盘的参考价，如果大部分人对该股一致看好，委托价相对除权价高填，经集合竞价产生出的开盘价高于除权价，则填权；反之，则贴权。如果出现大多数以委买委卖对除权价均认可的价格，则产生与除权价相等的开盘价。

客户：谢谢！

客户经理：不客气，欢迎您下次再来。

任务 2：认知股票价格指数

2.2　股票价格指数

2.2.1　股票价格指数的作用

股票指数即股票价格指数，是由证券交易所或金融服务机构编制的表明股票行情变动的一种供参考的指示数字。由于股票价格起伏无常，投资者必然面临市场价格风险。对于具体某一种股票的价格变化，投资者容易了解，而对于多种股票地价格变化，要逐一了解，很不容易，因此专业机构编制出了股票价格指数，为了能实时地向投资者反映股市的动向，所有的股市几乎都是在股价变化的同时即时公布股票价格指数。投资者根据股票价格指数的升降，可以判断出股票价格的变动趋势。投资者据此就可以检验自己投资的效果，也可以此为参考指标，来观察和预测社会政治、经济发展形势，以利于未来的投资决策。

2.2.2　股票指数的计算方法

1. 股价平均数和股票指数

计算股票指数时，把股票指数和股价平均数分开计算。股价平均数是反映一定时点上市股票价格的绝对水平，人们可以认识多种股票价格变动水平。而股票指数是反映不同时期的股价变动情况的相对指标，也就是将第一时期的股价平均数作为另一时期股价平均数的基准的百分数。通过股票指数，人们可以了解计算期的股价比基期的股价上升或下降的百分比率。由于股票指数是一个相对指标，因此就一个较长的时期来说，股票指数比股价平均数能更为精确地衡量股价的变动。

2. 股票指数的计算

股票指数。通常是将报告期的股票价格与定的基期价格相比，并将两者的比值乘以基期的指数值，即为该报告期的股票指数。股票指数的计算方法有以下三种。

（1）相对法。相对法又称平均法，英国的《经济学家》普通股票指数就使用这种计算法，就是先计算各样本股票指数，再加总求算术平均数。其计算公式为：

$$股票指数=\frac{N\text{个样本股票指数之和}}{N}$$

✎ **例 2-1** 有 4 个选定样本股票 A、B、C、D，报告期股票价格分别是 8 元、12 元、14 元、18 元，基期股票价格分别是 5 元、8 元、10 元、15 元。

$$股票指数=\frac{(8/5+12/8+14/10+18/15)}{4}=142.5(\%)$$

股票指数为 142.5%，即报告期的股价比基期上升了 42.5%。

（2）综合法。综合法是先将样本股票的基期和报告期价格分别加总，然后相比求出股票指数。其计算公式为：

$$股票指数=\frac{\text{报告期股票价格之和}}{\text{基期股票价格之和}}$$

代入上述案例数字得：

$$股票指数=\frac{8+12+14+18}{5+8+10+15}=136.8(\%)$$

股票指数为 136.8%，即报告期的股价比基期上升了 36.8%。

从平均法和综合法计算股票指数来看，两者都未考虑到由各种采样股票的发行量和交易量的不相同，而对整个股市股价的影响不一样等因素，因此，计算出来的指数亦不够准确。为使股票指数计算精确，则需要加入权数，这个权数可以是交易量，亦可以是发行量。

（3）加权法。加权股票指数是根据各期样本股票的相对重要性予以加权，其权数可以是成交股数、股票发行量等。以基期成交股数（或发行量）为权数的指数称为拉斯拜尔指数；以报告期成交股数（或发行量）为权数的指数称为派许指数。目前世界上大多数股票指数都是派许指数，其偏重报告期的成交股数（或发行量）。派许指数是样本股票的基期价格和成交量（发行量）乘数之和与报告期股票价格和成交量（发行量）之比。

$$股票指数=\frac{\text{报告期样本股票价格×成交量之和}}{\text{基期样本股票价格×成交量之和}}$$

✎ **例 2-2** 有 4 个选定样本股票 A、B、C、D，报告期股票价格和成交量分别是 8 元，600 股；12 元，1 200 股；14 元，6 000 股；18 元，2 000 股。基期股票价格分别是 5 元，200 股；8 元，400 股；10 元，1 000 股；15 元，1 000 股。

代入上述数字得

$$股票指数=\frac{8\times600+12\times1\,200+14\times6\,000+18\times2\,000}{5\times200+8\times400+10\times1\,000+15\times1\,000}=476.7\%$$

即报告期的股价比基期上升了76.7%。

2.2.3 著名股票指数

1. 世界著名股票指数

世界著名股票指数如表 2-4 所示。

表 2-4 世界著名股票指数

指数名称	基期日与基期数	主要指标	主要特点
道·琼斯股票指数	基期日1928.10.1，基期数为100	道·琼斯股票价格平均指数共分五组：（1）工业股票价格平均指数，由 30 种有代表性的大工商业公司的股票组成，可以反映美国整个工商业股票的价格水平（2）运输业股票价格平均指数，包括20种有代表性的运输业公司的股票，即 8 家铁路运输公司、8 家航空公司和 4 家公路货运公司（3）公用事业股票价格平均指数，是由代表着美国公用事业的 15 家煤气公司和电力公司的股票所组成（4）平均价各综合指数　是综合前三组股票价格平均指数 65 种股票而得出的综合指数（5）道·琼斯公正市价指数，以 700 种不同行业与规模和实力的公司作为编制对象	它是目前世界上影响最大、最有权威性的一种股票价格指数：（1）所选用股票的发行公司都是本行业具有重要影响的著名公司（2）《华尔街日报》每天详尽报道其每个小时计算的采样股票平均指数、百分比变动率、每种采样股票的成交数额等，并注意对股票分股后的股票价格平均指数进行校正。在纽约证券交易营业时间里，每隔半小时公布一次道·琼斯股票价格平均指数（3）这一股票价格平均指数自编制以来从未间断过，可以用来比较不同时期的股票行情和经济发展情况，成为反映美国股市行情变化最敏感的股票价格平均指数之一
日经股价指数	日经 500 种股价指数基期日 1982.1.4，基期数为100　日经 225 种股价指数基期日 1950.9，基期数为 176.21	日经 225 种股价指数：选在东京证券交易所第一市场上市的 225 种股票　日经 500 种股价指数：其采样包括 500 种不同行业的股票	日经 225 种平均股价从 1950 年一直延续下来，因而其连续性及可比性较好，成为考察和分析日本股票市场长期演变及动态的最常用和最可靠指标　日经 500 种平均股价代表性就相对广泛。每年 4 月份要根据上市公司的经营状况、成交量和成交金额、市价总值等因素对样本进行更换。能全面地反映日本股市的行情变化，如实反映日本产业结构变化和市场变化情况

指数名称	基期日与基期数	主要指标	主要特点
《金融时报》股票价格指数	基期日1935.7.1，基期数为100	包括在英国工商业中挑选出来的具有代表性的30家公开挂牌的普通股股票	该股票价格指数以能够及时显示伦敦股票市场情况而闻名于世
NASDAQ指数	基期日1971.2.5，基期数为100	共有13种指数，包括综合、金融、银行、保险、其他金融、通信、运输等指数，以及100指数、全国市场综合指数和全国市场工业指数	NASDAQ指数是以在NASDAQ市场上市的所有本国和外国的上市公司为基础计算，按每个公司的市场价值来设权重，每个公司对市场的影响是由其市场价值来决定
香港恒生指数	1964.3.1.为基期日，基期数为100	香港500多家上市公司中挑选出来的33家有代表性且经济实力雄厚的大公司股票作为成分股，分为4种金融业股票、6种公用事业股票、9种地产业股票和14种其他工商业（包括航空和酒店）股票四大类	所选股票占香港股票市值的63.8%，因该股票指数涉及香港的各个行业，具有较强的代表性。不论股票市场狂升或猛跌，还是处于正常交易水平，恒生股票价格指数基本上能反映整个股市的活动情况

2. 我国主要股票指数

我国主要股票指数特点及主要指标如表2-5所示。

表2-5　我国主要股票指数

指数名称	基期日与基期数	主要指标	主要特点
上证综合指数	1990.12.19为基期日，基期数为100	以全部的上市股票为样本，以股票发行量为权数进行编制。从1992年2月起分别公布A股指数和B股指数，1993年5月3日起正式公布工业、商业、地产业、公用事业和综合五大类分类股价指数	上海证券交易所股票指数的发布几乎是和股市行情的变化同步的，它是我国股民和证券从业人员研判股票价格变化趋势必不可少的参考依据
深圳综合指数	1991.4.3为基期日，基期数为100	该指数以所有上市股票为采样股，当有新股上市时，在其上市后第二天纳入采样股计算	由于以所有挂牌的上市公司为样本，其代表性非常广泛，且它与深圳股市的行情同步发布，它是股民和证券从业人员研判深圳股市股票价格变化趋势必不可少的参考依据

续表

指数名称	基期日与基期数	主要指标	主要特点
深圳成分股指数	1994.7.20 为基期日，基期数为 1 000	深证成分股指数是从上市的所有股票中抽取具有市场代表性的40 家上市公司的股票作为计算对象，并以流通股为权数计算得出的加权股价指数	综合反映深圳证券交易所上市A、B 股的股价走势
上证成分股指数	2002.6.28 为基期日，基期数为 3 299.09	上证 180 指数取代原来的上证30 指数，包括 180 家规模大、流动性好、行业代表性强的股票	该指数不仅在编制方法的科学性、成分选择的代表性和成分的公开性上有所突破，同时也恢复和提升了成分指数的市场代表性，从而能更全面地反映股价的走势

单元实训题

情　　景：证券公司营业部、商业银行证券销售部，股票行情电子板、电脑、网络、计算器。

学生角色：3 人一组，其中 1 人关客户，2 人为客户经理。

客户身份：职业为商业服务行业职员，年龄 35 岁，对证券市场基础知识了解甚少。

训练内容：客户走进证券营业部，咨询股票交易基本规则。

评　　价：

由教师评价、小组评价、学生自评相结合，评价标准如下分述。

（1）专业能力方面：基本掌握股票交易规则和费用、除权除息及世界著名的股票指数；对话内容具有一定专业性；礼仪规范。

（2）方法能力方面：应变能力和语言表达能力都有一定提高。

（3）社会能力方面：对合作的同学有更深入的认识，能与同学很好地合作并完成任务，团队合作意识强。

项目三

把握证券公司营运模式

❷ 知识目标
掌握证券公司设立的条件、证券公司的主要业务。

❷ 实训目标
- 掌握证券公司的主要业务。
- 理解证券公司设立的条件。

学习导航

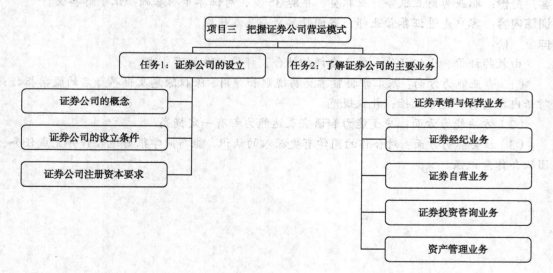

> **相关链接**
>
> 　　某证券公司太原体育路证券营业部为招揽客户，在制作的宣传材料中向投资者宣传股权投资、融资融券、资产证券化、股权质押融资等公司尚不具备条件或不允许开展的业务，并对投资者收益情况做出确定性判断。此外，该营业部为规避协会佣金报备标准，以数名客户之间存在"关联"为理由，对其中每位客户执行以上述客户总资产为划分标准的佣金费率。
>
> 　　山西证监局就上述问题与该营业部负责人进行了谈话，要求营业部做出整改，规范营销，在整改完成之前应当暂停从其他营业部转户。该营业部现已将所有不符合协会佣金报备标准的客户佣金费率提升至规定标准，并为无法达成提升佣金费率协议的客户办理转销户手续。

任务 1：证券公司的设立

3.1.1　证券公司的概念

　　证券公司是指依照《中华人民共和国公司法》、《中华人民共和国证券法》设立的经营证券业务的有限责任公司或者股份有限公司。在我国，设立证券公司必须经国务院证券监督管理机构审查批准。世界各国对证券公司的称呼不尽相同，美国的通俗称谓是投资银行，英国则称为商人银行，而德国等国家银行业与证券业混业经营，通常由银行设立的分支部门从事证券业务经营。日本和我国一样，将其称为证券公司。

3.1.2　证券公司的设立条件

- 有符合法律、行政法规规定的公司章程。
- 主要股东具有持续赢利能力，信誉良好，最近三年无重大违法违规记录，净资产不低于人民币 2 亿元。
- 有符合《中华人民共和国正券法》规定的注册资本。
- 董事、监事、高级管理人员具备任职资格，从业人员具有证券从业资格。
- 有完善的风险管理与内部空制制度。
- 有合格的经营场所和业务设施。
- 中国证监会规定的其他条件。

3.1.3　证券公司注册资本要求

根据新《证券法》的要求，证券公司的实际经营范围应按照其实缴的注册资本额的大小及其他条件来进行区别，使业务范围与公司资本实力等自身条件相适应。因而经营不同证券业务的证券公司其注册资本限额也有所不同。

证券公司的注册资本应当是实缴资本，它与证券公司从事的业务种类直接挂钩，分为5千万元、1亿元、5亿元三个标准。

- 经营证券经纪、证券投资咨询、与证券交易以及投资活动有关的财务顾问业务，注册资本最低限额5千万元。
- 经营证券承销与保荐、证券自营、证券资产管理以及其他业务中的任何一项业务，注册资本最低限额1亿元。
- 经营证券经纪、证券承销与保荐、证券自营、证券资产管理以及其他业务中的任何两项以上的业务，注册资本最低限额5亿元。

 模拟情景设计 3-1

情　　景：在实训室模拟证券公司营业部。

学生角色：3人一组，其中1人为客户，2人为客户经理。

客户身份：职业为商业服务行业职员，年龄为40岁，女性，月收入3 000元，学历高中，从未投资过证券产品，仅在银行存款，目前想做股票投资。

情景内容：客户走进证券营业部，咨询证券交易所、证券公司、证券公司营业部的相关事宜。

情景设计：

客户：您好！

客户经理：您好！见到您很高兴！您请坐！

客户：我听说最近股票涨的很厉害，很多人买了几万元的股票现在都挣几十万元了，我也很想炒股。可是我对股票不是很了解。我想请问你一下，你们这里是证券交易所吧？我是在这买股票吧？

客户经理：我们这里是证券公司营业部，不是交易所。我们买卖的股票是在证券交易所挂牌交易的上市公司的股票。

客户：证券公司不是交易所吗？

客户经理：看来您对交易所和证券公司不是十分了解。如果您愿意，我可以为您详细说明交易所、证券公司的区别和联系。

客户：那太好了！

客户经理：证券交易所是指不以赢利为目的，为股票的交易提供场所、设施的机构。也就是说，证券交易所是买卖股票、公司债、公债等有价证券的市场。

客户：哦，我明白了，也就是说，我只能去交易所去买股票了，是吗？那交易所在哪啊？

客户经理：证券交易所本身并不从事证券买卖业务，只是为证券交易提供场所和各项服务，并履行对证券交易的监管职能。目前全国只有上海证券交易所和深圳证券交易所两所交易所。就是我们平时所说的深市、沪市。我国的上海、深圳证券交易所都实行会员制，只有会员拥有交易席位，可以在交易所里交易，而交易席位是有限，所以一般的股民是不可以直接到证券交易所买卖股票的，必须委托证券公司代理交易。

客户：证券公司？证券公司是做什么的？

客户经理：对于一般的股民，买卖股票不可能去真正的交易所去交易，但是总得有个地方买卖，证券公司就充当了这个角色。证券公司是提供股票交易的中介结构，代理客户买卖股票，为投资者提供买卖的通道。所以一般的投资者只能委托证券公司来代理证券买卖。

客户：哦，那你们这里是什么？就是证券公司吗？我买股票就是在这里买？

客户经理：我们这里是证券公司的营业部。证券公司在不同的街区设有营业网点，这个营业网点就是营业部。在这里为您提供股票交易的相关服务。

客户：好的，非常感谢，我明白了。

客户经理：不用客气，这是我应该做的。（面带微笑，双手出示名片）对了，这是我的名片，今后如果有问题，尽管打电话给我。

 模拟情景设计 3-2

情　　景：证券公司营业部。

学生角色：3人一组，其中1人为客户，2人为客户经理。

客户身份：职业为某公司前台接待，年龄为22岁，女性，月收入3 000元，学历大专，从未投资过证券产品，仅在银行存款，现在想做股票投资。

情景内容：客户走进证券营业部，咨询股票交易开户与选择的证券公司的关系的相关事宜。

情景设计：

客户：你好！

客户经理：您好！见到您很高兴！您请坐！

客户：最近想入市，但不知道该选择哪家证券公司。我看到有的证券公司免费开户，有些证券公司买沪市送深市的，最近有人找我去证券公司开户，还给我钱，这是为什么？一般开户不是都要收费的吗？

客户经理：投资者如需入市，应事先开立证券账户卡，分别开立深圳证券账户卡和上海证券账户卡。深圳证券账户卡个人50元/每个账户，上海证券账户卡个人40元/每个账户。这钱并不是给证券公司的，证券公司是代证券登记结算机构收取的。有些在推广的证券公司免费开户，其主要目的是吸引客户。对于证券公司来讲，客户的交易佣金是它的主要收入之一。投资者每买卖一笔股票，都要向证券公司缴纳一定的佣金。因此，就会有一些公司用优惠的政策吸引客户，证券公司自己承担90元的开户费。

客户：是不是免费开户了以后，佣金就要高些呢？

客户经理：佣金可以由证券公司自定，但国家规定最高不能超过成交额的 0.3%，最低 5 元。各公司的佣金都是不同的，但不会相差太多，一般不会因为免费开户就要收取较高的佣金。

客户：好的，非常感谢，我明白了。

客户经理：不用客气，这是我应该做的。（面带微笑，双手出示名片）对了，这是我的名片，今后如果有问题，尽管打电话给我。

客户：再见。

客户经理：再见，欢迎您随时来我们营业部。

任务 2：了解证券公司的主要业务

原《证券法》将证券公司分为综合类证券公司和经纪类证券公司，新《证券法》取消了这种划分，而是对经营不同证券业务的证券公司规定了不同的注册资本限额。根据《证券法》规定，经国务院证券监督管理机构批准，证券公司可以经营下列部分或者全部业务。

3.2.1 证券承销与保荐业务

1. 证券承销业务

（1）概念。证券承销业务是指证券公司通过与证券发行人签订证券承销协议，在规定的证券发行期限内协助证券发行人推销其所发行的证券的业务活动，从而使发行者募集到所需要的资金，是证券初级市场上发行者与投资者之间的媒介。

（2）程序。承销过程有以下三步：

* 证券经营机构就证券发行的种类、时间、条件等对发行公司提出建议。
* 当证券发行人确定证券的种类和发行条件并且报请证券管理机关批准之后，证券经营机构与之签订证券承销协议。承销方式可分包销和代销两种。
* 进行证券的销售工作。

（3）证券的承销方式。证券承销方式有两种。一是代销，即证券公司代发行人发售证券，在承销期结束时，将未售出的证券全部退还给发行人的承销方式；二是包销，即证券公司将发行人发行的证券按照协议全部购入或者在承销期结束时，将售后剩余的证券全部自行购入的承销方式。

 模拟情景设计 3-3

情　　景：在实训室模拟客户经理培训室。

学生角色：客户经理，两人为一组。

情景内容：两位客户经理讨论证券公司承销业务的相关问题。

情景设计：

客户经理 A：王经理，我对于证券公司的承销业务那一部分不是很理解，你能再给我解释一下吗？

客户经理 B：好啊，你哪儿没有听明白？

客户经理 A：证券承销与证券交易有什么区别啊？

客户经理 B：承销是指证券公司在规定的期限内将发行人发行的证券销售出去，承销商按照约定收取一定的佣金或者约定的报酬。证券的发行与承销涉及三方当事人，一是发行人，二是承销商即证券公司，三是投资者，即购买证券的人或机构。也就是说，发行股票的上市公司通过证券公司将其要发行的股票卖给众多的投资者，这些投资者可以是证券公司、基金公司、机构投资者。也就是说，承销是和一级市场联系在一起的。股票公开发行后即获得上市资格，就可以在二级市场即沪深两市中挂牌交易了。投资者可以在二级市场中买卖挂牌上市的股票即为股票交易。

客户经理 A：证券承销方式有两种，一是代销，二是包销，这两种方式有什么区别啊？

客户经理 B：代销是指证券发行人委托承销机构代理向投资者销售证券，如在约定期限内未全部售出，则未售出部分退还给发行人。承销商与发行人之间是代理关系，不承担风险。承销费用为实际售出股票总金额的 0.5%～1.5%。包销是指承销机构按合同买下全部或销售剩余部分的证券，承担全部销售风险。发行人与承销商之间是买卖关系。承销费为承销股票总金额的 1.5%～3%，如发行股票数额较大，往往由多个承销商（既承销团）共同承销。

客户经理 A：为什么一家企业要发行股票非要通过承销商呢？如果这家企业直接将自己的股票面向社会公众出售岂不是更好，这样还省去了大量的中间费用呢。

客户经理 B：企业直接将自己的股票面向社会公众出售即采用直接发行方式时，要求发行者熟悉招股手续，精通招股技术并具备一定的条件。如果当认购额达不到计划招股额时，新建股份公司的发起人或现有股份公司的董事会必须自己认购出售的股票，因此，只适用于有既定发行对象或发行风险少、手续简单的股票。在一般情况下，不公开发行的股票或因公开发行有困难（如信誉低所致的市场竞争力差、承担不了大额的发行费用等）的股票；或是实力雄厚，有把握实现巨额私募以节省发行费用的大股份公司股票，才采用直接发行的方式。我国《公司法》规定，股份有限公司向社会公开发行新股，必须由证券经营机构承销。

客户经理 A：是所有的证券公司都可以经营证券承销业务吗？

客户经理 B：证券公司经营证券承销业务股票需要具备一定的资格条件，经营证券承销业务注册资本最低限额 1 亿元，净资产不低于人民币 5 000 万元，净资本不低于人民币 2 000 万元；近三年具有股票承销业绩。

客户经理 A：哦，我明白了。谢谢你。

2. 保荐业务

我国证券发行实行"保荐人制度"，即公司公开发行证券及证券上市时，必须由具有保荐机构资格的保荐人推荐。证券公司保荐业务是指证券公司对发行人的发行、上市文件进行实质性核查，保证其真实、准确、完整，推荐发行人证券发行、上市的业务活动。证券公司的保荐业务分为发行保荐和上市保荐。对于作为上市保荐人的证券公司，还应当在发行人的证券上市后的一定期限内持续督导发行人规范运作和按照规定履行信息披露等义务。

 模拟情景设计 3-4

情　　景：在实训室模拟客户经理培训室。

学生角色：客户经理，两名学生为一组。

情景内容：两位客户经理讨论证券公司保荐业务的相关问题。

情景设计：

客户经理A：经理，你好。我在一篇文章中看到中国国际金融、中信证券和银河证券将共同作为中石油A股发行上市的保荐人。这个保荐人是什么意思？主要做哪些工作？

客户经理B：我国证券发行实行"保荐人制度"，也就是说由保荐人（券商）负责发行人的上市推荐和辅导，核实公司发行文件中所载资料的真实、准确和完整，协助发行人建立严格的信息披露制度，不仅承担上市后持续督导的责任，还将责任落实到个人。通俗地讲，就是让券商和责任人对其承销发行的股票，负有一定的持续性连带担保责任。承担这些工作的证券公司就是保荐人。

客户经理A：承担连带担保责任指的是什么？

客户经理B：简单来讲就是保荐人在推荐一家公司上市后，如果该公司在上市方面有任何法律问题，该保荐人都要受到相关调查甚至处罚，保荐人出了问题他是要负责的，所以这种制度更好地规避了公司上市的一些问题。

客户经理A：上市公司的保荐人是不是就是它的主承销商？

客户经理B：由于主承销商在公司股票发行承销过程中已对发行公司有较深了解，所以常同时担任发行公司的上市保荐人。有些发行公司的上市保荐人由主承销商和其他具有上市推荐人资格的证券经营机构共同承担，也有些发行公司的上市保荐人单独由其他具有保荐人资格并对发行公司有充分了解的证券经营机构承担。所有上市公司的保荐人不一定是它的主承销商。

客户经理A：那保荐人和保荐代表人有什么不一样吗？

客户经理B：保荐人是负责发行人的上市推荐和辅导的机构（通常是证券公司），而保荐代表人则是代表证券公司承担发行人上市发行的具体项目负责人。

客户经理A：已经考过了证券从业资格考试，我想成为保荐代表人还需要什么条件吗？

客户经理 B：证监会对保荐代表人的要求相当苛刻。如具备 3 年以上投资银行业务经历，至少担任过一个境内外首次公开发行股票、上市公司发行新股或可转换公司债券的主承销项目的项目负责人等。

客户经理 A：哦，我明白了。谢谢你了。

3.2.2　证券经纪业务

1．概念

证券经纪业务又称代理买卖证券业务，是指证券公司在核定业务范围内，根据投资者发出的证券买卖指令，以投资者的名义和账户进行证券买卖，或其他证券投资的业务活动。在此过程中，由投资者支付佣金并自担投资风险。这是证券公司的一项基本业务，也是原始最初业务。

证券经纪业务是随着集中交易制度实行而产生和发展起来的。由于在证券交易所内交易的证券种类繁多，数额巨大，而交易厅内的席位有限，一般投资者不能直接进入证券交易所进行交易，因此，只能通过经批准设立的证券公司作为中介促成交易完成。

我国的证券经纪业务可以分为两大类：第一类是人民币普通股（A 股）、基金和债券的代理买卖业务；第二类是用外币认购和交易的境内公司发行的股票（B 股）的代理买卖业务。

2．特点

（1）业务对象的广泛性。所有上市交易的股票、债券都是证券经纪业务的对象。

（2）证券经纪商的中介性。证券经纪业务是一种居间的经济活动，证券经纪人不是用自己的资金进行证券买卖，也不承担交易中的风险，而是充当证券买方和卖方的代理人。

（3）客户指令的权威性。证券经纪商必须严格地按照委托人指定的证券、数量、价格、有效时间买卖证券，不能自作主张，擅自改变委托人的意愿。如果情况发生变化，即使是为维护委托人的权益不得不变更委托人的指令，也应事先征得委托人的同意。

（4）客户资料的保密性。保密的资料包括：①客户开户的基本情况，如股东账户账号、资金账户账号；②客户委托的有关事项，如买卖哪种证券、买卖证券的数量和价格等；③客户股东账户中的库存证券种类和数量、资金账户中的资金余额等。

3．程序

证券公司办理经纪业务，应当备置统一的买卖委托书。采取其他委托方式的必须做出委托记录。证券公司与投资者签订证券买卖代理协议，同时为投资者开立证券交易结算资金账户，经过这两个环节才能建立经纪关系。证券公司应当根据投资者委托书载明的证券名称、买卖数量、出价方式、价格幅度等，按照交易规则代理买卖证券；买卖成交后，应按规定制作成交报告单交付客户。

4．禁则

● 证券公司不得为客户融资、融券交易。

- 不得接受客户的全权委托而决定证券买卖、选择证券种类、决定买卖数量和买卖价格。
- 不得未经过其依法设立的证券营业部私下接受客户委托而买卖证券。
- 不得以任何方式向客户保证交易收益或者承诺赔偿客户的投资损失。
- 不得为多获取佣金而诱导客户进行不必要的证券买卖。
- 不得提高或降低交易所公布的证券交易收费标准，收取不合理的佣金和其他费用。

证券公司的从业人员在证券交易活动中，按其所属的证券公司的指令或者利用职务违反交易规则的，由所属的证券公司承担全部责任。

 模拟情景设计 3-5

情　　景：在实训室模拟证券公司营业部。

学生角色：两人一组，其中1人为客户，1人为客户经理。

客户身份：职业为某公司销售经理，年龄为40岁，男性，月收入7 000元，学历本科，是该证券营业部的老客户。

情景内容：客户走进证券营业部，要求客户经理为其办理全权委托业务。请客户经理两人一组为其处理相关问题。

情景设计：

　　客户经理：李先生，您好！见到您很高兴。

　　客户：你好！

　　客户经理：请问今天您想办理什么业务？

　　客户：最近我们公司要我去外地参加一个内部的集中封闭培训，为期一个月，我前几天刚刚买下了不少只股票，我去培训的地方据说不能上网，而且学习很紧张，我也没时间来关注股票行情，你看现在股市动荡这么厉害，我比较担心我去学习的这一个月，我买的股票波动的太厉害，会丧失好的机会或赔的太厉害。咱们认识这么久了，我觉得你这个人很可靠，而且还是专业人士，你看要不这样，我去学习的这一个月，我就把我的股票都交给你了，你全权负责，想买想卖，什么价格买卖，买卖多少，你全说了算，挣钱了我不会亏待你的，赔了也不用你负责，我还是比较相信你的人品的，你看怎么样？

　　客户经理：李先生，真的不好意思，你的请求我没办法帮你做到。《证券法》规定，证券公司办理经纪业务，不得接受客户的全权委托而决定证券买卖、选择证券种类、决定买卖数量或者买卖价格。这就是说，禁止证券公司接受客户全权委托，经营客户的证券，所以我不能违反规定，接受你的全权委托。

　　客户：怎么会有这样的规定？我的一个好朋友在美国，他跟我说可以这样做啊？而且我听说有好多证券公司在私下办理这种业务，赚钱的时候按比例抽成的啊？

　　客户经理：国外有些国家允许证券公司开办这种业务，可是，由于我国证券市场还很不成熟，如果允许证券公司接受客户的全权委托，有可能产生个别证券公司利用客户的账户和资金翻炒证券，扰乱市场，并为公司牟利而损害客户利益的现象。那些私下办理这种业务的公司管理不规范，是有可能给客户带来风险的，所以还是不要轻信那些不规范的证券公司。

客户：听这么说我明白了，算了，1 个月时间也不是很长，我这次就算做长线吧！谢谢你啊！

客户经理：您太客气了，以后有什么要求您尽管提出来，能做到的我一定会为您做好的！

3.2.3　证券自营业务

1. 概念

证券自营业务是指证券经营机构为本机构买卖上市证券以及证监会认定的其他证券的行为。上市证券包括人民币普通股、基金券、认股权证、国债、公司或企业债券等。

证券经营机构的自营业务按业务场所一般分为两类，即场外（如柜台）自营买卖和场内（交易所）自营买卖。场外自营买卖是指证券经营机构通过柜台交易等方式，由客户和证券经营机构直接洽谈成交的证券交易；场内自营买卖是指证券经营机构在集中交易场所（证券交易所）自营买卖证券。在我国，证券自营业务一般是指场内自营买卖业务。

2. 从事自营业务应具备的条件

证券公司从事证券自营业务必须取得中国证监会的资格认证，并领取由中国证监会颁发的《自营证券业务资格证书》。根据中国证监会《证券经营机构证券自营业务管理办法》的规定，证券经营机构申请从事证券自营业务，应当同时具备下列条件：

- 证券专营机构（依法设立并具有法人资格的证券公司）具有不低于人民币 2 000 万元的净资产，证券兼营机构（即依法设立并具有法人资格的信托投资公司）具有不低于人民币 2 000 万元的证券营运资金（证券兼营机构专门用于证券业务的具有高流动性的资金）。
- 证券专营机构具有不低于人民币 1 000 万元的净资本，证券兼营机构具有不低于人民币 1 000 万元的净证券营运资金。
- 有 2/3 以上的公司高级管理人员及其主要业务人员获得中国证监会颁发的证券业从业人员资格证书。
- 在近一年内没有严重违法、违规行为，或在近两年内未受到取消自营业务资格的处罚。
- 证券经营机构成立且已正式开业已超过半年；兼营机构证券业与其他业务分开经营并分账管理。
- 设有专用的电脑申报终端设施和其他必要的设施。

- 中国证监会要求的其他条件。

3. 禁则

- 证券公司必须将其自营业务和经纪业务分开办理，业务人员、财务账户均应分开，不得混合操作。
- 客户交易结算资金必须全部存入指定商业银行，以每个客户的名义单独立户管理。严禁挪用客户交易结算资金。
- 证券公司的自营业务必须以自己的名义进行，不得假借他人名义或者以个人名义进行。
- 证券公司的自营业务必须使用自有资金和依法筹集的资金。
- 证券公司不得将其自营账户借给他人使用。

 模拟情景设计 3-6

情　　景：证券公司营业部。

学生角色：两人一组，其中1人为客户，1人为客户经理。

客户身份：职业为某公司职员，年龄为40岁，男性，月收入5 000元，学历本科，一直在其他证券公司进行股票投资。

情景内容：客户走进证券营业部咨询台，询问转户的有关事项。请客户经理两人一组为其解答问题。

情景设计：

客户经理：先生，您好！见到您很高兴。

客户：你好！

客户经理：请问今天您想办理什么业务？

客户：我一直在世纪证券炒股，我想转户到你们这里。你知道，现在世纪证券受到了证券会的处罚，被撤销了自营业务的许可，我想咨询一下这对证券公司会有什么影响？

客户经理：自营业务撤销，即该公司不能从事公司债券在同业市场上的买卖，不能用自有资金投资、炒作股票。经纪业务和自营业务是证券公司的最主要的收入来源，自营业务许可被撤销有可能在一定程度上影响证券公司的获利能力。

客户：这个会不会影响我在世纪证券买卖股票啊？

客户经理：并不会影响股民在该证券公司进行买卖股票。《证券法》规定证券公司必须将其经纪业务和自营业务分开办理的。

客户：证券公司为什么必须将其经纪业务和自营业务分开办理啊？

客户经理：如果证券公司的经纪业务和自营业务不分开办理，证券公司在自营业务中就可能为赢利而损害所代理的客户的利益。如当股市不利时，先于客户委托抛出，反过来，又抢在客户之前买进；还可能在自营业务中挪用客户的资金和证券，这不但会妨害客户在证券交易中的权益，而且一旦自营业务发生严重亏损，就会使客户资金和证券遭到重大损失。所以，证券公司的经纪业务和自营业务必须分开办理。

客户：证券公司是如何将其经纪业务和自营业务分开办理的？

客户经理：为了使综合类证券公司的经纪业务和自营业务分开办理，《证券法》同时规定，证券公司在从事经纪业务和自营业务中，应当将这两种业务的业务人员、财务账户分开，不得混合操作。业务人员分开了，自营业务人员和经纪业务人员就各做各的业务，就不容易发生上面所说的，证券公司业务人员"当股市不利时，先于客户抛出，反过来，又抢在客户之前买进"的现象；自营业务和经纪业务的财务账户分开了，就不容易发生证券公司挪用客户的资金和证券的现象。

客户：证券公司会不会用我们客户的钱来开展自营业务啊？

客户经理：证券公司在自营业务中，必须使用自有资金和依法筹集的资金，严禁证券公司挪用客户保证金。而且证券公司对客户交易结算资金必须全额存入指定的商业银行，单独立户管理。证券公司一般是没有办法挪用的。

客户：这次世纪证券就是因为自营业务受到处罚的吧？

客户经理：是的。世纪证券收到了中国证监会的罚单，主要原因在于自营部门早于研究部门推荐之前就买入了普罗康裕的股票。根据《证券公司内部控制指引》规定，券商主要业务部门之间应当建立健全隔离墙制度，确保经纪、自营、受托投资管理等业务相对独立。这意味着，自营部门不能在研究部门推荐股票之前买卖股票。

客户：那证券公司以别人的名义买卖股票，不就不会被发现了吗？

客户经理：《证券法》规定，证券公司自营业务必须以自己的名义进行，不得假借他人名义或者以个人名义进行。这是为了加强对证券公司自营业务的监管，防范证券公司通过以他人的名义自营证券买卖来操纵证券市场，维护证券市场的秩序。

客户：这么说来，其实自营业务对经纪业务影响不大，那我再考虑一下要不要转户的问题吧。谢谢你啊！

客户经理：不用客气，这是我应该做的。（面带微笑，双手出示名片）对了，这是我的名片，今后如果有问题，尽管打电话给我。

客户：谢谢，再见。

客户经理：再见。

3.2.4 证券投资咨询业务

1．概念

证券公司投资咨询业务是指为投资人或者客户提供证券投资分析、预测或者建议等直接或者间接有偿咨询服务的活动。

证券公司开展投资咨询业务是为了提高自身对客户的服务并为其创造增值机会，其服务对象起初是为自身经纪业务的客户提供咨询服务为主的。目前证券公司投资咨询业务服务对象和服务层次逐步扩大。行业的主流业务是证券服务、投资咨询服务、委托理财服务和财务顾问服务。以证券公司研究部门为代表的咨询机构，将市场定位为高端的机构客户，为基金管理公司、保险公司、缺乏研究力量的证券公司、上市公司、投资公司等机构投资者提供证券市场的研究报告，为上述机构的投资决策提供支持。对于这些服务不要求机构客户直接为咨询产品付费，而是通过机构客户在券商席位的交易实现佣金分成。

目前，很多证券公司已经在考虑将证券投资咨询作为新的业务进行推动，如像国泰君安证券研究所2004年通过为基金提供研究服务为公司获得的分仓收入再创新高，全年有望超过4 800万元，较之2003年的3 000万元上升60%，这一数字已占国泰君安经纪业务收入的10%。2004年招商证券的研究报告受到30多家基金认同，其研究服务所获得的分仓收入也达到了2 800万～3 000万元。

2. 从事投资咨询应具备的条件

- 近3年无重大违法、违规经营记录，累计亏损不超过其注册资本的50%，未决诉讼标的不超过其净资产的50%。
- 申请从事证券投资咨询业务的机构，有5名以上取得证券投资咨询从业资格的专职人员；申请同时从事证券和期货投资咨询业务的机构，有10名以上取得证券、期货投资咨询从业资格的专职人员（各不得少于3名）；申请机构的高级管理人员中，至少有1名取得证券投资咨询从业资格。

3.2.5 资产管理业务

1. 概念

证券公司资产管理业务是指证券公司作为资产管理人，依据有关法律、法规和客户的投资意愿，与客户签订资产管理合同，根据资产管理合同约定的方式、条件、要求及限制，对客户交付的资产进行经营运作，为客户在证券市场上从事股票、债券等金融工具的组合投资，以实现客户资产收益最优化的业务活动。

2. 种类

经中国证监会批准，证券公司可以从事的客户资产管理业务如表3-1所示。

表3-1 客户资产管理业务

类　　型	主要内容	条　　件
为单一客户办理定向资产管理业务	证券公司与单一客户签订定向资产管理合同，通过该客户的账户为其提供资产管理服务	证券公司办理定向资产管理业务，接受单个客户的资产净值不得低于人民币100万元

续表

类　　型	主要内容	条　　件
为多个客户办理集合资产管理业务	证券公司通过设立集合资产管理计划，与客户签订集合资产管理合司，将客户资产交由具有客户交易结算资金法人存管业务资格的商业银行或者中国证监会认可的其他机构进行托管，通过专门账户为客户提供资产管理服务。证券公司将集合资产管理计划设定为均等份额。客户按其所拥有的份额在集合资产管理计划资产中所占的比例享有利益、承担风险。证券公司可以对计划存续期间做出规定，也可以不做规定。参与集合资产管理计划的客户不得转让其所拥有的份额	证券公司办理集合资产管理业务，可以选择设立限定性集合资产管理计划或非限定性集合资产管理计划，条件如表 3-2 所示

表 3-2　集合资产管理业务分类

集合资产管理业务	主要内容	条　　件
为客户办理特定目的的专项资产管理业务	证券公司与客户签订专项资产管理合同，针对客户的特殊要求和资产的具体情况，设定特定投资目标，通过专门账户为客户提供资产管理服务	专项资产管理业务可以与单一客户签订资产管理合同，也可与多个客户签订资产管理合同，采用集合资产管理的方式办理该项业务
限定性集合资产管理计划	资产应当主要用于投资国债、国家重点建设债券、债券型证券投资基金、在证券交易所上市的企业债券以及其他信月高且流动性强的固定收益类金融产品；投资于业绩优良、成长性高、流动性强的股票等权益类证券以及股票型证券投资基金的资产，不得超过该计划资产净值的 20%，并应当遵循分散投资风险的原则	证券公司办理限定性集合资产管理业务，只能接受货币资金形式的资产；接受单个客户的资金数额不得低于人民币 5 万元
非限定性集合资产管理计划	投资范围则由集合资产管理合同约定，不受前款规定限制	证券公司办理非限定性集合资产管理业务，接受单个客户的资金数额不得低于人民币 10 万元。

3. 资产管理业务的运作

（1）证券公司从事资产管理业务应具备的条件：

- 净资本不低于人民币 2 亿元，且符合中国证监会关于综合类证券公司各项风险监控指标的规定。

- 客户资产管理业务人员具有证券从业资格，无不良行为记录，其中具有3年以上证券自营、资产管理或者证券投资基金管理从业经历的人员不少于5人。
- 最近1年未受到过行政处罚或者刑事处罚。

（2）运作程序：

- 审查客户申请，要求其提供相应的文件，并结合有关的法律限制决定是否接受其委托。委托人可以是个人，也可以是机构。但商业银行由于不能从事信托和股票业务，因此不得成为委托人。
- 签订资产委托管理协议。协议中将对委托资金的数额、委托期限、收益分配、双方权利义务等做出具体规定。
- 管理运作。在客户资金到位后，便可开始运作。操作中应做到专户管理、单独核算，不得挪用客户资金，不得骗取客户收益。
- 返还本金及收益。委托期满后，按照资产委托管理协议要求，在扣除受托人应得管理费和报酬后，将本金和收益返还委托。

（3）禁则：

- 挪用客户资产。
- 向客户做出保证其资产本金不受损失或者取得最低收益的承诺。
- 以欺诈手段或者其他不正当方式误导、诱导客户。
- 将客户资产管理业务与其他业务混合操作。
- 以转移资产管理账户收益或者亏损为目的，在自营账户与资产管理账户之间或者不同的资产管理账户之间进行买卖，损害客户的利益。
- 自营业务抢先于资产管理业务进行交易，损害客户的利益。
- 以获取佣金或者其他利益为目的，用客户资产进行不必要的证券交易。
- 内幕交易或者操纵市场。

 模拟情景设计 3-7

情　　景：证券公司营业部。

学生角色：两人一组，其中1人为客户王先生，1人为客户经理。

客户身份：职业为某外资公司部门经理，年龄为40岁，男性，月收入12 000元，学历本科，该证券公司营业部的老客户，一直在该营业部进行股票投资。

情景内容：客户走进证券营业部咨询台，询问基金宝的有关事项。请客户经理两人一组为其解答问题。

情景设计：

　　客户经理：王先生，您好！见到您很高兴。

　　客户：你好！

客户经理：请问今天您想办理什么业务？

客户：我听说你们证券公司推出了基金宝业务，我对于基金宝不是很了解，想向你咨询一下。

客户经理：基金宝即 fund of fund，是集合资产管理计划的俗称。集合资产管理业务顾名思义是集合客户的资产，由专业的投资者（券商）进行管理。它是证券公司针对高端客户开发的理财服务创新产品，投资于业绩优良、成长性高、流动性强的股票等权益类证券以及股票型证券投资基金的资产。在产品运作上与证券投资基金相近，主要差异体现在两点：其一是不能够通过电视、广播、报刊等媒体进行广告宣传，建立了它的私募属性，集合理财产品不能在市场上流通交易；其二是介入门槛较高，限定性资产管理起点不低于 5 万元，非限定性资产管理起点不低于 10 万元。集合资产管理计划是获准创新试点的证券公司为投资者提供的一种增值理财服务。目前只有 18 家创新类证券公司有资格开展此项业务。

客户：创新类证券公司是什么意思？

客户经理：按照证监会对券商分类监管的思路，全国 132 家券商将被划分为 A、B、C、D 四类。划分四类券商的标准，重点之一就是对净资本的要求。A 类即从事相关创新活动证券公司类，要求净资本在 8 亿元以上，经纪类券商的净资本要在 1 亿元以上，获选 A 类的券商将在通过审批的前提下有资格从事各项创新活动。简单来讲，就是最优质的券商，目前全国有 18 家创新类证券公司。

客户：集合资产管理计划与普通投资基金有什么区别？

客户经理：集合资产管理计划与普通投资基金的最大区别是可以投资于各类证券投资基金，包括股票型、债券型和货币型基金。

客户：集合资产管理计划和我自己购买基金或股票相比有什么优势？

客户经理：有些优质债券，投资者自己不容易买得到。集合资产管理计划凭借证券公司的债券业务优势，可获得比普通投资者更多的机会。而且一般投资者没有足够的精力进行债券的组合优化投资。集合资产管理计划由从业多年的专业人士专门管理，可进行充分、科学的债券组合优化投资。另外，有些市场如银行间债券市场，一般投资者的进入受到限制。而集合资产管理计划的管理人拥有多种市场交易资格，可进行多品种投资，获得一般投资者所无法获得的收益。而且集合资产管理计划的管理人在购买债券时凭借其资金量大的优势，可以在更低的费率下购买。

客户：集合资产管理计划与信托计划相比有什么优势吗？

客户经理：集合资产管理计划一般流动性好，而信托计划的流动性受到很大限制。集合资产管理计划门槛低，每份 10 万元，而信托计划由于受到 200 份的最高发行量的限制，每份的最低参与金额都大大高于集合资产管理计划，令一些投资者望而却步。

客户：好的，我知道了。谢谢你为我解释这么多！

客户经理：不用客气，这是我应该做的。（面带微笑，双手出示名片）对了，这是我的名片，今后如果有问题，尽管打电话给我。

客户：谢谢，再见。

客户经理：再见。

单元实训题

目　　的：考察学生对证券公司与证券交易所的区别、证券公司的设立条件、开户选择证券公司等问题的掌握。

规则与要求：3人一组，其中1人为客户，2人为客户经理。轮流为客户解释问题。或由其他小组成员扮演客户轮流提出问题。要求客户经理为客户做咨询，说明证券公司与证券交易所的区别、证券公司的设立条件、资本要求，以及开户是否需选择证券公司。

场　　景：（1）地点：实训室。

（2）人物：客户经理、客户、评委。

评　　价：

由教师评价、小组评价、学生自评相结合，评价标准如下分述。

（1）专业能力方面：基本掌握证券公司与证券交易所的概念、区别；证券公司主要业务；参与活动态度认真、对话内容具有一定专业性；礼仪规范。

（2）方法能力方面：应变能力和语言表达能力都有一定提高。

（3）社会能力方面：对合作的同学有更深入的认识，能与同学很好地合作并完成任务，团队合作意识强。

项目四

掌握柜台业务流程

学习导航

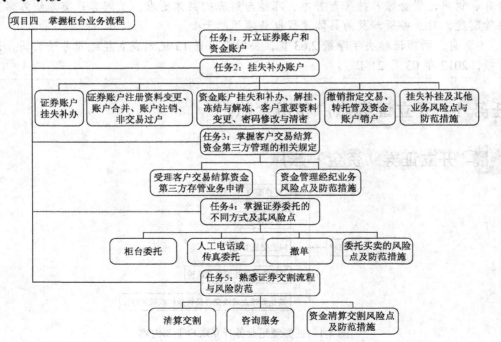

相关链接

西南证券2012年3月21日公布2011年年报，公告称，该公司去年累计实现营业收入10.4亿元，利润总额3.35亿元，同比减少67.94%；实现净利润2.63亿元；截至去年年底，公司资产总额为177.68亿元，净资产98.99亿元，母公司净资本77.26亿元；每股收益为0.11元，每股净资产为4.26元，加权净资产收益率为2.38%。

2011年，在市场交易量明显下降的背景下，该公司经纪业务实现手续费及佣金净收入5.11亿元，年末客户资产为873亿元，累计实现股票基金交易量6691.7亿元，同比下滑18.49%，好于市场下滑22.83%的表现；市场份额达0.78%，同比增长5.62%；行业排名较2010年提升5位，较2009年提升13位，保持了三年连续增长，份额增长和行业排名提高幅度位列上市券商第一名。可见，该公司经纪业务好于行业平均。

对于市场关注的并购国都证券一事，该公司表示，并购工作稳步推进，目前已进入报批阶段，将争取最短时间内完成双方的吸收合并。同时，该公司拟在吸收合并国都证券后全资设立一家证券经纪业务子公司，名称拟订为"西证国都证券有限责任公司"，注册地为北京。西南证券出资总额为13.5亿元，其中货币出资12.43亿元、非货币出资1.07亿元。

证券经纪业务子公司是专门办理经纪业务的具有独立法人资格的企业法人。证券经纪业务是指证券公司通过其设立的证券营业部，接受客户委托，按照客户要求，代理客户买卖证券的业务。要开展证券经纪业务，不仅要掌握证券账户的开立、挂失与补办、合并、销户，资金账户挂失与补办、冻结与解冻的具体要求，了解客户交易结算第三方存管制度，对业务所涉及的具体流程也必须了然于心。

（选自：西南证券去年净赚2.63亿，公司将出资13亿元成立经纪业务子公司，证券时报，2012年03月21日。）

任务1：开立证券账户和资金账户

4.1 开立证券（资金）账户

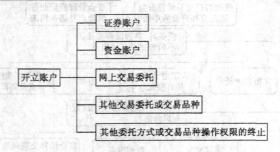

图4-1　证券经纪业务开立账户主要内容

1. 开立证券账户流程图（见图 4-2）

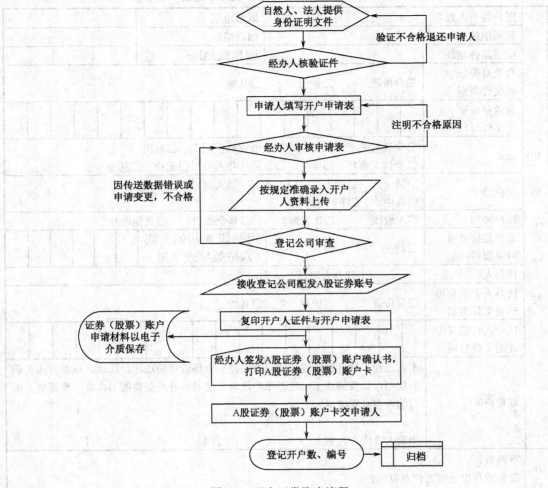

图 4-2 开立证券账户流程

2. 开立 A 股证券账户规程

（1）客户必须提交的资料和文件。

1）个人开户：提供个人身份证原件及复印件。填写《自然人证券账户注册申请表》（见表 4-1）、《证券交易委托代理协议书》（见附录 4A）、《证券开户风险揭示书》（见附录 4B）。如果是代理人，还要提供与委托人亲自授权签署的《证券账户授权委托书》（见附录 4C），并提供代理人的身份证原件和复印件。

表 4-1　自然人证券账户注册申请表

	账户持有人姓名							联系电话										
	联系地址							邮政编码										
	电子邮件地址							国籍或地区										
申 请 人 填 写	有效身份证 明文件类别	□身份证　　　□护照　　　□其他																
	有效身份证 明文件号码																	
	职业	□党政机关工作人员　　　□企事业单位职工　　□农民 □个体工商户　　□学生　　□证券从业人员　　□无业　　□其他																
	学位/学历	□博士　　　□硕士　　　□大本　　　□大专　　　□中专 □高中　　　□初中及以下																
	账户类别	□A 股账户　　　□B 股账户　　　□基金账户　　　□其他账户																
	是否直接开通 网络服务功能	□是　　　　　□否					网络服务初始密码 （六位数字或字母）											
	代办人		代办人电话															
	代办人有效身份 证明文件类别	□身份证　　　□护照　　　□其他																
	代办人有效身份 证明文件号码																	
	郑重声明	本人已经了解并愿意遵守国家有关证券市场管理的法律、法规、规章及相关业务规则，认真阅读了《证券账户注册说明书》并接受说明书内容，承诺以上填写的内容真实准确。 申请人或代办人签名：　　　　　　　日期：　　年　　月　　日																
开 户 代 理 机 构 填 写	审核资料： □有效身份证明文件及复印件 □申请人是否已签名 □本表内容是否填写全面、正确 证券账户号： 经办人：　　　　　　　　　　　　开户代理机构盖章： 负责人：　　　　　　　　　　　　联系电话： 传真：　　　　　　　　　　　　　填表日期：																	
备 注																		

说明：1. 填写内容必须真实、准确、完整，字迹要清楚、整洁。

2. 开户申请人选择开通网络服务功能的，需填写自设的初始密码。从账户开立次日起，开户申请人可访问中国证券登记结算公司网站（http://www.chinaclear.cn），点击"投资者服务"项下"投资者登录"，选择"非证书用户登录"下的"安证券账户"登录方式，使用证券账户号码和初始密码登录，修改初始密码后即可办理证券查询、股东大会网络投票等网络服务。详情可参阅中国证券登记结算公司有关业务规定。

2）法人机构开户：要求提供法人营业执照及复印件、法定代表人证明书、法人授权委托书和被授权人身份证原件及复印件、单位预留印鉴。B股开户还需提供境外商业登记证书及董事证明文件。填写《机构证券账户注册申请表》（见表4-2），其他填写文件同个人。
- 《证券交易委托代理协议书》。
- 证券账户卡及复印件。
- 企业法人营业执照或注册登记证书及复印件。
- 加盖公章的法定代表人证明书。
- 经法定代表人签章并加盖公章的法定代表人开立机构证券账户授权委托书。
- 法定代表人有效身份证明文件及复印件。
- 代理人身份证原件及复印件。

表 4-2 机构证券账户注册申请表

申请人填写	账户持有人全称		国籍或地区	
	注册地址		法定代表人	
	联系地址			
	联系人		联系电话	
	邮政编码		网址	
	有效身份证明文件号码		发证机关	
	有效身份证明文件类别	□工商营业执照 □社团法人注册登记证书 □机关法人成立批文 □事业单位法人证书 □境外有效商业登记证明文件 □其他证书		
	法人性质 （可选多项）打"√"	□企业法人 　□内资企业 　　□国有企业□非国有企业 　　□上市公司□非上市公司 　□外资及港、澳、台资企业 　□金融机构 　　□综合类证券公司□经纪类证券公司□银行□信托投资公司□封闭式证券投资基金□开放式证券投资基金□其他证券投资基金□基金管理公司□社保基金□保险公司□其他 □事业法人 □社团法人 □机关法人 □境外法人 　□境外基金□境外证券公司□境外代理人□境外一般机构		

续表

账户类别	□A 股账户 □B 股账户 □基金账户 □其他账户																
是否直接开通网络服务功能	□是　　　　　□否					网络服务初始密码（六位数字或字母）											
经办人姓名					国籍或地区												
经办人联系地址																	
经办人有效身份证明文件号码																	
郑重声明	本人已经了解并愿意遵守国家有关证券市场管理的法律、法规、规章及相关业务规则，认真阅读了《证券账户注册说明书》并接受说明书内容，承诺以上填写的内容真实准确。 经办人签名：　　　　　日期：　　　年　　月　　日																
开户代理机构填写	审核资料： □法人有效身份证明文件及复印件或加盖发证机关确认章的复印件（在复印件上注明与原件一致） □经办人有效身份证明文件及复印件 □法定代表人证明书、法定代表人授权委托书（境内法人提供） □法定代表人有效身份证明文件复印件（境内法人提供） □经营证券业务许可证（境内证券公司提供） □境外法人董事会、董事或主要股东授权委托书，能够证明授权人有权授权的文件，以及授权人的有效身份证明文件复印件 □申请人是否已签名 □本表内容是否填写全面、正确																
	证券账户号																
	经办人： 联系电话：		负责人： 传真：				开户代理机构盖章： 填表日期：										
备注																	

说明：

1. 填写内容必须真实、准确、完整，字迹要清楚、整洁。

2. 开户申请人选择开通网络服务功能的，需填写自设的初始密码。从账户开立次日起，开户申请人可访问中国证券登记结算公司网站（http://www.chinaclear.cn），点击"投资者服务"项下"投资者登录"，选择"非证书用户登录"下的"按证券账户"登录方式，使用证券账户号码和初始密码登录，修改初始密码后即可办理证券查询、股东大会网络投票等网络服务。详情可参阅中国证券登记结算公司有关业务规定。

3）填写开户资料并与证券营业部签订《证券买卖委托合同》（或《证券交易委托代理协议书》），同时签订有关沪市的《指定交易协议书》（见附录 4D）。客户申请开立个人证券交易账户时，应本人亲自到营业部柜台填写《代理委托交易开户及服务申请表》及《证券交易委托代理协议书》。

4）对要求开通网上交易的客户，由本人持身份证及资金卡，提出网上交易申请，填写个人数字证书申请表，并签署《网上委托协议书》（见附录 4E）、《网上证券委托风险揭示书》（见附录 4F）。

（2）收单验证。

1）柜员收单时应要求客户提供本人证券账户卡、身份证原件（供核对）及复印件各一份。柜员应严格审查客户提供或填写的开户资料，要求资料齐全、填写规范、字迹清晰、内容完整。客户提交资料和证件不齐全、不相符，或者不符合法定开户条件的，柜台一律不予办理开户手续。以下人员不得开户：

- 证券管理机关工作人员。
- 证券交易所管理人员。
- 证券从业人员。
- 未成年人未经法定监护人的代理或允许者。
- 未经授权代理法人开户者。
- 因违反证券法规，经有权机关认定为市场禁入者且期限未满者。
- 其他法规规定不得拥有证券或参加证券交易的自然人。

2）柜员查验申请人所提供资料的真实性、有效性、完整性及一致性，在申请表单上签章后，将所有资料交复核员实时复核。复核员实时复核并在申请表单上签章后，将资料交还柜员。柜员将有效身份证明原件交还客户，其余资料留存。

3）按规定数据格式实时向中国结算公司传送开户数据；实时接收中国结算公司返回的结果，按规定格式打印证券账户卡（见附录 4G）或 B 股账户确认书（以下统称"证券账户卡"）或代办股份转让账户卡，加盖开户代理机构证券账户开户业务专用章后交申请人。

4）开户处理。对符合开户规定的客户，柜员将客户开户资料输入计算机。打印相应的《证券交易卡》，输入过程必须谨慎、认真，确保输入资料正确无误。

（3）返单提示。

1）完成以上步骤后，柜员在开户凭证上加盖个人印章和业务专用章，将客户身份证及证券账户卡、开户凭证客户联、证券交易卡等客户资料交给客户，提醒客户妥善保管，并向客户发放营业部证券业务简介、各项业务流程及操作说明书、公司简介等宣传资料。

2）柜员应提醒客户在开立证券账户卡之后还要开立资金账户。提醒客户注意保管好上海股东账户和深圳股东账户卡。若客户申请开立上海证券交易所交易账户，柜员应提醒客户在开户时必须办理指定交易。

（4）开户资料的整理。开户完成后，柜员必须逐笔将客户的开户原始资料（包括证券账户卡、身份证复印件）整理装订，原则上按个人散户、个人大户、机构户等类别进行分类，并登记在《每日开户情况登记簿》（见表 4-3）上。对属于客户经理新发展的客户，应当登记《客户经理发展客户登记表》（见表 4-4），由客户经理和相关业务负责人共同签名认可，每月日末由经纪业务部对记录进行核对和统计。分类登记完成后，柜员应将有关资料归入客户档案统一管理。

表 4-3　×××证券有限责任公司

每日开户情况登记簿

编号（　　）

证券营业部　　　　　　　　　　　　　　　　　　　　　　　年　月　日

客户名称	深圳卡号	上海卡号	资金账号	联系电话	客户经理	备注

登记人：

表 4-4　×××证券有限责任公司

客户经理发展客户登记表

编号（　　）

证券营业部　　　　　　　　　　　　　　　　　　　客户经理名称：

开户日期	客户名称	深圳卡号	上海卡号	资金账号	开户股票市值	开户保证金	电话

登记人：

3．开立 A 股资金账户

（1）资金账户开户流程图（见图 4-3）。

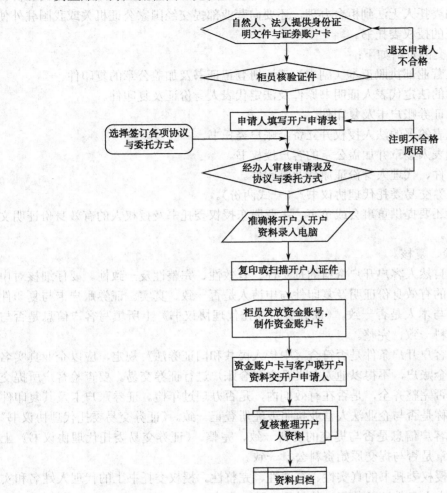

图 4-3　资金账户开户流程

（2）资金账户开户规程。

1）客户提交资料。自然人客户提交的资料如下分述。

- 客户提交有效身份证明（身份证、护照、军官证）及复印件、证券账户卡及复印件，签署《证券交易委托代理协议书》（一式两份）。
- 委托他人代办开户：代办人提交经公证的委托开立资金账户代办书、委托人有效身份证明及复印件、委托人证券账户及复印件、代办人有效身份证明及复印件。
- 授权他人代理证券交易：委托人与代理人一起到营业部，同时提交委托人有效身份证明及复印件、委托人证券账户卡及复印件、代理人有效身份证券及复印件，由委托人本人提出授权委托申请，填写客户授权委托书（见《证券交易委托代理协议书》）。如委托人无法到柜台办理，还要向营业部提交经国家公证机关或我国驻外使领馆论证的授权委托书。

法人客户提交的资料如下：

- 提交法人营业部执照正本（副本）或注册登记证书及加盖公章的复印件。
- 加盖公章的法定代表人证明书原件及法定代表人身份证及复印件。
- 法人同名证券账户卡及复印件。
- 由法人代表签署的法人授权开立资金账户委托书。
- 由法定代表人签章并加盖公章的客户授权书。
- 印鉴卡原件、代理人身份证原件及复印件。
- 签署《证券交易委托代理协议书》（一式两份）。
- 境外法人还要提供董事会或董事、主要股东授权委托书及授权人的有效身份证明文件复印件。

2）收单查验、复核。

- 柜员查验自然人客户开户资料的真实性、有效性、完整性及一致性。要仔细核对申请人提交的有效身份证明及复印件与申请人是否一致、真实。证券账户卡与复印件上的姓名与本人是否一致。《证券交易委托代理协议书》上所填写客户信息是否与提交的资料一致、完整。
- 查验法人客户开户条件是否符合《中华人民共和国证券法》规定，应以企业真实名称开立资金账户，不得以他人名义开立资金账户进行证券交易。要查验客户所提交的材料是否完整齐全，是否在有效期内，是否办理过年检。证券账户卡及其复印件机构的名称是否与企业法人营业执照或注册登记一致。《证券交易委托代理协议书》上所填写客户信息是否与提交的资料一致、完整。《证券交易委托代理协议书》上加盖的公章是否与提交原始资料公章一致。
- 查验客户授权委托书的真实性、有效性、完整性。授权委托书上的代理人姓名和实际代理人本人身份证及其复印件是否一致、真实。

3）电脑开户。

- 为客户在柜台交易系统开设资金账户并办理上海证券账户的指定交易。客户当日新开立的上海证券账户按上海证券交易所规定日期办理指定交易，柜员应告知客户并按时办理，同时要求客户设置资金密码和交易密码（开通网上交易的客户还要设置通信密码）。若客户姓名在电脑库中无法找到，用全角括号加同音字或形近字代替并征得客户同意，由客户签字认定。
- 将代理人姓名、代理期限及代理权限输入柜台交易系统（账户操作权限必须与代理人操作权限一致）。

- 将客户选择委托方式及选择签署协议输入柜台交易系统。
- 复印或扫描开户人证件。

4）返单与提示。

- 在柜台交易系统打印《客户账户基本信息表》（一式两联），交由客户签名确认。
- 柜员将客户递交的所有资料、客户签署的《证券交易委托代理协议书》、系统打印的柜台交易系统《客户账户基本信息表》交复核员通过系统实时复核，复核内容与柜员查验要求相同。
- 柜员在《证券交易委托代理协议书》的乙方栏填写营业部的信息，柜员与复核人分别签名或盖章。
- 将开户人签署的协议（客户联），按顺序折叠好与开户人的身份证、证券（股票）账户卡、资金卡等双手递还开户人，并提醒客户注意密码的自我保密，及时或定期更换密码。

5）资料存档。将经打印的柜台交易系统《客户账户基本信息表》一联和《证券交易委托代理协议书》（客户留存文本）后，和客户其他必须留存的资料一同交业务主管留存归入客户资料档案（其中法人印鉴卡原件存入财务主管处），并在《客户证件/资料原件（复印件）清单》上做好收件记录。

自然人客户留存资料：

- 客户本人有效身份证明或其他证明客户本人身份的有效证件复印件、同名证券账户卡复印件。
- 指定代理人的还必须留存代理人身份证复印件、客户授权委托书原件。
- 《证券交易委托代理协议书》（营业部留存）。
- 与客户签署的所有协议书及各类业务表单。
- 柜台系统打印由客户签名确认的《客户账户基本信息表》。
- 其他必须留存归档的资料。

法人客户留存资料：

- 加盖公章的境内企业法人营业执照或注册登记证书复印件、加盖公司的法定代表人证明书原件、加盖公章的法定代表人有效身份证复印件、法人同名证券账户卡复印件。境外法人还需提供董事会或董事、主要股东授权委托书以及授权人的有效身份证明文件复印件。
- 印鉴卡。
- 《证券交易委托代理协议书》（营业部留存）。
- 与客户签署的所有协议及各类业务表单。
- 柜台系统打印的经客户签名确认的《客户账户基本信息表》。
- 其他必须留存归档的资料。

4．开立B股开户

（1）开立B股证券账户（见图4-4）。

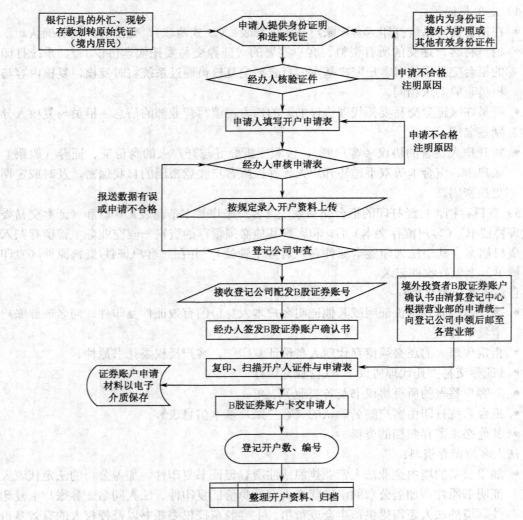

图4-4 开立B股证券账户流程

1）客户提供资料及填写申请表。上海、深圳交易所境内公民、境外公民与法人开立B股证券账户须提供的材料如下。

- 境内公民。境内公民需要提供中华人民共和国居民身份证、银行出具进账凭证、填写的《自然人证券账户注册申请表》，委托他人代办的，需提供经公证的委托代办书和代办人有效身份证明文件。境内法人不允许办理B股账户开户。
- 境外公民与法人。境外公民：有效身份证明文件（指境外所在国家或地区护照或身份证明文件，有境外其他国家、地区永久居留签证的中国护照，香港、澳门特区公民身份证，台湾同胞台胞正等）；境外个人投资者可委托他人代办，每个投资者只能开立一个账户。境外法人：法人的身份证明文件（包括商业注册证明文件、税号、与客户签署的协议文件等，或与商业注册登记文件具有同等法律效率的可证明其机构设立的文件。托管机构对开户申请人的确认文件，或境外开户代理机构对开户申请人的确认文件）；填写的《法人证券账户注册申请表》。经办人身份证及复印件、法定代表（董事）证明文件（须由律师或会计事务所出具）、董事会或董事、主要股东授权的委托书；以及授权人的有效身份证明文件复印件。

2）其他程序参照 A 股证券账户开户过程操作规范执行。

（2）B 股资金账户开户。

1）客户提供资料及填写申请表。

境内公民：

- 公民身份证、护照、社保卡。
- B 股证券账户。
- 委托他人代办的，需提供经公证的委托代理书和代理人有效身份证明文件。
- 填写申请表、《证券交易委托代理业务风险揭示书》、《自然人证券账户注册申请表》、代理委托书。

境外个人：

- 有效身份证明文件（指境外所在国家或地区护照或身份证明文件，有境外其他国家、地区永久居留签证的中国沪照，香港、澳门特区公民身份证，台湾同胞台胞证等）。
- B 股证券账户确认书。

境外法人：

- 法人的身份证明文件（包括商业注册证明文件、税号、与客户签订的协议文件等，或与商业注册登记文件具有同等法律效力的可证明其机构设立的文件）。
- 经办人身份证及复印件。
- 法定代表身份证明文件（原件或复印件）（须由律师或会计事务所出具）。
- 董事会或董事、主要股东受权的委托书原件。
- 授权人的有效身份证明文件。
- B 股证券账户确认书。
- 境外自然人与法人如作会员变更的，须提供转出券商提供的已签字和加盖业务专用章的《B 股结算会员变更表》。

2）其他流程与过程操作规范参照 A 股资金账户流程与过程操作规范执行。

5. 客户申请开通其他服务

（1）已开立资金账户但尚未申请开通网上交易

- 客户填写申请书及提交资料。客户持有效身份证明和资金账户卡，到营业部柜台提出网上交易申请，签署《网上交易协议书》。
- 收单与验证。柜员查验客户提交身份证件、资金账户卡，查验协议书填写的准确性和完整性，与原留存身份证件核对确认系同一人后，交复核员通过系统实时复核（复核要求与柜员相同）。柜员和复核员分别在《网上交易协议书》上签名或盖章。
- 开通网上交易。柜员在柜台交易系统为客户开通网上交易权限。客户当场设置通信密码，柜员提醒客户注意密码的保密。
- 提醒客户注意密码的自我保密，及时或定期更换密码。
- 资料归档。柜员将《网上交易协议书》交业务主管留存归入客户资料档案。

（2）客户申请开通其他交易委托方式或其他交易品种。

1）客户填写申请表及提交资料。客户持本人有效身份证明文件和资金账户卡，提出××交易委托方式或《××交易委托方式（或××交易品种）申请书（表）》，签署《××交易委托方式（××交易品种）协议书（风险提示书）》。《新交易委托方式（或新交易品种）协议书（风险揭示书）》由公司按照相关规定适时统一制定并下发。

2）查验客户提交的资料与复核。柜员查验客户提交的资料，查验《申请书（表）》或《协议书（风险提示书）》填写的准确性与完整性，经与原留存身份证件核对确认系同一人后，交复核员通过系统实时复核（复核要求与柜员相同）。柜员和复核员分别在《申请书（表）》或《协议书（风险提示书）》上签名或盖章。

3）办理开通。柜员在柜台交易系统为客户开通××交易委托方式或××交易品种的交易权限。

4）返单与提示客户注意事项。将客户的身份证明文件和资金账户卡、《××交易委托方式（或××交易品种）申请书》、《××交易委托方式（或××交易品种）协议书（风险提示书）》交客户。提醒客户资金密码与账户密码的保密。

5）资料归档。柜员将《申请书（表）》或《协议书（风险提示书）》交业务主管留存归入客户资料档案。

（3）客户委托方式或其他交易品种操作权限的终止。

1）客户填写申请表及提交资料。自然人客户必须持其本人有效身份证明、资金账户卡，法人客户还需持法人授权委托书原件、代理人身份证原件，并填写《客户有关资料更改申请表》（见表4-5）。

2）查验客户提交的资料与复核。柜员查验所提供的相关资料及有效身份证明文件与申请人的一致性、真实性，有效身份证明文件与存档身份资料的一致性，交复核员复核。复核员通过系统进行实时复核，复核要求与柜员相同。复核之后，柜员和复核员分别在《客户有关资料更改申请》上签名或盖章。

3）办理开通。柜员将变更后的有关信息输入电脑。柜员与复核员在《证券交易委托代理协议书》的"客户账户类资料更改登记"页上写明变更事项、变更时间，并签名或盖章。

表4-5 客户有关资料更改申请表

×××证券有限责任公司		证券营业部		年 月 日	
客户名称/ 股东姓名			身 份 证 号 码		
深圳证券 账户代码			上海证券 账户代码		
资金账号		代理证号		联系电话	
申请项目：□ 资金账户挂失补办　　　□ 合并（注销）证券账户 □ 补办交易卡　　　□ 销资金账户　　　□ 其他					
备 注					
审请人 签 名			审 批		

柜员：

4）返单与提醒客户注意事项。把客户的有效身份证明、资金账户卡，法人客户的法人授权委托书原件、代理人身份证原件返回客户。

5）资料归档。将《客户有关资料更改申请表》交业务主管留存客户资料档案。

6. 开立账户风险点与防范措施

（1）风险点。由于营业部某些人员识别能力差、辨伪技术有限，难以辨别有关证件真伪，使犯罪分子伪造客户证件开户、更改股东资料、修改密码等，造成客户股票被盗卖、资金被盗取。客户档案及凭证管理不善的问题，造成客户资料和重要原始凭证遗失或泄露，无法核查客户的真实身份和历史记录，导致客户股票被盗卖、资金被盗取。开立证券账户和资金的风险点表现在：假借他人名义开户、机构客户以个人名义开户、一个资金账户下挂多个股东账户卡等非实名开户。

1）未预留或丢失客户的身份证复印件。柜员要认真审查客户证件，证件不全、证件无效或证件与开户人不一致者不予开户或指定交易。

2）客户信息填写不完整、不规范，如客户签名、通信方式、地址不清等。必须及时扫描，并保存清晰的复印件。要求客户签收股东卡确认及回访确认。

3）机构授权委托书无效力，如非授权人本人签名、无授权人签名、无被授权人签名或身份证号码、超过授权权限及期限不明确等。要求个人客户必须填写真实完整的个人信息，要求机构客户提供开户真实完整的资料，并出示有效的经公证的代理委托书。

4）机构客户提供资料不齐，如无法人代表及代理人身份证复印件、营业执照复印件未加盖公章、无法人证明书等。

5）为无效证件、证件不全或证件与开户人不一致者开户或做指定交易。指定交易必须通过营业部柜台专人办理，柜员认真核对电脑显示的股东账号与客户提供的股东账号是否一致。及时查看申报结果并核对　若指定不成功，应即时查明原因。

6）未能向客户传递股东卡。

（2）防范措施。

1）建立双人复核制度，严格按照有关法律、法规要求，核验客户相关有效证件，要求客户认真完整地填写开户资料，并与客户当面签署有关协议。

2）对代理开户行为，必须要求相关代办人提供有法律效用的授权委托书，或由客户本人与被授权人同时到营业部柜台签写授权委托书。

3）在营业部建立更加完善的客户档案管理制度，对客户资料、文件及凭证做到专人、专柜保管，并定期装订、汇总、分类入库。

 ## 模拟情景设计 4-1

情　　景：证券公司营业部

环境要求：

（1）客户证件：模拟身份证，身份证复印件。

（2）基本凭证：《开户申请书》、《指定交易协议书》、《证券买卖委托合同》（或《证券委托交易协议书》）、《证券开户风险揭示书》、《网上委托协议书》、《网上委托风险揭示书》。

（3）计算机模拟开户系统。

学生角色：两人一组，1人为客户，1人为柜员。

情景内容：为客户开立证券账户、资金账户或办理其他业务。

情景设计：

柜员：您好，欢迎您来我们营业部。有什么我可以帮到您的吗？

客户：您好，我本人想开一个A证券账户，你看都需要办什么手续呢？

柜员：哦，是这样的，您先填好《自然人证券账户申请单》，填写的时候一定要注意资料齐全、填写规范、字迹清晰、内容完整。之后请把您的身份证原件及复印件递给我。（收单验证，并请复核员复核，之后双方签名盖章。）

客户：好的。

柜员：这是开立证券（资金）账户要签的合同文件：《证券买卖委托合同》、《指定交易协议书》、《证券交易委托代理协议书》、《证券开户风险揭示书》。请仔细阅读这些文件，您同意之后需要在各个文件上分别签名。

客户：好的。

柜员：您需要开通网上交易吗？

客户：需要开通。

柜员：那您签署《网上委托协议书》、《网上委托风险揭示书》，再填写个人数字证书申请表。

客户：好的。

柜员：请您稍等，我现在给您开立证券账户。（对符合开户规定的客户，柜员将客户开户资料输入计算机。）

柜员：这是您的身份证及上海股东账户卡和深圳股东账户卡、开户凭证客户联，请您收好。

客户：谢谢。

柜员：开立了证券账户卡后，您还需要开立资金账户。您需要提交股东账户卡、身份证复印件、银行卡、交易委托书。

客户：好的，这是我的开立资金账户所有证件。

柜员：谢谢，请您稍等。

柜员：这是您的证件及资金账户卡，请您收好，并注意及时更改密码。

客户：谢谢！还有其他要办理的手续吗？

柜员：您办理了证券账户与资金账户后，还要签订第三方存管协议。请您看一下《第三方存管协议书》，并在后面签字。需要提醒您的是，完成指定手续后，还需要到存管银行办理指定确认手续。

客户：好的，谢谢。

柜员：这是我们营业部证券业务简介、各项业务流程及操作说明书、公司简介等宣传资料。请您抽时间了解一下。

客户：谢谢。

柜员：（整理开户资料。）

任务 2：挂失补办账户

4.2 账户挂失补办及其他（见图 4-5）

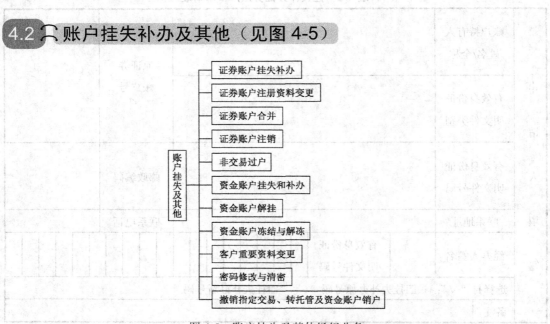

图 4-5　账户挂失及其他经纪业务

4.2.1　证券账户挂失补办

1. 证券账户挂失及补办流程

证券账户挂失与冻结，包括挂失与挂失冻结解除、司法冻结与解除、质押登记冻结与解除等业务及流程图（见图4-6）。

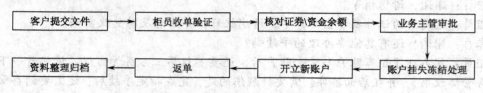

图4-6　账户挂失补办流程

2. 账户挂失补办业务操作规程

（1）客户要提交的资料和文件。

1）自然人提交文件：客户填写《挂失补办证券账户卡申请表》（见表4-6），并提交本人有效身份证明文件及复印件或本人户口本、户口所在地公安机关出具的贴有本人照片并加盖公安机关印章的身份证件证明及复印件。客户委托他人代办的，还需要提供经公证的委托代办书、代办人有效身份证明文件及复印件。

表4-6　挂失补办证券账户卡申请表

申请人填写	账户持有人姓名/全称		原证券账户号	
	有效身份证明文件类别			
	有效身份证明文件号码		邮政编码	
	联系地址		联系电话	
	经办人签名	有效身份证明文件号码		
	选择打"√"：□挂失补办原号码　　□挂失补办新号码			
	备注			

	审核资料： 序号：
代 理 机 构 审 核 栏	法人：
	□法人有效身份证明文件及复印件或加盖发证机关确认章的复印件
	□经办人有效身份证明文件及复印件
	□法定代表人证明书、法定代表人授权委托书（境内法人提供）
	□法定代表人有效身份证明文件复印件（境内法人提供）
	□托管证券营业部（或 B 股托管机构）出具的原证券账户冻结证明（补办新号码上海证券账户卡时提供）
	□境外法人董事会、董事或主要股东授权委托书及授权人的有效身份证明文件复印件
	□本表内容是否填写全面、正确
	自然人：
	□有效身份证明文件及复印件或户口本、户口所在地公安机关出具的贴本人照片并压盖公安机关印章的身份证遗失证明及复印件
	□托管证券营业部（或 B 股托管机构）出具的原证券账户冻结证明（补办新号码上海证券账户卡时提供）
	□本表内容是否填写全面、正确
	处理意见：
	经办人： 复核人： 代理机构盖章
	负责人： 日期：
处 理 结 果	挂失补办新号码为：□□□□□□□□□□□
	经办人：

说明：填写内容必须真实、准确，字迹要清楚、整洁。

2）法人申请挂失补办提交资料：客户填写挂失补办证券账户卡申请表。境内法人提交企业法人营业执照或注册登记证书上及加盖公章的复印件，加盖公章的法定代表人证明书，法定代表人授权补办的、更换证券账户卡委托书，法定代表人身份证明文件及复印件，柜员人（代理人）身份证原件及复印件，原证券账户卡。境外法人还需提供董事会或董事、主要股东授权委托书、授权人的有效身份证明文件复印件。

3）司法冻结及其解除。司法冻结：司法机关、中国证监会等国家机关因审理或执行案件需要，依据法律、法规的规定要求冻结与案件有关的证券账户或资金账户时，营业部应要求对方出示执行公务证，县以上司法机关或中国证监会及其派出机构的介绍信，生效法律文书，协助执行通知书等材料。然后填写《解冻解挂业务申请表》（见表 4-7），经营业部经理签字批准后办理冻结手续。司法冻结的解除：对上述账户实施解冻，应由原要求冻结的机关出示执行公务证，县以上司法机关或中国证监会及其派出机构的介绍信，生效法律文书，证券解冻通知书等文件，并填写《解冻解挂申请表》，经营业部经理签字批准后办理解冻手续。

表 4-7　解冻解挂业务申请表

×××证券有限责任公司　　　　　　××证券营业部

资金账号：　　　　　　　　　　　　　　　　　　　　　年　月　日

客户姓名		有效证件及号码												
深圳证券账户号码	A 股	上海证券账户号码					A 股							
	B 股						B 股							
申请项目： 　□资金账户解冻（挂）　　　□股东账户解冻（挂） 　□账户权限修改　　　□客户权限　　　　　□委托方式 　□证券解冻　　　□其他（请注明）														
申请原因：														
申请人签名：					联系电话、地址：									
经理审批：		经办人：					盖章							

注：解冻解挂手续必须由客户本人亲自办理。

　　4）质押登记冻结。客户申请将其所持证券办理质押登记，须由出质人和质权人向营业部提出证券质押冻结申请，并提交以下材料：

- 《证券质押冻结申请表》（见表 4-8）。
- 经公证的质押声明书。
- 经公证的出质人与质权人达成的证券质押协议书。
- 出质人与质权人营业执照复印件（加盖发证机关印章）及出质人的证券账户卡。

- 出质人与质权人的法定代表人证明书、法定代表人委托书和经办人身份证。

表4-8 ×××证券有限责任公司证券质押冻结申请表

×××证券营业部　　　　　　　　　年　月　日　　　　　　　编号（　）

出质人名称		出质人有效证件号	
深圳证券账号		上海证券账号	
资金账号			
质权人名称		质权人有效证件号	
申请质押证券内容			
质押证券名称		质押证券数量	
申请质押原因			
质押冻结生效日期		质押冻结期限	
出质人签名：　　　　　　　　　质权人签名：			
以下由本部填写			
经理审批			
经办人			

说明：1. 证券质押冻结手续必须由客户本人亲自办理。

　　　2. 质押期满，客户未提出继续冻结申请的，营业部将自动解除该证券质押冻结。

质押期内，质押合同当事人如提出证券质押解冻申请应提交以下材料：

- 出质人与质权人营业执照复印件（加盖发照机关印章）及出质人的证券账户卡。
- 出质人与质权人的法定代表人证明书、法定代表人委托书和柜员身份证。
- 质权人出具同意解除证券冻结的文件。
- 相关证券质押冻结申请表。

柜员核对各种文件的真实性后，要求客户填写《解冻解挂业务申请表》。经营业部经理签字批准后办理解冻手续。质押期满，质押合同当事人未提出继续冻结的申请，营业部应自动解除该质押证券的冻结。

（2）收单验证与复核。柜员检查客户填写的《挂失冻结申请表》要素是否齐全，字迹是否清楚，有无涂改现象。在认真查验客户提交的有关证件后，应核对其开户资料、持仓情况、资金余额，并在申请表上签章后将所有资料交复核员实时复核。复核员复核后在申请表上签章，将资料交还柜员。

（3）办理挂失处理。在电脑交易系统为客户办理挂失。挂失结果经中国结算公司确认后方可补办新证券账户卡。

（4）返单与提示。

1）把客户的有效身份证明、资金账户卡、法人客户的法人授权委托书原件、代理人身份证原件返回客户。

2）提醒客户注意事项：T 日开立新的证券账户，$T+1$ 办理指定交易即可买入，$T+2$ 股票余额过户后可卖出。营业部确认登记公司已将挂失账户内的证券转入新账户后，应通知挂失客户携带上述有关证件到营业部领取新证券账户卡。

（5）资料归档。将《客户有关资料更改申请表》等相关资料交业务主管留存客户资料档案。

4.2.2　证券账户注册资料变更、账户合并、账户注销、非交易过户

1. 证券账户注册资料变更（见图4-7）

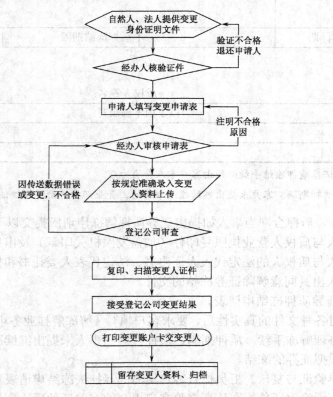

图4-7　证券账户注册资料变更流程

（1）客户提交资料填写申请表。

1）自然人申请变更（申请变更原因是客户姓名、身份证号码发生变化）：客户填写《证券账户注册资料变更申请表》（见表4-9），并提交客户证券账户卡及复印件、新的有效身份证明文件及复印件、户口所在地公安机关出具的有关变更证明及复印件（变更证明包括原姓名、原身份证号码及新姓名、新身份证号码）。客户委托他人办理的，还需提供经公证的委托代办书、代办人有效身份证明及复印件。

表4-9　证券账户注册资料变更申请表

<table>
<tr><td rowspan="6">申请人填写</td><td colspan="2">证券账户号</td><td></td><td colspan="2"></td><td></td></tr>
<tr><td rowspan="4">变更前资料</td><td>账户持有人姓名/全称</td><td></td><td rowspan="4">变更后资料</td><td>账户持有人姓名/全称</td><td></td></tr>
<tr><td>有效身份证明文件号码</td><td></td><td>有效身份证明文件号码</td><td></td></tr>
<tr><td>其他</td><td></td><td>其他</td><td></td></tr>
<tr><td colspan="6">变更内容：□姓名/单位名称　□有效身份证明文件号码　□其他</td></tr>
<tr><td colspan="2">经办人签名</td><td></td><td>联系电话或地址</td><td colspan="2"></td></tr>
<tr><td rowspan="2">代理机构审核栏</td><td colspan="6">审核资料：　　　　　　　　　　　　序号：
法人：
□证券账户卡及复印件
□法人有效身份证明文件及复印件或加盖发证机关确认章的复印件
□经办人有效身份证明文件及复印件
□发证机关出具的注册资料变更证明及复印件（境内法人提供）
□法定代表人证明书、法定代表人授权委托书（境内法人提供）
□法定代表人有效身份证明文件复印件（境内法人提供）
□境外法人董事会、董事或主要股东授权委托书及授权人的有效身份证明文件复印件
□本表内容是否填写全面、正确
自然人：
□证券账户卡及复印件
□有效身份证明文件及复印件
□发证机关出具的有关变更证明及复印件（境内自然人提供）
□本表内容是否填写全面、正确

处理意见：

经办人：　　　　　复核人：　　　　代理机构盖章</td></tr>
<tr><td colspan="6">负责人：　　　　　　　　　　　　日期：</td></tr>
<tr><td>处理结果</td><td colspan="6">签名：　　　　　　　　　　　　　日期：</td></tr>
</table>

说明：填写内容必须真实、准确，字迹要清楚、整洁。

2）法人申请变更（申请变更原因：客户全称、注册号码发生变化）：客户填写《证券账户注册资料变更申请表》。境内法人提交企业法人营业执照或注册登记证书及加盖公章的复印件、发证机关出具的营业执照或注册登记证书变更证明或公告及复印件、加盖公章的法定代表人证明书、法定代表人身份证复印件、法定代表人签章并加盖公章的法定代表人授权变更机构名称、注册号码委托书、证券账户卡及复印件、柜员人（代理人）身份证及复印件。境外法人还需提供董事会或董事、主要股东授权委托书、授权人的有效身份证明文件及复印件。

（2）收单验证与复核。柜员查验申请人提供资料的真实性、有效性、完整性及一致性，在申请表单上签章后将所有资料交复核员复核。复核员实时复核并在申请表单上签章后，将资料交还柜员。

（3）办理变更。柜员在电脑相关系统办理变更业务。

（4）返单及提示。柜员把申请人的相关资料交还客户。

提示客户注意事项：① 保管好各项资料及相关密码；② 如果申请人同时更改姓名、身份证号码、注册号，要将证券账户卡、授权委托书、发证机关出具的变更证明等原件及有效身份证明文件复印件送达中国结算公司相应的分公司审核。审核通过后，5 个工作日后来营业部拿新证券账户卡。

（5）资料归档。柜员收市后将客户留存资料交业务主管存档。

2．证券账户合并

（1）填写申请书及提交资料。

1）自然人申请合并。客户填写《合并证券账户申请表》（见表 4-10），并提交有效身份证明文件及复印件、拟合并的证券账户卡及复印件。客户委托他人代办的，还需提供经公证的委托代办书、代办人的有效身份证明文件及复印件。

表 4-10　合并证券账户申请表

申请人填写栏	账户持有人姓名/全称			
	有效身份证明文件号码		留存的证券账户号	
	被合并的证券账户号			
	经办人签名		联系电话或地址	

续表

代理机构审核栏	处理意见：	
	审核资料：　　　　　　　　　　　　　序号：	
	法人：	
	□拟合并的证券账户卡及复印件	
	□法人有效身份证明文件及复印件或加盖发照机关确认章的复印件	
	□经办人有效身份证明文件及复印件	
	□法定代表人证明书、法定代表人授权委托书（境内法人提供）	
	□法定代表人有效身份证明复印件（境内法人提供）	
	□境外法人董事会、董事或主要股东授权委托书及授权人的有效身份证明文件复印件	
	□本表内容是否填写全面、正确	
	自然人：	
	□拟合并的证券账户卡及复印件	
	□有效身份证明文件及复印件	
	□本表内容是否填写全面、正确	
	经办人：　　　　　复核人：　　　　　日期：	
	负责人：	
处理结果	签名：　　　　　日期：	

说明：填写内容必须真实、准确，字迹要清楚、整洁。

中国证券登记结算有限责任公司监制。

2）法人申请合并。客户填写《合并证券账户申请表》。境内法人提交企业法人营业执照或注册登记证书及加盖公章的复印件、加盖公章的法定代表人证明书、法定代表人身份证复印件、法定代表人签章并加盖公章的法定代表人授权合并账户委托书、柜员人（代理人）身份证及复印件、拟合并的证券账户卡及复印件。境外法人还需提供董事会或董事、主要股东授权委托书、授权人的有效身份证明文件复印件。

（2）收单验证与复核。柜员查验申请人提供资料的真实性、有效性、完整性及一致性，在申请表单上签章后交复核员复核。复核员实时复核并在申请表单上签章，将资料交柜员。

（3）在电脑上合并账户。柜员在电脑系统输入申请人新的账户信息，进行证券账户合并处理。

（4）返单及提示。将客户的资料交还客户。提醒客户注意收好各项资料，注意相关密码的安全保护。

（5）资料存档。将被合并的证券账户卡收缴存档，并按规定的数据格式将合并的证券账户的资料报送中国结算公司。

3．证券账户注销

（1）申请人填写申请表及提交资料

1）自然人申请注销：客户填写《注销证券账户申请表》（见表4-11），要求资料齐全、填写规范、字迹清晰、内容完整。客户提交没有证券余额的证券账户卡、有效身份证明文件及复印件。客户委托他人代办的，还需提供经公证的委托代办书、代办人的有效身份证明文件及复印件。

表 4-11　注销证券账户申请表

申请人填写栏	账户持有人 姓名/全称	
	有效身份证明 文件号码	
	证券账户号	
	注销原因：	
	经办人签名	联系电话或地址
代理机构审核栏	审核资料：　　　　　　　　　　　　序号： 法人： □证券账户卡 □法人有效身份证明文件及复印件或加盖发证机关确认章的复印件 □经办人有效身份证明文件及复印件 □法定代表人证明书、法定代表人授权委托书（境内法人提供） □法定代表人有效身份证明复印件（境内法人提供） □境外法人董事会、董事或主要股东授权委托书及授权人的有效身份证明文件复印件 □本表内容是否填写全面、正确 自然人： □证券账户卡 □有效身份证明文件及复印件 □本表内容是否填写全面、正确 处理意见： 经办人：　　　　　　复核人：　　　　　　代理机构盖章 负责人：　　　　　　　　　　日期：		
处理结果	签名：　　　　　　　　日期：	

注意事项：若证券账户持有人的证券账户卡已丢失，须在"注销原因"栏注明"证券账户卡已遗失"的字样。

2）法人申请注销：客户填写《注销证券账户申请表》，并提交没有证券余额的证券账户卡。境内法人提交企业法人营业执照或注册登记证书及加盖公章的复印件、加盖公章的法定代表人证明书、法定代表人身份证复印件、法定代表人签章并加盖公章的法定代表人授权注销账户委托书、柜员人（代理人）身份证及复印件、拟注销的证券账户卡及复印件。境外法人还需提供董事会或董事、主要股东授权委托书、授权人的有效身份证明文件复印件。

柜员须认真核对客户证件，如有必要，应翻阅核对客户的开户资料或《授权委托书》，以确认客户的身份。如为机构客户，应出示法定代表人授权销户委托书（加盖法人章及公章）及代理人身份证、委托代理证明。柜员应严格审查客户提供的资料的真实性。如有需要，柜员应翻阅客户开户资料，核对并确认该客户为开户本人。

（2）收单验证与复核。柜员查验申请人提供资料的真实性、有效性、完整性及一致性，在申请表单上签章后交复核员复核。复核员实时复核并在申请表单上签章，将资料交柜员。各营业部根据营业部的实际情况，设置岗位销户权限。原则上客户销户须报业务负责人以上人员审批，并在销户申请表上签名后，方能为其办理。

（3）在电脑交易系统上注销账户。柜员结清客户交易账户上的剩余股票（深圳股票办理转托管，上海股票办理撤销指定交易手续），结清客户资金账户上的资金和利息。在电脑系统输入申请人新的账户信息，进行证券账户注销处理。销户完成后，柜员应收回客户的证券交易卡，如办理授权委托代理的，还要收回其代理卡。

（4）返单及提示。柜员在销户凭证上加盖个人印章和业务专用章，将客户身份证及证券账户卡、销户凭单等客户资料交给客户。提醒客户注意收好各项资料，注意相关密码的安全保护。

（5）资料存档。将拟注销证券账户卡收缴存档，并按规定的数据格式将注销的证券账户的资料报送中国结算公司。

4．非交易过户（见图4-8）

（1）填写申请表及提交资料。自然人因遗产继承办理社会公众股非交易过户：申请人填写《非交易过户申请表》（见表4-12），并提交继承公证书、证明被继承人死亡的有效法律文件及复印件、继承人身份证原件及复印件、证券账户卡原件及复印件、股份托管证券营业部出具的所涉流通股份冻结证明。申请人委托他人代办的，还应提供经公证的代理委托书、代办人有效身份证明文件及复印件。

自然人因出国定居向受赠人赠与公司职工股办理非交易过户：申请人填写《非交易过户申请表》，并提交赠与公证书、赠与方原户口所在地公安机关出具的身份证有效证明及复印件、受赠方身份证及复印件、当事人双方证券账户卡及复印件、上市公司出具的确认受赠人为该公司职工的证明。申请人委托他人代办的，还应提供经公证的代理委托书、代办人有效身份证明文件及复印件。

（2）收单验证与复核。柜员在接受客户非交易过户的申请时，应认真核实客户的身份证、证券账户卡（机构客户还应提供法人授权书及代理人身份证），报营业部经理审批，然后将该证券账户予以冻结，并确保在过户期间该账户不得办理交易、撤销指定交易和转托管；在申请表单上签章后交复核员复核。复核员实时复核后在申请表单上签章，并将申请表及资料交营运总监审核。营运总监在股份非交易过户申请表上实时审核联签后交还柜员。

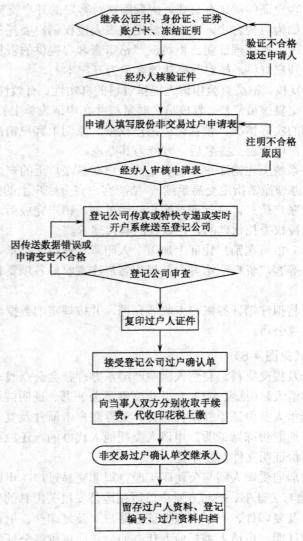

继承公证书、身份证、证券账户卡、冻结证明

验证不合格退还申请人

经办人核验证件

申请人填写股份非交易过户申请表

注明不合格原因

经办人审核申请表

登记公司传真或特快专递或实时开户系统送至登记公司

因传送数据错误或申请变更不合格

登记公司审查

复印过户人证件

接受登记公司过户确认单

向当事人双方分别收取手续费，代收印花税上缴

非交易过户确认单交继承人

留存过户人资料、登记编号、过户资料归档

图4-8　社会公众股非交易过户流程

表 4-12　非交易过户申请表

×××证券有限责任公司　　　　　　　　　　证券营业部

非交易过户申请表

编号（　　）

证券营业部　　　　　　　　　　　　　　　　　　　　　年　　月　　日

客户名称		证件号码	
深圳证券账号		上海证券账号	
资金账号		存折（卡）号码	
新客户资料			
过户后客户名称		证件号码	
深圳证券账号		上海证券账号	
资金账号		存折（卡）号码	
过户原因		申请人签字：	
经办人审批			
经理审核			
备注：			

（3）非交易过户业务处理。柜员在电脑系统中输入申请人非交易过户信息，进行非交易过户业务处理。

（4）收费与返单及提示。柜员应对属于公证机关公证的证券继承、馈赠、分割的非交易过户应当收取过户费、代扣代缴印花税，所有收费均应逐笔登记。向申请人预收取非交易过户的一切费用并出示相关的凭证。将申请的有效身份证明文件交还申请人，并提示申请人保管好相关资料及文件。

（5）资料存档。所有涉及证券权益变动的资料均应逐一整理归档管理。按中国结算上海分公司或中国结算深圳分公司的要求，将股份交易过户申请材料以特快专递方式寄送或传真到公司经纪业务运营中心（上海证券的非交易过户）。公司经纪业务运营中心审核无误后再传真到登记结算公司。柜员在收到登记结算公司非交易过户确认单的下一个工作日将该确认单交申请人，并扣除实际发生的费用。

4.2.3 资金账户挂失和补办、解挂、冻结与解冻、客户重要资料变更、密码修改与清密

1. 资金账户挂失和补办（见图4-9）

（1）客户填写申请书及提交证明文件。

1）遗失资金账户卡或因卡破损无法使用客户：自然人客户必须凭其本人有效身份证明、证券卡办理补卡（或换卡）事宜。法人客户还需持法人授权委托书原件、代理人身份证原件。客户填写《客户有关资料更改申请表》交柜员。

2）遗失身份证及资金账户：自然人客户必须凭其本人有效身份证证明，或户口本、户口所在地公安机关出具的身份证明，客户委托他人代办的，还应当提交经公证的委托代办书、代办人有效身份证明文件及复印件。客户填写《客户有关资料更改申请》交柜员。

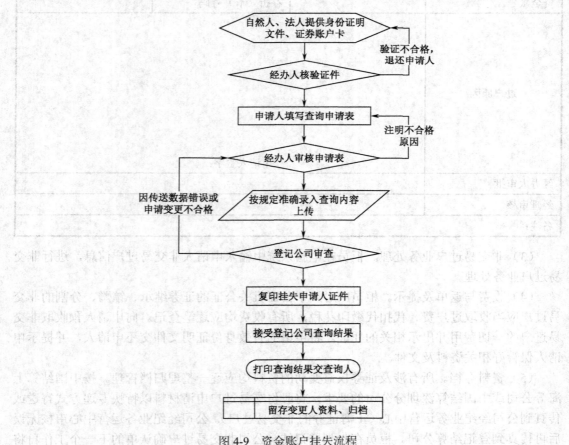

图4-9 资金账户挂失流程

（2）收单验证与复核。柜员查验客户所提供的相关资料、有效身份证明文件与本人的一致性、真实性。存档的身份证件复印件与客户本人的一致性，交复核员复核。复核员通过系统进行实时复核，复核要求与柜员同。柜员和复核员在《证券交易委托代理协议书》的"客户有关资料更改登记"上签名盖章。

（3）业务处理。柜员根据申请人要求给予办理挂失或补办新卡。

（4）返单与提示。将客户的有效身份证明文件等资料交还客户，提醒客户收好各项资料，注意相关密码的安全保护。

（5）资料归档。客户户口所在地公安机关出具的身份证明一并交业务主管留存归入客户资料档案，将《客户有关资料夏改申请表》交业务主管留存归入客户资料档案。

2. 资金账户解挂

（1）客户填写申请书及提交证明文件。已办理挂失的自然人客户必须持本人有效身份证明、证券账户卡。法人客户还需持法人授权委托书原件、代理人身份证原件。客户填写《客户有关资料更改申请表》。

（2）收单验证与复核。柜员查验客户提供的相关资料，有效身份证明文件与本人的一致性、真实性，存档的身份证复印件与本人的一致性。调阅存档资料的资料更改登记，交复核员复核。复核员通过系统进行实时复核。

（3）解挂业务处理。柜员与复核员在《证券交易委托代理协议书》的"客户账户类资料更改登记"页上写明变更事项、变更时间，并签名盖章，并将《客户有关资料更改申请表》交营运总监实时审核联签。

（4）返单与提示。将客户的有效身份证明文件等资料交还客户，提醒客户收好各项资料，注意相关密码的安全保护。

（5）资料存档。柜员将《客户有关资料更改申请表》交业务主管留存归入客户资料档案。

3. 资金账户冻结与解冻（见图4-10）

（1）客户提交资料和填写申请表。因客户要求（如身份证、证券账户卡丢失），公安司法部门要求与上级主管部门或营业部要求资金账户的冻结与解冻。

1）客户因身份证、证券（股票）账户卡丢失要求冻结与解冻资金账户时需提供的资料：

● 本人身份证或法人身份证明文件（如证件同时丢失，凭公安机关出具贴有本人照片的遗失证明）及证券（股票）账户卡。

● 已签订代理协议由代理人办理的，须提供代理人身份证。

● 未签订代理协议由代理人办理的，代理人需出具经公证的委托冻结与解冻书和代理人本人身份证。

● 填写《账户冻结与解冻申请表》。

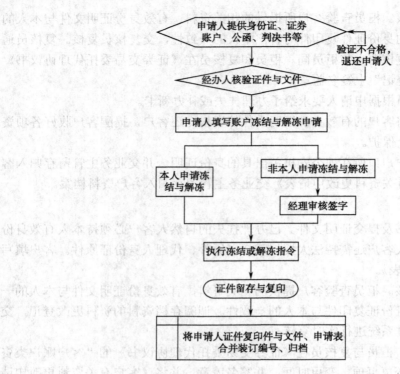

图 4-10 资金账户冻结与解冻流程

2）公安司法机关要求冻结与解冻的客户资金账户时需提供的资料：

• 执行人身份证、工作证。

• 公安司法机关出具的要求冻结与解冻该客户的司法执行函、判决书等。

• 填写《账户冻结与解冻申请表》。

（2）收单验证与复核。柜员认真审核客户本人或代理人提供的有关证明文件，对其有效性、真实性进行重点审核。客户申请账户冻结或解冻时，应注明其原因，方可办理。公安司法机关依法冻结与解冻客户保证金、证券，必须出具有法律效力的文件（如判决书、财产保全书、稽查通知等）、介绍信、经办人员证件等，填写《账户冻结与解冻申请表》，并经营业部经理核验签字后，经办人方可受理。

（3）业务处理。柜员将申请人的身份证、证券（股票）账户复印件或公函、通知等粘贴在被冻结与解冻资金账户的开户资料预留处，并制作《账户冻结与解冻登记表》，登记表内容至少包括：姓名、证券或资金账号、原因、冻结或解冻时间、经办人签字。

（4）返单与提示。将客户的有效身份证明文件等资料交还客户，提醒客户注意收好各项资料。

（5）资料存档。将登记表于每年年底随同客户文本移交营业部档案管理部门，并办理移交手续，移交手续内容至少包括档案册名称、移交时间、移交数量、交接人签字，将移交清单粘贴在档案册的首页。

4. 客户重要资料变更

（1）变更。客户填写申请书及提交文件。

自然人客户的姓名、身份证号码、证券账号、代理人姓名、代理人身份证号、授权委托权限及期限发生变化；法人客户的法人全称、注册号码、法定代表人姓名、法定代表人身份证号、代理人姓名、代理人身份证号、授权委托权限及期限、预留印鉴、银行账号发生变化，均需在柜台办理客户有关资料更改申请手续。客户先要填写《证券账户资料及密码更改申请表》（见表4-13），之后提交各类证明文件。

表4-13　×××证券有限责任公司证券账户资料及密码更改申请表

编号（　）

证券营业部　　　　　　　　　　　　　　　　　　　　　年　　月　　日

申请人填写	变更前资料	股东姓名/单位名称		变更后资料	股东姓名/单位名称	
		简　　称			简　　称	
		身份证号/注册号			身份证号/注册号	
		深圳证券账户号码	A股		深圳证券账户号码	A股
			B股			B股
		上海证券账户号码	A股		上海证券账户号码	A股
			B股			B股
		资金账号			资金账号	
	变更内容：□股东姓名/单位名称　　□简称　　□身份证/注册号　　□合并证券账户 □地址、电话　　□密码更改					
	变更原因：					
	经办人签名：　　　　　　　联系地址及电话：					
审批			柜员			

自然人客户提交资料。

- 客户或代理人姓名或身份证号发生变化：客户提交本人有效身份证明、资金账户卡、证券账户卡原件及复印件。
- 授权委托权限及期限变化：客户本人和代理人都必须同时到柜台提交双方有效身份证明及客户本人资金账户卡。
- 证券账号发生变化：客户本人提交有效身份证明、资金账户卡、证券账户卡原件及复印件。
- 变更代理人：客户本人和新代理人都必须同时到柜台提交双方有效身份证明原件、代理人身份证复印件和客户本人资金账户卡。
- 客户委托他人代办的，还应当提交经公证的委托代办书、代办人有效身份证明文件及复印件。

法人客户提交资料。

- 法人全称、注册号码发生变化：提交由法定代表人签章并加盖公章的法人全称、注册号变更委托书、工商管理部门或上级主管单位的批文、加盖公章的新的营业执照复印件、资金账户卡、代理人有效身份证件。
- 代理人姓名、身份证号发生变化：提交由法定代表人签章并加盖公章的代理人姓名、身份证号变更委托书、代理人有效身份证明和公安部门出具的变更证明及复印件、资金账户卡。
- 授权委托权限、期限发生变化：提交由法定代表人签章并加盖公章的法人变更授权权限委托书、资金账户卡、代理人有效身份证件。
- 变更代理人：提交由法定代表人签章并加盖公章的法人变更代理人委托书、代理人身份证原件及复印件、资金账户卡。营业部根据委托书的变更内容进行修改，须重新签订客户授权委托书，原客户授权委托终止。
- 变更预留印鉴：提交由法定代表人签章并加盖公章（与原公章一致）的法人变更印鉴委托书、由法定代表人签章并加盖公章（与原公章一致）的新印鉴、资金账户卡、代理人有效身份证件。
- 变更银行账号：提交由法定代表人签章并加盖公章的法人变更银行账号委托书、由法定代表人签章并加盖公章的新银行账号、资金账户卡、代理人有效身份证件。

（2）收单验证与复核。柜员查验所提供的相关资料及有效身份证明文件与申请人的一致性、真实性，有效身份证明文件与存档身份资料的一致性，交复核员复核。柜员和复核员分别在《客户有关资料更改申请表》上签名或盖章，将《客户有关资料更改申请表》交营运总监实时审核联签。

（3）业务处理。柜员将变更后的有关信息输入电脑。柜员与复核员在《证券交易委托代理协议书》的"客户账户类资料更改登记"上写明变更事项、变更时间并签名或盖章。

（4）返单与提示。将客户的有效身份证明文件等资料交还客户，提醒客户收好各项资料，注意相关密码的安全保护。

（5）资料存档。柜员将按变更事项留存相应公安部门出具的变更证明复印件、变更的身份证复印件、经公证的委托代办书、代办人身份证复印件、工商管理部门或上级主管单位的批文、法人变更授权委托书、新证券账户卡复印件、新代理人身份证复印件、法人新印鉴及银行账号、《客户有关资料更改申请表》等资料交业务主管归入客户资料档案。

5. 密码修改与清密（见图 4-11）

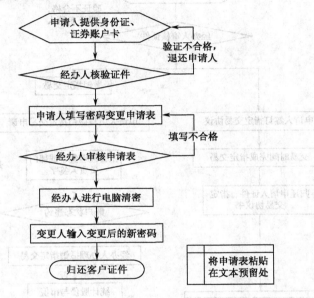

图 4-11 密码修改与清密流程

客户密码遗忘或需柜台修改密码的，或给予清密，由客户本人重新设定密码。

（1）客户填写申请书，提交证明资料。自然人客户持本人有效身份证明、证券账户卡、资金账户。客户委托他人代办的，还应当提交经公证的委托代办书、代办人有效身份证明文件及复印件。法人客户持经法定代表人签章并加盖公章的法人授权修改密码/清密委托书、代理人身份证、资金账户卡。客户填写《客户有关资料更改申请表》。

（2）收单验证与复核。柜员查验所提供的相关资料及有效身份证明文件与申请人的一致性、真实性，有效身份证明文件与存档身份资料的一致性，交复核员复核。复核员通过系统进行实时复核。柜员和复核员分别在《客户有关资料更改申请表》上签名或盖章。将《客户有关资料更改申请表》交营运总监实时审核联签。

（3）密码修改业务处理。柜员通过电脑交易系统办理密码修改业务。

（4）返单与提示。将客户的有效身份证明文件等资料交还客户，办理密码修改或清密，提醒客户注意新密码的保密。

（5）资料存档。将《客户有关资料更改申请表》、法人授权修改密码/清密委托书或经公证的委托代办书（自然人客户）等交业务主管留存归入客户资料档案。

4.2.4　撤销指定交易、转托管及资金账户销户

1. 撤销指定交易和转托管（见图4-12）

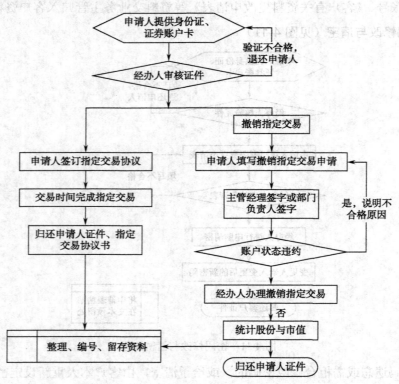

图4-12　指定交易与撤销指定交易流程

（1）客户填写申请表提交资料。自然人客户持本人有效身份证明、证券账户卡、资金账户卡；未经授权委托但代理办理的，还应当提交经公证的委托代办书、代办人身份证及复印件；法人客户持证券账户卡、代理人身份证、法人授权撤销指定交易/转托管委托书、资金账户卡、预留印鉴。

如要求撤销指定交易的，申请人填写《撤销指定交易申请表》（见表4-14）如客户要求转托管的，申请人填写《证券转托管申请书》（见表4-15）。填写时应字迹清晰。客户出示本人身份证、证券账户卡、证券交易卡。如客户授权他人代办，被授权人还应提供其身份证和委托代理证。

表 4-14 撤销指定交易申请表

编号（ ）

×××证券有限责任公司　　　　　证券营业部　　　　　年　月　日

客户名称		身份证号码		
资金账号		指定协议书编号		
申请人签名		上海证券 账户号码	A 股	
			B 股	
备 注				
审 批		经办人		

注：只能在开市期间，由本人亲自办理。

表 4-15 ×××证券转托管申请书

×××证券有限责任公司　　　　　证券营业部　　　　　年　月　日

客户姓名/ 单位名称		股东代码		
资金账号/ 注册号		日期	年　月　日	
代理人姓名		代理人身份证号码		
转入券商名称		转入席位号		
转出股票名称	转出股票代码	转出数量（股）		
备注：				

申请人签字：　　　　　　　　　　　　　营业部公章

经办：　　　　　　　　　　　　　　　审核：

　　（2）收单验证与复核。柜员收到客户申请表后，柜员须认真核对客户证件，如有必要，应翻阅核对客户的开户资料或授权委托书，以确认办理人是否是原开户人或是否具有代理办理撤销指定交易业务权限。柜员验证无误后，应将客户有关资料交复核员复核签字。

（3）电脑处理撤销指定交易业务。经业务负责人审批后，柜员应核对客户持仓、资金余额等是否与客户所述相符，经核对相符的，做撤销指定交易处理。

（4）返单及提示。指定交易撤销后，柜员在《撤销指定交易申请表》上加盖个人印章和业务专用章，将申请表客户联及其他客户资料交给客户，提醒客户保管好各种证件。

（5）资料归档。柜员将有关客户资料整理装订后，归档统一管理。

（6）风险点及应对措施。

- 撤销指定交易业务必须通过营业部柜台办理，其他部门一律不得办理。
- 撤销指定交易业务仅适用于上海证券交易所证券账户的交易业务。不经过账户所有人授权，柜员一律不得受理代办撤销指定交易业务。
- 柜员审核客户身份证、资金卡等有效证件是否与存档资料相符。非本人办理的必须审核有无授权权限，并确认客户已履行交易交收手续，且不存在任何违约情形后方可接受办理。

2. 资金账户销户（见图 4-13）

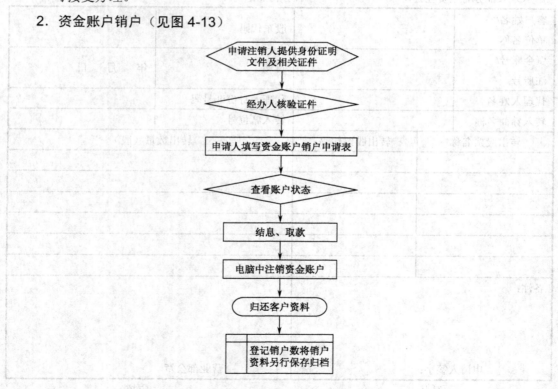

图 4-13　资金账户销户流程

申请此项业务前申请人需先办理撤销指定交易手续和转托管手续。申购新购资金冻结期间、开放式基金尚有基金余额、银证关联尚未撤销、未完成交收、客户资料尚未补全、账户冻结等客户状态不正常的不能办理销户。

（1）客户填写申请书及提交有效文件。自然人客户持本人有效身份证明、资金账户卡。客户委托他人代办的还应当提交经公证的委托代办书、代办人身证。法人客户持经法定代表人签章并加盖公章的法人授权资金账户销户委托书、代理人身份证、资金账户卡。客户填写《客户有关资料更改申请表》。

（2）收单验证与复核。柜员查验所提供的相关资料及有效身份证明文件与申请人的一致性、真实性。有效身份证明文件与存档身份资料的一致性，交复核员复核。复核员通过系统进行实时复核。柜员和复核员在《证券交易委托代理协议书》的"客户账户类资料更改登记"上填写变更事项、变更时间，并签名或盖章。

（3）电脑处理资金账户销户业务。柜员办理资金账户（证券账户）销户。办理完毕后，柜员在《证券交易委托代理协议书》的封面上盖上"已销户"印章。

（4）返单及提示。柜员打印业务回单（一式两联），交客户签名确认后，一联交客户，一联由营业部留存。将客户的有效身份证明文件等资料交还客户。提示客户收好各项资料，注意相关密码的安全保护。

（5）资料存档。

- 柜员将《客户有关资料更改申请表》、经客户签名的业务回单等相关资料留存归入客户资料档案。
- 资金账户已销户的客户资料按销户时间排序，另库管理，建立销户登记簿。

4.2.5 挂失补挂及其他业务风险点与防范措施

1. 证券账户风险点及防范措施

柜员审核身份证、资金卡是否与本人及存档资料相符，取款额与电脑账是否一致，确认无任何违约行为后，确认已办理撤销指定交易；已结息并提取剩余款；当日无委托交易情况；除上海证券交易所挂牌证券外，没有其他证券余额；透支款、无欠付利息及其他未了事宜。方可办理电脑结清销户。

2. 挂失及补办业务风险点及防范措施

（1）客户证件不全、证件无效或证件与开户人不一致。柜员要认真审查各种证件，不符合标准者不予受理。

（2）相关业务单据等资料必须使用公司标准文本。要严格指导客户按要求填写，填写内容要准确、完整、清晰。

（3）客户不理解挂失、冻结的风险，柜员要向客户讲解挂失、冻结业务的影响与权责。

（4）没有留存客户身份证件及其他证件的复印件。正式受理业务时，相关业务单据必须经上级主管签字确认。业务受理完成后，要复核操作结果。

3．非交易过户风险点及防范措施

（1）因客户死亡办理非交易过户的，继承人应出具公证机关的财产继承公证书、客户原始身份证件或复印件、客户股东账户原件、继承人身份证件、以继承人姓名开设的资金账户卡和股东账户卡。营业部要检查上述证件的合法性、有效性，并按证券登记公司相关规定受理。

（2）要严格指导客户按要求填写相关业务单据，填写内容要准确、完整、清晰。该业务需经运行总监签字确认。

（3）应留存客户与继承人的身份证件及其他证件的复印件。业务受理完成后，要复核操作结果。

4．证券转托管风险点及防范措施

证券转托管业务仅适用于深圳证券交易所证券账户的交易业务。客户转托管业务一律通过柜台办理，其他部门不得办理转托管。柜员审核客户身份证、资金卡等有效证件是否与存档资料相符。非本人办理的必须审核有无授权权限，并确认客户已履行交易交收手续且不存在任何违约情形后方可接受办理。

任务 3：掌握客户交易结算资金第三方管理的相关规定

4.3 ⌒ 资金管理业务（见图 4-14）

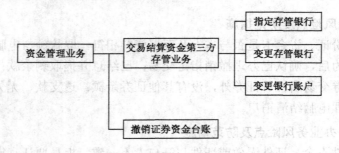

图 4-14　资金管理主要业务

4.3.1　受理客户交易结算资金第三方存管业务申请

1．指定存管银行

（1）客户填写申请书及提交资料。客户在证券公司营业网点填写和签订《客户交易结算资金第三方存管申请（变更）申请表》（以下简称《第三方存管（变更）申请表》）、《客户交易结算资金第三方存管协议》（以下简称《第三方存管协议》）之后，持规定的证件资料和加盖券商营业部业务章的《第三方存管申请（变更）申请表》及《第三方存管协议》，至券商协议存管银行营业网点办理存管银行确认手续。

个人客户持本人身份证、证券营业部资金账户卡、银行借记卡。机构客户持营业执照副本原件和加盖客户公章的复印件、法人授权委托书、法定代表人身份证复印件、授权代理人的有效身份证件、银行结算账户证明文件。

（2）收单验证与复核。证券营业部柜员为客户撤销原银证转账服务，并在柜台系统办理指定存款银行手续，期间需要输入客户证券资金密码。柜员打印客户回单交客户签字确认。在《第三方存管（开通）申请表》、客户回单上加盖业务章，留存《第三方存管（开通）申请表》，客户回单交客户。

（3）存款银行确认。客户本人持有效证件和加盖证券公司营业部业务章的客户回单到存管银行营业网点签署《第三方存管协议》办理存管银行确认手续，期间客户需输入银行密码和证券资金密码。银行柜员打印客户回单交客户亲自确认，将《第三方存管协议》留存联交客户。

（4）返单与提示。

1）柜员打印业务回单及身份证明文件交客户签名确认。

2）提醒客户注意事项：客户应尽快去协议银行办理存管银行的确认，只要不完成存管银行的确认手续，其指定存管银行手续就没有完成，客户在完成确认手续前不能进行资金存取。资金账户实际上只是相对于银行保证金账户的一个虚拟账户，投资者不可能从该账户上取出一分钱，所有的资金在交易完成后都必须回到银行。

（5）资料存档。柜员将《第三方存管协议》和银行卡复印件、经客户确认的业务回单，交业务主管留存，归入客户资料档案。

2．客户变更存管银行

（1）填写申请表及提交资料。客户变更存管银行所要提交的资料与指定存管银行相同。客户持有效证件到证券公司开户营业部，填写《第三方存管（变更）申请表》，办理撤销存管银行手续。证券营业部柜员受理业务成功后，随即停止客户银证转账服务。但如客户证券资金台账当日发生过银证转账或证券交易的，柜员拒绝客户变更存管银行的申请。

（2）重新指定存管银行。客户指定新存管银行所要提交的资料与指定存管银行相同。撤销存管银行成功后，客户应立即在证券投资营业部办理存管银行指定手续。柜员为其办理程序与办理指定存管银行相同。

3．客户变更银行账户

客户本人持有效证件和新的同名银行借记卡到银行营业网点，申请变更银行结算账户。但如客户证券资金台账当日发生过银证转账或证券交易的，柜员拒绝客户变更银行账户的申请。

4．客户撤销证券资金台账

（1）填写申请表及提交资料。客户本人持有效证件，到证券公司开户营业部，办理撤销指定、转托管。程序同前。下一营业日，客户本人持有效证件到证券公司开户营业部，填写《证券资金台账销户申请表》。

（2）收单验证。柜员按业务规定审核客户是否符合销户条件，验证客户身份，预留机构客户印鉴、证券资金台账和证券资金密码合法后，为客户办理证券资金台账结算手续，客户保证金停止结息。

（3）撤销证券资金台账业务处理。柜员在录入撤销客户交易结算管理账户交易，系统自动发起证转银、将客户证券资金台账全部余额（含结息金额）转入客户银行结算账户，并进行客户交易结算账户销户。下一交易日，客户撤销存管银行成功后，柜员凭客户前一日提交的《撤销证券资金台账申请表》，为客户办理证券资金台账销户手续。

（4）返单与提示。指定交易撤销后，柜员在《撤销证券资金台账申请表》上加盖个人印章和业务专用章，将申请表客户联及其他客户资料交给客户，提醒客户保管好各种证件。

（5）资料归档。在将《撤销证券资金台账申请表》及其他相关资料等交业务主管留存归入客户资料档案。

4.3.2　资金管理经纪业务风险点及防范措施

1．资金管理风险点及防范措施

（1）风险点。大量的非实名开户，尤其是机构客户以个人名义开户，给资金存取业务中的违规甚至违法行为打开了方便之门，也为营业部的风险管理带来了隐患。

- 通过非实名账户转移资金和股票。

（2）防范措施。

- 在客户证券转入时，要求其出具更加完整的授权委托书或相关资产所有权的证明。
- 对于股东账户卡在不同账户下的转移或办理证券转出的具体操作时，增加客户"输入密码"的步骤。

2．第三方存管风险防范措施

（1）柜员要认真审查客户证件，证件不全、证件无效或证件与开户人不一致者不予受理。

（2）相关业务协议书等资料必须使用公司标准文本。要严格指导客户按要求填写，填写内容要准确、完整、清晰。

（3）柜员要审核股东账号、资金账号与股东姓名是否一致，银行账号、身份证号码与所填内容是否一致。要留存上述核对证件的复印件，业务完成后要复核操作结果。

（4）柜员要向客户讲解该类业务的风险防范与操作要点，提请客户要定期更换密码。

任务 4：掌握证券委托的不同方式及其风险点

4.4　证券委托（见图 4-15）

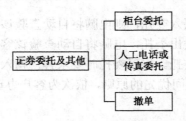

图 4-15　证券委托经纪业务

4.4.1　柜台委托（见图 4-16）

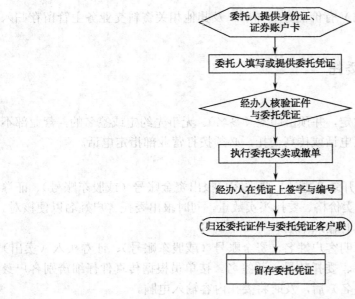

图 4-16　柜台委托流程

1. 客户填写申请表提交资料

客户在柜台申报委托时要填写使用营业部统一制作的《委托买入（卖出）有价证券通知书》，按标明的各项内容，完整、详细、正确地填写，且必须当面签名。同时提交资金卡、身份证。非本人委托的，要有相关的授权权限资料文件。

2. 收单验证

柜员在接受客户委托时，必须审核客户亲笔填写的委托单、资金卡身份证，并让本人核对。非本人委托的，必须审核其授权权限。核对无误后再核对委托单上各项内容。若证券名称和证券代码不一致时，及时与客户取得联系。

3. 委托买卖业务处理

输入委托指令时，若是买入委托，则电脑将自动查验该客户的资金账户余额，如资金不足者，应拒绝委托。若是卖出委托，电脑将自动查验该客户的证券账户中证券数量是否充足，证券不足者，应拒绝委托。接受委托时要求客户输入资金密码和股东账号。客户委托买卖时，柜员应严格按照时间优先的原则，依次为客户办理委托业务，不得漏报或插报。

4. 返单及提示

完成委托后，在回单上盖柜员私章，连同各种资料一同交还客户。提示客户注意保管好自己的身份资料及密码。

5. 资料归档

收市后将《委托买入（卖出）有价证券通知书》及其他相关资料交业务主管留存归入客户资料档案。

4.4.2　人工电话或传真委托

1. 客户拨打指定电话

传真委托要与营业部事先约定，并预留印鉴（签名）。无事先约定或签名的，营业部不得受理传真委托。客户采用人工电话或传真委托，必须拨打营业部指定电话。

2. 柜员接单

（1）接单员（柜员）必须打开录音电话，要求客户报出资金账号（或股东账号）、证券买入或卖出、证券代码、委托买卖价格、委托买卖数量，同时报出委托客户姓名以便核对。然后复述客户指令，经确认后及时输入电脑。

（2）客户传真委托时必须写明客户姓名、资金账号（或股东账号）、证券买入（卖出）证券名称、证券代码、委托价格、委托数量，并签名。接单员根据传真件仔细辨别客户身份，核对客户所预留的印鉴（签名）后，及时将委托内容输入电脑。

3. 资料存档

（1）电话录音及传真件必须按规定保存，并要求客户及时到营业部补填《委托买入（卖出）有价证券通知书》，将传真件附于《委托买入（卖出）有价证券通知书》后存档。

（2）接单员输入人工电话委托和传真委托指令的操作要求与柜台委托相同。客户通过人工电话或传真委托进行的交易，不论成交与否，其委托记录应按规定期限，保存于营业网点。

4.4.3　撤单

营业部在接受客户撤销或修改通过委托柜台或有形席位进行的委托时，客户需提交身份证、资金账户卡，填写撤单申请，并当面签署姓名，非本人办理的须审核有无委托权限。

报单员接单后，审核证件及委托内容，确认无误后同场内交易员联系，查找该委托是否成交，如果已成交，则告知客户不能撤单或修改。如果没有成交或部分成交，则立即将该笔委托未成交部分撤销并通知报单员。

4.4.4　委托买卖的风险点及防范措施

1.风险点

（1）营业部员工（特别是营销人员）私自接受全权委托，为熟悉的客户代理进行证券委托买卖，引致客户对交易结果不认同带来违规操作的风险。

（2）人工电话委托业务中，工作人员无法准确辨别客户语音，发生他人假冒客户名义委托或客户事后不承认的情况。

2.防范措施

严禁证券从业人员为客户代理操作证券交易，并通过《风险揭示书》的形式向客户提示营业部服务内容和范围，增强客户对这种行为的风险意识。

任务 5：熟悉证券交割流程与风险防范

4.5 清算交割与咨询服务

4.5.1　清算交割

1.清算交割的内容

成交单与委托单配对，为客户办理交割，打印交割单，应客户要求查询交易结果、证券及资金余额，打印对账单。

2.清算交割主要流程

（1）打印清算数据。每日交易结束后，由清算员根据交易所成交数据自动进账清算，并打印出股票、债券回购等清算数据。

（2）自助交割。营业部若在营业场所设置有自助交割机，客户可自行打印交割单。柜员应当按时调试机器、添加纸张，保证客户自助交割的顺利进行。对于不了解自助交割机使用方法的客户，柜员应热情协助。客户将打印好的交割单交给交割柜员加盖业务印章。

（3）人工交割。柜员在办理柜台人工证券交割时，应要求客户出示本人身份证、证券账户卡、证券交易卡，如客户授权他人代办，被授权人还应提供其身份证和委托代理证。柜员须认真核对客户证件，如有必要，应翻阅核对客户的开户资料或《授权委托书》，以确认柜员的身份。柜员核对委托单与成交单是否相符，交割证件核对相符后，柜员将客户资料输入计算机，按客户的有关要求打印出交割单并加盖业务专用章交客户。如不相符，则核对委托柜保存的委托单。确属本营业部操作性差错，则需根据金额大小上报柜台主管，并按照差错处理规定处理。

营业部应在为客户保密的前提下，及时公布新股认购配号及中签号。客户凭本人身份证、资金账户卡或授权权限，可以在柜台查询交易结果或证券及资金余额。

客户如要求柜台在打印的对账单上加盖营业部业务用章时，柜员必须仔细核对客户身份并认真核对对账单与电脑上的时点证券余额或资金余额是否一致，核对无误后方可加盖业务用章。

柜员在工作过程中应提示客户在交易完成后的3日之内办理交割确认，否则视同认可。

4.5.2　咨询服务

主要是为客户提供投资咨询服务，协调处理与客户在委托交易中发生的各种问题，对除权、配股、股票停牌等特殊情况及时张贴告示告知客户。

1. 咨询服务主要内容

- 向投资者介绍开户、委托、交割等操作规程及注意事项。
- 及时在营业大厅公布中国证监会、交易所、上市公司等有关重大信息。
- 记录上市公司的有关配、送股比例及红利情况，除权除息日、股本变化情况。
- 新股发行、上市的名称、时间等。
- 向投资者提示入市风险及其防范措施。
- 简单介绍技术分析软件使用方法。
- 介绍网上交易、自助交易的使用方法。
- 接待并调解投资者在交易过程中发生的纠纷。

2. 柜台咨询的基本要求

（1）柜台咨询员应了解党和国家的有关法律法规及方针政策，掌握证券交易及相关知识，收集并熟悉金融证券有关法规和证交所的有关规则，具有一定的业务水平。

（2）柜员接待客户咨询要主动、热情。客户咨询的事项应尽可能快速、准确地予以回答。咨询中遇到需要本营业部其他部门协助解决的事项时，柜员应主动地进行协调，帮助客户解决问题。

（3）在咨询工作中应做到不信谣、不传谣，对公开或故意散布谣言的行为应予以制止。

（4）柜员向客户提供的各种信息资料，其出版或发行单位必须具有证券投资咨询业务资格。不得向客户提供虚假信息、内幕信息及各种市场传言。

（5）每日开盘前，柜员应根据有关业务部门提供的当日市场信息、股评等有关资料制作成信息提示文件，张贴于营业部公告栏，方便客户阅知。

（6）柜员应将至少一份证监会指定的信息披露报刊于每日开市前张贴在营业场所内，以便于客户阅读。

（7）柜台咨询员负责接待客户投诉，并处理投诉。同时登记《客户投诉登记表》（见表4-16）、《客户投诉调查处理表》（见表4-17）。

（8）柜台咨询员协助公安、检察院、法院等司法机关和中国证监会及其派出机构因查案需查询客户有关资料，同时填写《协查登记表》（见表4-18）。

表 4-16　客户投诉登记表

证券营业部　　　　　　　　　　　　　编号（　）　　　年　月　日

客户名称			开户所在营业部		
证券	深圳		地址		
账户	上海		电话		邮编
投诉内容：					
接收日期及时间			填表人		

表 4-17　客户投诉调查处理表

×××证券有限责任公司××证券营业部　　　　　编号（　）　　　年　月　日

《客户投诉登记表》编号		客户姓名	
调查情况： 　　　　　　　　签名：　　　　年　月　日			
营业部处理意见： 　　　　　　　　签名：　　　　年　月　日			
经纪业务部处理意见： 　　　　　　　　签名：　　　　年　月　日			
总公司领导意见： 　　　　　　　　签名：　　　　年　月　日			

表4-18 协查登记表

×××证券有限责任公司   ××证券营业部   编号（   ）   年 月 日

查询单位		经办人	
经办人工作单位		经办人身份证号码	
被查询客户名称		被查询客户账号	
查询原因及查询事项	申请人签字：		
经办人审核			
经理审批			
备注：			

注：1. 公安、检察院、法院等司法机关和中国证监会及其派出机构因查案需查询客户有关资料时，应出具以上司法机关和证监会的介绍信办理查询手续。

2. 查询需经营业部经理签字批准后执行。

3. 将查询单位介绍信贴于此表背面，此表存入客户档案。

4.5.3 资金清算交割风险点及防范措施

1. 风险点

券商营业部与交易所和证券登记结算公司进行每日交易数据的清算和对账过程中，因工作人员疏忽、违规操作等行为，给营业部带来风险和损失。表现形式有清算岗位不独立，电脑人员做清算业务，不能实现有效监督；极少数券商的个别人员在授意甚至私下擅自修改交易数据和结果。

2. 防范措施

全力推广集中交易系统，通过全公司的集中清算，减少营业部的风险点。

 模拟情景设计 4-2

情　　景：在实训室模拟证券公司营业部，主要内容是为客户提供证券交易开户咨询服务。

环境要求：

（1）客户证件：模拟身份证，身份证复印件。

（2）基本凭证：《开户申请书》、《指定交易协议书》、《证券买卖委托合同》。

（3）计算机模拟开户系统。

学生角色： 3人一组，1人为客户，1人客户经理，1人为大堂经理。

情景内容：

大堂经理：您好（行鞠躬礼），请问有什么可以帮到您的？

客户：哦，我想了解一下关于基金认购与申购和赎回等方面的内容。

大堂经理：我们有专业的客户经理为您服务，请您随我来好吗？（右指示，并做前指示，请客户走。大堂经理先向客户经理介绍客户，后向客户介绍客户经理。）

大堂经理：这位先生，这是我公司客户经理袁先生。

客户经理：先生，您好（客户经理主动握手），来里边请（右指示）。

客户经理：您想咨询哪些方面的内容呢？

客户：我想了解一下关于股票开户方面的内容。

客户经理：哦，是这样的，做股票投资要开通证券账户和资金账户。

客户：为什么要开立证券账户和资金账户？

客户经理：证券账户是登记人为投资者开立的，用于记录投资者持有的股票份额余额和变动情况的账户，由证券公司代为办理。资金账户是证券公司为投资者开立的用于股票等有价证券业务的结算账户。你的买卖股票以及分红结息等资金的结算都要通过这个账户进行。

客户：我要带什么证件呢？

客户经理：提供个人身份证原件及复印件。如果是代理人，还要提供与委托人亲自授权签署的《授权委托书》，并提供代理人的身份证原件和复印件。

客户：那我要填写什么表呢？

客户经理：您要填写开户资料并与证券营业部签订《证券买卖委托合同》（或《证券委托交易协议书》），同时签订有关沪市的《指定交易协议书》。客户申请开立个人证券交易账户时，应本人亲自到营业部柜台填写《代理委托交易开户及服务申请表》及《证券交易委托代理协议书》。对要求开通网上交易的客户，由本人持身份证及资金账户卡，提出网上交易申请，填写《个人数字证书申请表》，并签署《网上委托协议书》、《网上委托风险揭示书》。您只要带来基本的有效身份证明文件，其余的都可以由我们来协助您填写。您还有问题要咨询吗？

客户：没有了，谢谢！

客户经理：不客气，请您慢走。再见（行鞠躬礼）。

单元实训题

场　　景：证券公司营业部，主要内容是为客户办理交易结算资金第三方存管业务。

角　　色：两人一组，1人为客户，1人为客户经理。

客户身份：客户申请办理客户交易结算资金第三方存管业务。

环境要求：

（1）客户证件：身份证、证券营业部资金账户卡、银行借记卡。机构客户持营业执照副本原件和加盖客户公章的复印件、法人授权委托书、法定代表人身份证复印件、授权代理人的有效身份证件、银行结算账户证明文件。

（2）申请文件：《第三方存管（变更）申请表》、《第三方存管协议》。

（3）计算机模拟开户系统。

附录 4A

×××证券有限责任公司
证券交易委托代理协议书

甲方（投资者）：

乙方：×××证券有限责任公司　　　　　　证券营业部

依据《中华人民共和国证券法》、《中华人民共和国合同法》和其他有关法律、法规、规章以及证券交易所交易规则的规定，甲乙双方就甲方委托乙方代理证券交易及其他相关事宜达成如下协议，供双方共同遵守。

第一章　双方声明

第一条　甲方向乙方作如下声明：

（1）甲方具有相应合法的证券投资资格，不存在法律、法规、规章和证券交易所交易规则禁止或限制其投资证券市场的情形。

（2）甲方保证在其与乙方委托代理关系存续期内向乙方提供的所有证件、资料均真实、有效、合法，甲方保证其资金来源合法。

（3）甲方已阅读并充分理解乙方向其提供的《风险揭示书》，清楚认识并愿意承担证券市场投资风险。

（4）甲方同意遵守有关证券市场的法律、法规、规章及证券交易所交易规则。

（5）甲方已详细阅读本协议所有条款，并准确理解其含义，特别是其中有关乙方的免责条款。

第二条　乙方向甲方作如下声明：

（1）乙方是依法设立的证券经营机构，具有相应的证券经纪业务资格。

（2）乙方具有开展证券经纪业务的必要条件，能够为甲方的证券交易提供相应的服务。

（3）乙方确认其向甲方提供的委托方式以双方约定的委托方式为准。

（4）乙方遵守有关证券市场的法律、法规、规章及证券交易所交易规则。

第二章　开设资金账户

第三条　甲方开设资金账户应提交本人身份证或其他证明本人身份的有效证件、同名证券账户卡，并按乙方要求填写开户资料。

由于甲方提供的前款所述资料引起的法律后果和法律责任由甲方承担。

第四条 甲方的证券交易结算资金存入其资金账户。

第五条 甲方开设资金账户时,应同时自行设置交易密码和资金密码(以下统称密码)。甲方在正常的交易时间内可以随时修改密码。

第三章 交易代理

第六条 甲方可以通过第二条第三项约定的委托方式下达委托。

第七条 乙方为甲方提供以下服务:

(1)接受并忠实执行甲方下达的委托。

(2)代理甲方进行资金、证券的清算、交收。

(3)代理保管甲方买入或存入的有价证券。

(4)代理甲方领取红利股息。

(5)接受甲方对其委托、成交及账户资金和证券变化情况的查询,并应甲方的要求提供相应的清单。

(6)双方依法约定的其他事项。

(7)证券监督管理机关规定的其他服务。

第八条 甲方进行柜台委托时,必须提供委托人(指甲方本人或其授权代理人,下同)身份证、甲方证券账户卡和资金账户卡。

甲方进行自助委托,必须输入正确的密码。

第九条 当甲方委托未成交或未全部成交时,甲方可以变更其未成交的委托。

第十条 甲方应在委托下达后三个交易日内向乙方查询该委托结果,当甲方对该结果有异议时,须在查询当日以书面形式向乙方质询。

甲方逾期未办理查询或未对有异议的查询结果以书面方式向乙方办理质询的,视同甲方已确认该结果。

第十一条 当甲方需选择乙方作为其在上海证券交易所挂牌交易证券的指定交易代理机构时,双方需另行签订有关协议。

第四章 变更和撤销

第十二条 当甲方重要资料变更时,应及时书面通知乙方,并按乙方要求签署相关文件。

第十三条 甲方撤销指定交易,需另行签署相关文件。

第十四条 除非甲方有未履行交易交收义务等违约情形,甲方可随时撤销其在乙方的资金账户。

第十五条 有下列情形之一的,乙方可要求甲方限期纠正,甲方不能按期纠正或拒不纠正的,乙方可撤销其与甲方的委托代理关系:

（1）乙方发现甲方向其提供的资料、证件严重失实的。

（2）乙方发现甲方的资金来源不合法。

（3）甲方有严重损害乙方合法权益、影响其正常经营秩序的行为。

第十六条　乙方撤销其与甲方的委托代理关系，需通知甲方，并说明理由。

第十七条　甲方在收到乙方撤销委托代理关系通知后应到乙方办理销户手续。

在甲方收到乙方撤销委托代理关系通知至甲方销户手续期间，乙方不接受甲方的买入委托指令。

第五章　甲方授权代理人委托

第十八条　甲方开设资金账户后，可以授权代理人代为办理证券交易委托及相关事项。

第十九条　甲方授权他人代为办理前条所述事项时，应当签署有关授权委托书，并向乙方提交代理人的有效证件。

授权委托书至少应载明下列内容：代理人姓名及身份证号码、授权权限、有关代理人合法的证券市场投资资格及乙方要求明示的其他事项。

第二十条　甲方授权委托书的签署地应当在乙方，但经国家公证机关公证或我国驻外使领馆认证的授权委托书可除外。

甲方签署的授权委托书应当交乙方备案。

第二十一条　甲方在授权委托有效期内变更授权事项或中止授权时应当及时书面通知乙方，并到乙方办理有关手续。

乙方在收到甲方书面通知前，仍执行原授权委托书。

第二十二条　乙方明知或应知甲方代理人超越授权权限而受理其代理行为的，对因此给甲方造成的损失，乙方与甲方代理人承担连带赔偿责任。

第六章　甲乙双方的责任及免责条款

第二十三条　乙方郑重提醒甲方注意密码的保密。

任何使用甲方密码进行的委托均视为有效的甲方委托。

甲方自行承担由于其密码失密给其造成的损失。

第二十四条　乙方对甲方的开户资料、委托事项、交易记录等资料负有保密义务，非经法定有权机关或甲方指示，不得向第三人透露。

乙方承担因其擅自泄露甲方资料给甲方造成的损失。

第二十五条　甲方应妥善保管其证券账户卡、资金账户卡，因他人伪造、变造资金账户卡给甲方造成损失，乙方有过错的，应由乙方先予承担，再依法追偿相关损失。

第二十六条　当甲方遗失证券账户卡、身份证、资金账户卡时，应及时向乙方办理挂失，在挂失生效前已经发生的损失由甲方承担。

第二十七条　因地震、台风、水灾、火灾、战争及其他不可抗力因素导致的甲方损失，乙方不承担任何赔偿责任。

第二十八条　因乙方不可预测或无法控制的系统故障、设备故障、通信故障、停电等突发事故，给甲方造成的损失，乙方不承担任何赔偿责任。

第二十九条　第三十二条、第三十三条所述事件发生后，乙方应当及时采取措施防止甲方损失可能的进一步扩大。

第三十条　乙方应本着勤勉尽责的精神忠实地向甲方提供信息、资料。

乙方向甲方提供的各种信息及资料，仅作为投资参考，甲方应自行承担据此进行投资所产生的风险。

第七章　争议的解决

第三十一条　当双方出现争议时，可选择如下方式解决：

（1）协商。

（2）提请中国证券业协会调解。

（3）向证券管理机关投诉。

（4）向有管辖权的法院起诉。

（5）其他合法的方式。

第八章　机构户甲方

第三十二条　当甲方是机构户时，开设资金账户，按如下程序办理：

1．依法指定合法的代理人，并由法定代表人签署授权委托书。

2．提交甲方法人身份证明文件副本及其复印件，或加盖发证机关确认章的复印件、证券账户卡、代理人身份证、法定代理人证明书。

3．预留印鉴和密码。

第三十三条　甲方以现金存入的，必须以现金方式支取。

甲方以支票存入的，必须以支票方式支取。

甲方账户不能与任何自然人账户相互划转资金。

甲方不能通过乙方柜台存取现金，也不能以自助方式存取资金。

第九章　附则

第三十四条　乙方按照有关法律法规及证券交易的交易规则的规定收取佣金、代扣代缴甲方有关税费。

第三十五　甲方的委托凭证是指其柜台委托所填写的单据、非柜台委托所形成的乙方电脑记录资料。

第三十六条　乙方必须根据法律法规规定的方式和期限保存甲方的委托凭证等资料。

第三十七条　本协议签署后，若有关法律法规、规章制度及行业规章修订，相关内容及条款按新修订的法律法规、规章制度及行业规章办理。本协议其他内容及条款继续有效。

第三十八条 本协议根据法律法规和交易所、登记公司的规定如需修改或增补，修改或增补的内容将由乙方在其营业场所以公告形式通知甲方，若甲方在七日内不提出异议，则公告内容即成为本协议组成部分。

第三十九条 本协议所指的通知方式除上述条款中已有约定外，可以是书面送达通知或公告通知。

公告通知自公告在指定报刊和乙方经营场所发布之日起两个月即视为送达。

第四十条 本协议有效期自双方签署至第十九、第二十条所指情形发生。

第四十一条 本协议一式两份，双方各执一份。

附录 4B

证券开户风险揭示书

尊敬的证券投资者：

在进行证券交易时，可能会获得较高的投资收益，但同时也存在着较大的证券投资风险。为了使您更好地了解其中的风险，根据有关证券交易法律法规和证券交易所业务规则，特提供本风险揭示书，请认真详细阅读。投资者从事证券投资存在以下风险。

（1）宏观经济风险：由于我国宏观经济形势的变化以及周边国家、地区宏观经济环境和周边证券市场的变化，可能会引起国内证券市场的波动，使您存在亏损的可能，您将不得不承担由此造成的损失。

（2）政策风险：有关证券市场的法律、法规及相关政策、规则发生变化，可能引起证券市场价格波动，使您存在亏损的可能，您将不得不承担由此造成的损失。

（3）上市公司经营风险：由于上市公司所处行业整体经营形势的变化；上市公司经营管理等方面的因素，如经营决策重大失误、高级管理人员变更、重大诉讼等都可能引起该公司证券价格的波动；由于上市公司经营不善甚至于会导致该公司被停牌、摘牌，这些都使您存在亏损的可能。

（4）技术风险：由于交易撮合及行情揭示是通过电子通信技术和电脑技术来实现的，这些技术存在着被网络黑客和计算机病毒攻击的可能，由此可能给您带来损失。

（5）不可抗力因素导致的风险：诸如地震、火灾、水灾、战争等不可抗力因素可能导致证券交易系统的瘫痪；证券营业部无法控制和不可预测的系统故障、设备故障、通信故障、电力故障等也可能导致证券交易系统非正常运行甚至瘫痪，这些都会使您的交易委托无法成交或者无法全部成交，您将不得不承担由此导致的损失。

（6）其他风险：由于您密码失密、操作不当、投资决策失误等原因可能会使您发生亏损，该损失将由您自行承担；在您进行证券交易中他人给予您的保证获利或不会发生亏损的任何承诺都是没有根据的，类似的承诺不会减少您发生亏损的可能。

特别提示：本公司敬告投资者：

（1）投资者应当根据自身的经济实力和心理承受能力认真制定证券投资策略，尤其是当您决定购买 ST 类股票时，尤其应当清醒地认识到该类股票比其他股票蕴涵更大的风险。

（2）证券营业部无权在《证券经营机构营业许可证》业务范围之外经营，也不得超出经营范围之外与投资者签订业务合同。本证券营业部的营业范围如下：

1）证券的代理买卖。

2）代理还本付息、分红派息。

3）证券代保管、鉴证。

4）代理登记开户。

（3）当您与营业部出现争议时，可选择以下方式解决：

1）协商。

2）提请中国证券业协会调解。

3）向证券监督管理机关投诉。

4）提请营业部所在地仲裁机构仲裁。

由上述可见，证券市场是一个风险无时不在的市场。您在进行证券交易时存在赢利的可能，也存在亏损的风险，本风险揭示书并不能揭示从事证券交易的全部风险及证券市场的全部情形。您务必对此有清醒的认识，认真考虑是否进行证券交易。

市场有风险，入市需谨慎！

附录 4C

×××证券有限责任公司

授权委托书

编号：

_____证券营业部：

本人_____（授权人）兹委托_____（被授权人，身份证件复印件附后）代理本人在贵营业部就证券交易有关业务活动，处理以下事项：

（ ）证券交易委托（含新股申购、配股、交割）

（ ）资金存取

（ ）查询

（ ）转托管

（ ）指定或撤销指定交易

（　）销户

（　）其他（请详细明示）：＿＿＿＿＿＿＿＿＿＿＿＿＿＿＿＿＿

本委托有效期限：

（　）自本委托书签订之日起至本人向贵营业部书面撤销本委托书之日止。

（　）　年　月　日至　年　月　日

本人郑重承诺：

（1）授权人具有合法的证券市场投资资格。

（2）授权人在上述授权范围及委托书生效期内进行的操作，均视为本人操作行为，其后果由本人承担。

（3）本人郑重承诺本委托书内容真实、有效。

授权人填写				被授权人填写	
身份证号				身份证号码	
深A证券账号		沪A证券账号			
深B证券账号		沪B证券账号		联系电话	
资金账号		联系电话		联系地址	
授权人签名：				被授权人预留签名：	

签署地点：　　　　证券营业部

签署日期：　年　月　日

注：1. 请在选择项前的（　）填写"是"或"否"；

　　2. 此委托书如需变更或撤销，需委托人前来营业部办理；

　　3. 本授权委托书一式三份，授权人、被授权人、证券营业部各持一份。

附录 4D

指定交易协议书

甲方（投资者）：

乙方：××证券有限责任公司　　　　证券营业部

甲乙双方根据《上海证券交易所全面指定交易制度试行办法》及其有关规定，经过自愿协商，就指定交易的有关事项达成协议如下：

一、甲方选择乙方为证券指定代理的代理商，并以乙方为指定交易点，乙方经审核同意接受甲方委托；甲方指定交易的证券账户为客户开户资料登记账户。

二、指定交易证券品种范围，以在上海证券交易所上市交易的记名证券为限。

三、本协议签订当日，乙方应为甲方完成指定交易账户的申报指令。如因故延迟，乙方应告知甲方，并最迟于本协议书签订之日起下一个交易日完成该指定交易账户的申报指令。

四、甲方在乙方处办理指定交易生效后，其证券账户内的记名证券即同时在乙方处托管。乙方根据上海证券交易所及其登记结算公司传送的指定交易证券账户的证券余额，为甲方建立明细账，用于进行相关证券的结算过户。

五、甲方在指定交易期间的证券买卖均需通过乙方代理，并有权享有乙方提供的交易查询，代领记名证券红利、证券余额对账等服务。乙方提供其他服务项目的，应与甲方另定协议。

六、甲方证券账户内的记名证券余额一经托管在乙方处，须遵守乙方有关严禁证券户"卖空"的规定。

七、甲方证券账户一旦遗失，应先行向乙方挂失，由乙方及时采取措施防止该账户再被他人使用。甲方持乙方挂失证明到上海证券中央登记结算公司及其代理机构申请补办证券账户。账户一经补办，甲方应持补办账户在乙方处办理证券余额的转户手续。

八、甲方根据需要可申请撤销在乙方处的指定交易（除非因甲方未履行交易交收等违约责任情况外）乙方应在甲方申请的当日为其办理撤销指定交易申报。

九、甲乙双方在指定交易期间，应遵守国家有关法律法规以及上海证券交易所及其登记结算公司的各项业务规则。

十、本协议自甲乙双方签订之日起生效。

附录 4E

网上委托协议书

甲方：

姓名	身份证号码
上海证券账号	资金账号
深圳股票账号	电子信箱
联系电话	邮编
地址	

乙方： 证券营业部

甲乙双方根据国家有关法律、法规、规章、证券交易所交易规则以及双方签署的《证

券交易委托代理协议书》，经友好协商，就网上委托的有关事项达成如下协议

第一章　网上委托风险揭示书

第一条　甲方已详细阅读本章，认识到由于互联网是公众网络，网上委托除具有其他委托方式所有的风险外，还充分了解和认识到其具有以下风险：

（1）由于互联网数据传输等原因，交易指令可能会出现中断、停顿、延迟、数据错误等情况。

（2）投资者密码泄露或投资者身份可能被仿冒。

（3）由于互联网上存在黑客恶意攻击的可能性，互联网服务器可能会出现故障及其他不可预测的因素，行情信息及其他证券信息可能会出现错误或延迟。

（4）投资者的电脑设备及软件系统与所提供的网上交易系统不相匹配，无法下达委托或委托失败。

（5）如投资者不具备一定网上交易经验，可能因操作不当造成委托失败或委托失误。

上述风险可能会导致投资者（甲方）发生损失。

第二章　网上交易

第二条　本协议所表述的"网上交易"是指乙方通过互联网，向甲方提供用于下达证券交易指令、获取成交结果的一种服务方式。

第三条　甲方为在证券交易合法场所开户的投资者，乙方为经证券监督管理机关核准开展网上委托业务的证券公司之所属营业部。

第四条　甲方可以通过网上委托获得乙方提供的其他委托方式所能够获得的相应服务。

第五条　甲方为进行网上委托所使用的软件必须是乙方提供的或乙方指定站点下载的。甲方使用其他途径获得的软件，由此产生后果由甲方自行承担。

第六条　甲方应持本人身份证、股东账户卡原件及复印件以书面方式向乙方提出开通网上委托的申请，乙方应于受理当日或次日为甲方开通网上委托。

第七条　甲方开户以及互联网交易功能确认后，乙方为其发放网上交易证书。

第八条　凡使用甲方的网上交易证书、资金账号、交易密码进行的网上委托均视为甲方亲自办理，所产生的一切后果由甲方承担。

第九条　乙方建议甲方办理网上委托前，开通柜台委托、电话委托、自助委托等其他委托方式，当网络中断、高峰拥挤或网上委托被冻结时，甲方可采用上述委托手段下达委托。

第十条　乙方不向甲方提供直接通过互联网进行的资金转账服务，也不向甲方提供网上证券转托管服务。

第十一条　甲方通过网上委托的单笔委托及单个交易日最大成交金额按证券监督管理机关的有关规定执行。

第十二条　甲方确认在使用网上委托系统时，如果连续五次输错密码，乙方债权暂时冻结甲方的网上委托交易方式。连续输错密码的次数以乙方的电脑记录为准。甲方的网上委托被冻结后，甲方应以书面方式向乙方申请解冻。

第十三条　甲方不得扩散通过乙方网上委托系统获得的乙方提供的相关证券信息参考资料。

第十四条　甲方应单独使用网上委托系统，不得与他人共享。甲方不得利用该网上委托系统从事证券代理买卖业务，并从中收取任何费用。

第十五条　当甲方有违反本协议第十三、第十四条约定的情形时，乙方有权采取适当的形式追究甲方的法律责任。

第十六条　当本协议第一条列举的网上委托系统所蕴涵的风险所指的事项发生时，由此导致的甲方损失，乙方不承担任何赔偿责任。

第十七条　本协议自甲乙双方签署之日起生效。发生下列情形之一，本协议终止：

（1）甲乙双方的证券交易委托代理关系终止。

（2）一方违反本协议，另一方要求终止。

（3）甲乙双方协商同意终止。

第十八条　本协议一式两份，双方各执一份。

附录 4F

网上证券委托风险揭示书

本着对投资者负责的态度，正券有限责任公司在此郑重提醒投资者，网上证券委托作为一种新的交易方式，目前存在着以下风险：

一、由于互联网等原因，交易指令可能会出现中断、停顿、延迟、数据错误等情况；

二、投资者密码泄露或投资者身份可能被仿冒；

三、由于互联网上存在黑客恶意攻击的可能性，互联网服务器可能会出现故障及其他不可预测的因素，行情信息及其他证券信息可能会出现错误或延迟；

四、投资者的电脑设备及软件系统与所提供的网上交易系统不相匹配，无法下达委托或委托失败；

五、如投资者不具备一定网上交易经验，可能因操作不当造成委托失败或委托失误，上述风险可能会导致投资者（甲方）发生损失；

六、证券监管机关认定的其他风险。

附录 4G

×××证券有限责任公司

证券账户卡

（正面）

姓　　名：_____

资金账号：_____

深圳 A 股：_____

上海 A 股：_____

深圳 B 股：_____

上海 B 股：_____

×××证券公司

_____营业部交易卡

（背面）

证券有限责任公司

证券营业部

咨询电话号码：

电话委托号码：

地址：

券商席位号：

项目五

掌握证券投资技术分析

学习导航

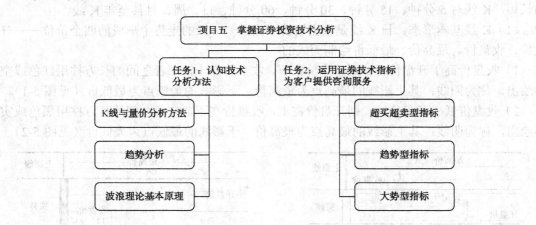

```
          项目五  掌握证券投资技术分析

    任务1：认知技术              任务2：运用证券技术指标
    分析方法                      为客户提供咨询服务

  K线与量价分析方法                超买超卖型指标

     趋势分析                       趋势型指标

   波浪理论基本原理                 大势型指标
```

✎ **相关链接**

证券投资是一项充满智慧和富有挑战性的活动。在我国，由于参与证券市场的主体众多，其中中小投资者占绝大多数，在信息不对称及市场操作不完全规范的情况下，广大投资者要想分享证券市场所带来的收益，掌握一些基本的投资技巧是必要的。

证券技术分析和基本分析是证券投资分析常用的两种方法，两种方法都认为股价是由供求关系所决定的。基本分析主要是根据对影响供需关系种种因素的分析来预测股价走势，而技术分析则是根据股价本身的变化来预测股价走势。技术分析具备全面、直接、准确、可操作性强、适用范围广等显著特点。与基本分析相比，技术分析进行交易的见效快，获得利益的周期短。技术分析相对于基本分析更适用于短期的行情预测。

技术分析方法与指标数量众多，应用法则纷繁复杂，面对不同的行情如何选择适当的方法和适合的指标进行价格走势的分析预测是每个投资者都需要面对的问题，故此，做好证券投资技术分析首先要深刻理解和掌握各种技术分析方法及指标。

任务 1：认知技术分析方法

5.1 技术分析方法

5.1.1 K 线与量价分析方法

1．K 线分析基础

K 线图也叫蜡烛图、阴阳线，是我国证券投资技术分析最主要的分析工具。根据时间的长短，K 线有 5 分钟、15 分钟、30 分钟、60 分钟、日、周、月甚至年 K 线。

（1）K 线基本形态。日 K 线是根据股价（指数）一天的走势中形成的四个价位——开盘价、收盘价、最高价、最低价绘制而成的。

1）收盘价高于开盘价时，则开盘价在下，收盘价在上，二者之间的长方柱用红色或空心绘出，称为阳线；其上影线的最高点为最高价，下影线的最低点为最低价（见图 5-1）。

2）收盘价低于开盘价时，则开盘价在上，收盘价在下，二者之间的长方柱用黑色或实心绘出，称为阴线；其上影线的最高点为最高价，下影线的最低点为最低价（见图 5-2）。

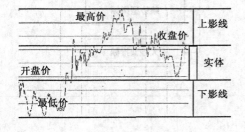
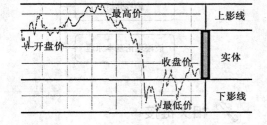

图 5-1　阳线的画法　　　　　　　　　　图 5-2　阴线的画法

（2）基本的 K 线形态及分析意义。从单独一根 K 线对多方和空方优势进行衡量，主要依靠实体的阴阳长度和上下影线的长度。一般来说，上影线越长、下影线越短、阴线实体越长，越有利于空方占优，不利于多方占优；上影线越短、下影线越长、阳线实体越长，越有利于多方占优，而不利于空方占优。上影线和下影线相比较的结果，也影响多方和空方取得优势。上影线长于下影线，利于空方；反之，下影线长于上影线利于多方。根据 K 线形状，也就是 K 线的长度、上下影线与实体的长度比例、阴阳性质等，即根据开盘价与收盘价的波动范围对 K 线进行分类，可将 K 线分为极阴、极阳，小阴、小阳，中阴、中阳，大阴、大阳等线型，如图 5-3 所示。

2. 量价分析基本原理

量价关系理论在技术分析中具有极其重要的地位。成交量是股价上涨的原动力，市场价格的有效变动必须有成交量的配合，是测量证券市场行情变化的温度计，通过其增加或减少的速度可以推断多空战争的规模大小和指数股价涨跌之幅度。然而到目前为止，人们并没有完全掌握量价之间的准确关系。

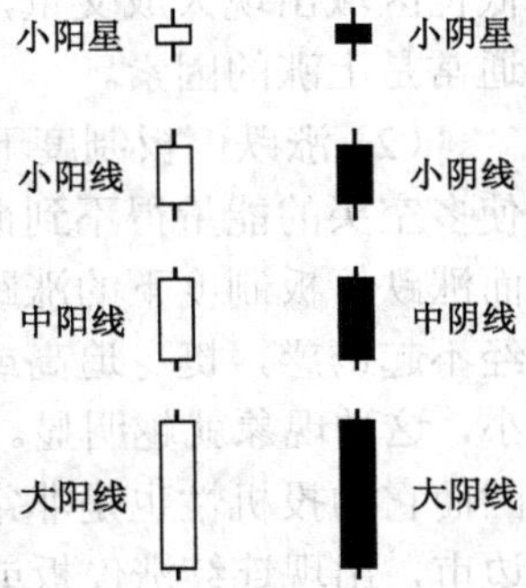

（1）葛兰碧量价关系理论。它是目前对成交量与股价趋势关系描述较为全面的一种理论，该理论可以由以下 9 条法则概括。

图 5-3　K 线的分类

1) 价格随着成交量的递增而上涨，为市场行情的正常特性，此种量增价升的关系，表示股价将继续上升。

2) 在一个波段的涨势中，股价随着递增的成交量而上涨，突破前一波的高峰，创下新高价，继续上扬，然而此段股价上涨的整个成交量水准低于前一个波段上涨的成交量水准。在此时股价创出新高，但量却没有突破，则此段股价涨势令人怀疑，同时，也是股价趋势潜在的反转信号。

3) 股价随着成交量的递减而回升，股价上涨，成交量却逐渐萎缩，成交量是股价上升的原动力，原动力不足显示出股价趋势潜在的反转信号。

4) 有时股价随着缓慢递增的成交量而逐渐上升，渐渐的走势突然成为垂直上升的喷发行情，成交量急剧增加，股价跃升暴涨；紧随着此波走势，继之而来的是成交量大幅萎缩，同时股价急速下跌，这种现象表明涨势已到末期，上升乏力，显示出趋势有反转的迹象。反转所具有的意义，将视前一波股价上涨幅度的大小及成交量增加的程度而言。

5) 股价走势因成交量的递增而上升，是十分正常的现象，并无特别暗示趋势反转的信号。

6) 在一波段的长期下跌形成谷底后，股价回升，成交量并没有随股价上升而递增，股价上涨欲振乏力，然后再度跌落至原先谷底附近，或高于谷底，当第二谷底的成交量低于第一谷底时，是股价将要上升的信号。

7) 股价往下跌落一段相当长的时间，市场出现恐慌性抛售，此时，随着日益放大的成交量，股价大幅度下跌；继恐慌卖出之后，预期股价可能上涨，同时恐慌卖出所创的低价将不可能在极短的时间内突破。因此，随着恐慌大量卖出之后，往往是空投市场的结束。

8）股价下跌，向下突破股价形态，趋势线或移动平均线同时出现了大成交量，是股价下跌的信号，明确表示出下跌的趋势。

9）当市场行情持续上涨数月之后，出现急剧增加的成交量而股价却上涨无力。

在高位整理，无法再次向上大幅上升，显示了股价在高位大幅震荡，抛压沉重，上涨遇到了强阻力。此为股价下跌的先兆，但股价并不一定必然下跌。股价连续下跌之后，在低位区域出现大成交量，股价却没有进一步下跌，股价仅出现小幅波动，此即表示进货，通常是上涨的因素。

（2）涨跌停板制度下的量价关系分析。由于涨跌停板制度限制了股票一天的涨跌幅度，使多空头的能量得不到彻底的宣泄，容易形成单边市。很多投资者存在追涨杀跌的意愿，而涨跌停板制度下的涨跌幅度比较明确，在股票接近涨幅或跌幅限制时，很多投资者可能经不起诱惑，挺身追高或杀跌，形成涨时助涨、跌时助跌的趋势。而且涨跌停板的幅度越小，这种现象就越明显。目前，在沪深证券市场中，ST板块的涨跌幅度由于被限制在5%，因而它的投机性也是非常强的，涨时助涨、跌时助跌的现象最为明显，很多股票会形成单边市，出现连续涨停板或跌停板，股价波动较为剧烈。

在实行涨跌停板制度下，大涨和大跌的趋势继续下去，是以成交量大幅萎缩为条件的。拿涨跌停板时的成交量来说，在以前，看到价升量增会以为价量配合好，涨势形成或会继续，可以追涨或继续持股；如果上涨时成交量不能有效配合放大，说明追高意愿不强，涨势难以持续，应不买或抛出手中股票。但在涨跌停板制度下，如果某只股票在涨停板时没有成交量，那是卖方目标更高，想今后卖出好价，因而不愿意以此价抛出，买房买不到，所以才没有成交量。第二天，买方会继续追买，因而会出现续涨。然而，当出现涨停后中途打开，而成交量放大时，说明想卖的投资者增加，买卖力量发生变化，下跌有望。

在涨跌停板制度下，量价分析基本判断为：

- 涨停量小，将继续上涨；跌停量大，将继续下跌。
- 涨停中途被打开次数越多、时间越久、成交量越大，则反转上升的可能性就越大。
- 涨停关门时间越早，次日涨势可能性越大；跌停关门时间越早，次日跌势可能性越大。
- 封住涨停板的买盘数量大小和封住跌停板时卖盘数量大小说明买卖盘力量大小。这个数量越大，继续当前走势的概率越大，后续涨跌幅度也就越大。

5.1.2　趋势分析

1. 趋势的含义与类型

简单地说，趋势就是股票价格的波动方向，或者说是股票市场运动的方向。趋势的方向有三个：上升方向；下降方向；水平方向，也就是无趋势方向。

按道氏理论的分类，趋势分为三个类型：主要趋势、次要趋势和短暂趋势。长期趋势是趋势的主要方向。了解股价变动的长期趋势，对于投资者来说是至关重要的。只有了解并掌握了长期趋势，才能真正做到顺势而为。长期趋势是股价变动的大方向，一般持续时间很长，可达一年甚至几年。中期趋势是股价在运行长期趋势的过程中进行的调整，它一般不会改变长期趋势的发展方向，而是对长期趋势的正常且必要的整理。短期趋势是股价在短时间内的变动趋势，时间一般很短，短则数小时，长则数天。短期趋势是构成股价中长期变动的细胞和基石，是对中期趋势的调整。

2．支撑线和压力线

支撑线又称为抵抗线。当股价跌到某个价位附近时，股价停止下跌，甚至有可能还有回升。这个起着阻止股价继续下跌或暂时阻止股价继续下跌的价格就是支撑线所在的位置。

压力线又称为阻力线。当股价上涨到某价位附近时，股价会停止上涨，甚至回落。这个起着阻止或暂时阻止股价继续上升的价位就是压力线所在的位置。支撑线和压力线的作用是阻止或暂时阻止股价向一个方向继续运动。同时，支撑线和压力线又有彻底阻止股价按原方向变动的可能。

一条支撑线如果被跌破，那么这个支撑线将成为压力线；同理，一条压力线被突破，这个压力线将成为支撑线。这说明支撑线和压力线的地位不是一成不变的，而是可以改变的，条件是它被有效的足够强大的股价变动突破。

一般来说，一条支撑线或压力线对当前影响的重要性有三个方面的考虑，一是股价在这个区域停留时间的长短；二是股价在这个区域伴随的成交量大小；三是这个支撑区域或压力区域发生的时间距离当前这个时期的远近。

3．趋势线和轨道线

趋势线是衡量价格波动的方向的，由趋势线的方向可以明确地看出股价的趋势。在上升趋势中，将两个低点连成一条直线，就得到上升趋势线。在下降趋势中，将两个高点连成一条直线，就得到下降趋势线。要得到一条真正起作用的趋势线，要经多方面的验证才能最终确认。首先，必须确实有趋势存在。其次，画出直线后，还应得到第三个点的验证才能确认这条趋势线是有效的。

轨道线又称通道线或管道线。是基于趋势线的一种方法。在已经得到了趋势线后，通过第一个峰和谷可以做出这条趋势线的平行线，这条平行线就是轨道线。两条平行线组成一个轨道，这就是常说的上升和下降轨道。轨道的作用是限制股价的变动范围。对上面的或下面的直线的突破将意味着有一个大的变化。与突破趋势线不同，对轨道线的突破并不是趋势反向的开始，而是趋势加速的开始。轨道线的另一个作用是提出趋势转向的警报。

4．黄金分割线和百分比线

画黄金分割线的第一步是记住若干个特殊的数字，这些数字中 0.382、0.618、1.382 和 1.618 最为重要，股价极为容易在由这 4 个数产生的黄金分割线处产生支撑和压力。第二步是找到一个点。某个趋势的转折点就可以作为进行黄金分割的点，这个点一经选定，我们就可以画出黄金分割线了。

百分比线考虑问题的出发点是人们的心理因素和一些整数位的分界点。其中，1/2、1/3、2/3 这三条线最为重要。

5.1.3 波浪理论基本原理

1. 波浪理论考虑的三个因素

波浪理论主要考虑三个方面的因素：价格形态、高低点比率、价格变动的时间。其中，价格形态最重要。

（1）价格形态。价格形态是指价格变动过程所形成的"轨迹"，在波浪理论中是指波浪的形状和构造，主要的内容是 8 浪结构。这是波浪理论赖以生存的基础。或许当初艾略特就是从价格走势的形态中得到启发才提出了波浪理论。

（2）高低点比率。高低点比率是指价格走势图中各个高点和低点所处的相对位置。在波浪理论中，一般是指各个浪的长短之间的相对比率。通过计算，可以弄清楚各个波浪长度之间的相互关系，确定价格的回落点和将来价格上升有可能达到的位置。

（3）价格变动的时间。价格变动的时间是指价格完成某个形态所经历的时间长短。知道了时间就可以预先知道何时将出现何种趋势。波浪理论中各个波浪之间在时间上是相互联系的，用时间也可以验证某个波浪形态是否已经形成。

以上三个方面可以简单地说成形态、比例和时间。这三个方面是波浪理论首先应该考虑的。只注重形态和比例而忽视时间是不正确的，因为时间因素在进行市场预测时，是不可放弃的。

2. 波浪理论的基本形态结构

（1）波浪理论基本的 8 浪结构图。波浪理论认为证券价格应该遵循一定的周期周而复始地发展。价格上下波动是按照某种规律进行的。在波浪理论中每一个周期（无论是上升还是下降）可以分成 8 个小的过程。这 8 个小过程一结束，一次大的行动就结束了。其后，紧接着的将是另一次大的行动。以下以上升为例说明这 8 个小过程。图 5-4 是上升状态情况下的 8 浪结构图。

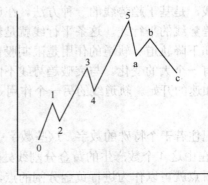

图 5-4　波浪理论的基本 8 浪结构

（2）主浪和调整浪。图 5-4 中，0～1 是第 1 浪，1～2 是第 2 浪，2～3 是第 3 浪，3～4 是第 4 浪，4～5 是第 5 浪。这 5 浪中，第 1 浪、第 3 浪和第 5 浪称为上升主浪，而第 2 浪和第 4 浪称为是对第 1 浪和第 3 浪的调整浪。上述 5 浪完成后，紧接着会出现一个 a—b—c 三浪结构的向下调整，即 5～a 的 a 浪，a～b 的 b 浪和 b～c 的 c 浪。

（3）8 浪结构与价格波动趋势的规模大小无关。考虑波浪理论必须弄清一个完整周期的规模大小，因为趋势是有层次的，每个层次的不同取法，可能会导致我们在使用波浪理论时发生混乱。但是，应该记住，无论我们所研究的趋势是何种规模，是原始主要趋势还是日常小趋势，8 浪的基本形态结构是不会变化的。

在图 5-4 中，我们可认为，0～5 是一个大的上升趋势，5～c 是一个大的下降趋势。如果我们认为这是两浪的话，那么 c 之后一定还会有上升的过程，只不过时间可能要等很长。这里的 2 浪只不过是一个大的 8 浪中的前 2 浪，是更大的 8 浪结构的一部分。

3．波浪的层次与应用

（1）大浪套小浪——浪中有浪。波浪理论考虑股价形态的时间和空间跨度是可以随意而不受限制的，大到可以覆盖从有股票以来的全部时间跨度，小到可以只涉及数小时、数分钟的股价走势。

正是由于时间和空间跨度的不同，所以在数 8 浪时，必然会涉及将一个大浪分成很多小浪和将很多小浪合并成一个大浪的问题，这就是每一个浪所处的层次的问题。处于层次较低的几个小浪可以合并成一个层次较高的大浪，而处于层次较高的一个大浪又可以细分成几个层次较低的小浪。当然，层次的高低和大浪、小浪的地位是相对的。对其他层次高的浪来说，它是小浪，而对层次比它低的浪来说，它又是大浪。

以上升牛市为例，说明一下波浪细分和合并的原则。图 5-5 是这种细分和合并的图形表示。

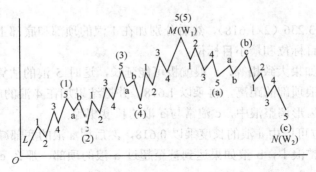

图 5-5　波浪的合并与细分

从图 5-5 中可以看出，规模最大的是处于第一层次的两个大浪，从起点 L 至顶点 M 是第一大浪 W_1，从顶点 M 至末点 N 是第二大浪 W_2，W_2 是第一大浪 W_1 的调整浪。第一大浪和第二大浪又可以细分成 5 浪和 3 浪，共 8 浪。

第一大浪可以分成（1）、（2）、（3）、（4）和（5）共 5 浪，而第二大浪可以分成（a）、（b）、（c）三个浪，这 8 浪是规模处于第二层次的大浪。

第二层次的大浪又可以细分成第三层次的小浪，这就是图中的各个 1、2、3、4、5 及 a、b、c，数一下可知，这样的小浪一共有 34 个。

（2）合并和细分的原则。将波浪细分时，会遇到这样的问题，是将一个较大的浪分成 5 个较小的浪，还是分成 3 个较小的浪呢？这个问题要看这个较大的浪是处在上升还是下降，同时还要看比这个较大的浪高一层次的波浪是上升还是下降。以上两个因素决定这个较大的浪的细分是 3 浪还是 5 浪。

在本大浪是上升的情况下，如果上一层的大浪是上升，则分成 5 浪，上一层的大浪是下降，则分成 3 浪；在本大浪是下降的情况下，如果上一层的大浪是上升，则分成 3 浪，上一层的大浪是下降，则分成 5 浪。

也就是说，如果这一浪的上升和下降方向与它上一层次浪的上升和下降方向相同，则分成 5 浪，如果不相同则分成 3 浪。例如，图 5-5 中的（2）浪，本身是下降，而（2）的上一层浪第一大浪则是上升，所以（2）分成 3 浪。（8）浪本身是下降，（a）的上一层浪第二大浪也是下降，所以（a）分成 5 浪结构。按照这一原则可以将任何一个浪进行细分。同样，不管是什么样的证券市场，按照这样的原则不断地合并下去，最终，整个过程就会被合并成 1 个浪或 2 个浪。

（3）斐波纳奇数列的应用。波浪理论中最重要的斐波纳奇比率有以下几条：

- 三个推动浪中的某一浪经常会延长，一旦某一浪延长，其他两浪的形成时间和波动幅度均相等。例如，3 浪延长，那么 1 浪和 5 浪应该相等。
- 将 1 浪的长度乘以 1.618，然后加在 2 浪的底部，可以测量出 3 浪顶部的最小目标位。
- 将 1 浪乘以 3.236（2×1.618），然后分别加在 1 浪的顶部和底部上，可以估算出 5 浪顶部的最大目标位和最小目标位。
- 1 浪和 3 浪如果大致相等，5 浪就极可能延长，这时 5 浪的估算方法是，先量出 1 浪底部到 3 浪顶部的距离，再乘以 1.618，并把结果加在 4 浪的底部上。
- 在常态的锯齿形调整浪中，c 浪常与 a 浪的长度相等。
- c 浪的目标位可以由 a 浪的长度乘以 0.618，然后用 a 浪的底部减去所得结果得出。
- 在平台形调整浪中，b 浪如果达到甚至超过 a 浪的顶部，那么 c 浪的长度约等于 a 浪长度的 1.618。
- 在对称三角形中，每一个相继的浪都约等于前一个浪的 0.618。

任务 2：运用证券技术指标为客户提供咨询服务

5.2　基本技术分析指标

5.2.1　超买超卖型指标

1．威廉指标（WMS）

（1）WMS 的计算方法。WMS 的计算主要是利用分析周期内的最高价、最低价及周期结束的收盘价三者之间的关系展开的。

（2）WMS 的应用法则。WMS 的应用法则也是从两方面考虑：一是 WMS 的数值；二是 WMS 曲线的形状。

1）从 WMS 的取值方面考虑。

- 当 WMS 高于 80 时，处于超卖状态，行情即将见底，应当考虑买进。
- 当 WMS 低于 20 时，处于超买状态，行情即将见顶，应当考虑卖出。
- 这里 80 和 20 只是一个经验数字，并不是绝对的。

同时，WMS 在使用过程中应该注意与其他技术指标相配合。在盘整过程中，WMS 的准确性较高；在上升或下降趋势当中，却不能只以 WMS 超买超卖信号作为行情判断的依据。

2）从 WMS 的曲线形状考虑。

- 在 WMS 进入低数值区位后（此时为超买），一般要回头。如果这时股价仍继续上升，就会产生背离，是卖出的信号。
- 在 WMS 进入高数值区位后（此时为超卖），一般要反弹。如果这时股价仍继续下降，就会产生背离，是买进的信号。
- WMS 连续几次撞顶（底），局部形成双重或多重顶（底），则是卖出（买进）的信号。

2．相对强弱指标（RSI）

（1）RSI 的计算方法。RSI 的计算公式实际上就是反映了某一阶段价格上涨所产生的波动占总的波动的百分比率，百分比越大，强势越明显；百分比越小，弱势越明显。RSI 的取值介于 0～100。在计算出某一日的 RSI 值以后，可采用平滑运算法计算以后的 RSI 值，根据 RSI 值在坐标图上连成的曲线，即为 RSI 线。

由于选用的计算周期的不同，RSI 也包括日 RSI、周 RSI、月 RSI、年 RSI 及分钟 RSI 等各种类型。经常被用于股市研判的是日 RSI 和周 RSI。虽然它们在计算时的取值有所不同，但基本的计算方法一样。

（2）RSI 的运用法则。

1）RSI 的数值发出的信号。将 100 分成 4 个区域，根据 RSI 的取值落入的区域，发出相应的操作信号，如表 5-1 所示。

表 5-1 RSI 的数值信号

RSI 值	市场特征	投资操作信号
80～100	极强	卖出信号
50～80	强	买入信号
20～50	弱	卖出信号
0～20	极弱	买入信号

"极强"与"强"的分界线和"极弱"与"弱"的分界线是不明确的，它们实际上是一个区域。如也可以取 30、70 或 25、75 等。分界线位置的确定与 RSI 的参数和选择的股票有关。一般而言，参数越大，分界线离 50 越近；股票越活跃，RSI 所能达到的高度越高，分界线离 50 应该越远。

2）两条或多条 RSI 曲线的交叉信号。我们称参数小的 RSI 为短期 RSI，参数大的 RSI 为长期 RSI。两条或多条 RSI 曲线的联合使用法则与两条均线的使用法则相同，即短期 RSI 上穿长期 RSI，属于多头市场；短期 RSI 下穿长期 RSI，则属空头市场。

3）背离信号。RSI 发出的背离信号，一般发生在超买或超卖区。当股价处于升势时，在收盘线的头部形成一峰比一峰高的峰，而 RSI 图中却出现后一个波谷低于前一个波谷，此现象为"顶背离"，是比较强烈的卖出信号。当股价处于跌势时，在收盘线的底部形成一底比一底低，RSI 图中却出现后一个波峰高于前一个波峰，此为"底背离"，此时，是比较强烈的买入信号。

4）RSI 曲线的形态信号。当 RSI 在较高的位置形成头肩顶、M 头时，是卖出的信号；当 RSI 在较低的位置形成头肩底、W 底时，是买入的信号。这些形态一定要出现在较高位置和较低位置，一般来说，离 50 越远，结论越可靠。

不过，RSI 图的各种形态所出现的时间和展示的形状与对应的 K 线图形态有所差异。这是因为股价可在 0～∞ 这个开区间任意变化，而 RSI 只能在 0～100 这个闭区间内取值，进而导致 RSI 值在不同的区域内和不同的方向上其变化的敏感度不一样，产生 RSI 图与 K 线图之间的差异。这也有助于理解为什么在超买或超卖区内会出现"背离信号"。

3. 随机指标（KDJ）

（1）KDJ 包括日 KDJ、周 KDJ、月 KDJ、年 KDJ 及分钟 KDJ 等各种类型。经常被用于股市研判的是日 KDJ 和周 KDJ。虽然它们在计算时的取值有所不同，但基本的计算方法一样。

（2）KDJ 的运用法则。KDJ 是 3 条曲线，在应用时主要从 5 个方面进行考虑：KD 取值的绝对数字、KD 曲线的形态、KD 指标的交叉、KD 指标的背离和 J 指标的取值大小。

1）从 KD 的取值方面考虑。KD 的取值范围都是 0～100，将其划分为几个区域：80 以上为超买区，20 以下为超卖区，其余为徘徊区。当 KD 超过 80 时，是卖出信号；低于 20 时，是买入信号。应该说明的是，上述划分只是 KD 指标应用的初步过程，仅仅是信号，完全按这种方法进行操作很容易招致损失。

2）从 KD 指标曲线的形态方面考虑。当 KD 指标在较高或较低的位置形成头肩形和多重顶（底）时，是采取行动的信号。这些形态一定要在较高位置或较低位置出现，位置越高或越低，结论越可靠。

对于 KD 曲线，也可以画趋势线，以明确 KD 的趋势。在 KD 的曲线图中仍然可以引进支撑和压力的概念。某一条支持线和压力线被突破，也是采取行动的信号。

3）从 KD 指标的交叉方面考虑。K 线与 D 线的关系就如同股价与 MA 的关系一样，也有死亡交叉和黄金交叉的问题。不过这里交叉的应用较为复杂，还附带很多其他条件。

以 K 线从下向上与 D 线交叉为例，K 线上穿 D 线是金叉，为买入信号。但是出现了金叉是否应该买入，还要看其他的条件。

- 金叉的位置应该比较低，是在超卖区的位置，越低越好。
- 与 D 线相交的次数。有时在低位，K 线、D 线要来回交叉好几次。交叉的次数以 2 次为最少，越多越好。
- 交叉点相对于 KD 线低点的位置，这就是常说的"右侧相交"原则。K 线是在 D 线已经抬头向上时才同 D 线相交，比 D 线还在下降时与之相交要可靠得多。

4）从 KD 的背离方面考虑。当 KD 处在高位或低位，如果出现与股价走向的背离，则是采取行动的信号。当 KD 处在高位，并形成两个依次向下的峰，而此时股价还在一个劲地上涨，这叫顶背离，是卖出的信号；与之相反，KD 处在低位，并形成一底比一底高，而股价还继续下跌，这构成底背离，是买入信号。

5）在实际使用中，常用 J 线。J 常领先 KD 值显示曲线的底部和头部。J 指标的取值超过 100 和低于 0 都属于价格的非正常区域，大于 100 为超买，小于 0 为超卖。

另外，随机指数还有一些理论上的转向讯号：当 K 线和 D 线上升或下跌的速度减弱，出现屈曲，通常表示短期内会转势；K 线在上升或下跌一段时期后，突然急速穿越 D 线，显示市势短期内会转向；K 线跌至 0 时通常会出现反弹至 20～50，短期内应回落至零附近，然后市势才开始反弹；如果 K 线升至 100，情况则刚好相反。

5.2.2 趋势型指标

1. 移动平均线（MA）

（1）MA 指标含义。移动平均可分为算术移动平均线（SMA）、加权移动平均线（WMA）和指数平滑移动平均线（EMA）三种。在实际应用中常使用的是指数平滑移动平均线。

天数 N 是 MA 的参数。如 10 日的 MA 简称为 10 日线[MA(10)]。同理，有 5 日线、15 日线等概念。起点的移动平均值可用起点的收盘价代替。

根据计算期的长短，MA 又可分为短期、中期和长期移动平均线。通常以 5 日、10 日线观察证券市场的短期走势，称为短期移动平均线；以 30 日、60 日线观察中期走势，称为中期移动平均线；以13周、21周研判长期趋势，称为长期移动平均线。西方投资机构非常看重200天移动平均线，并以此作为长期投资的依据：若行情价格在200天均线以下，属空头市场；反之，则为多头市场。

由于短期移动平均线较长期移动平均线更易于反应行情价格的涨跌，所以一般又把短期移动平均线称为"快速MA"，长期移动平均线则称为"慢速MA"。

（2）MA的运用法则。在MA的应用上，最常见的是葛兰威尔的"移动平均线八大买卖法则"。此法则是以证券价格（或指数）与移动平均线之间的偏离关系作为研判的依据。八大法则中有四条是买进法则，四条是卖出法则，如图5-7所示。

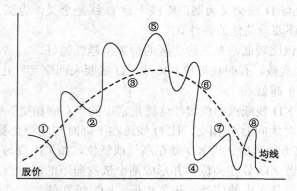

图5-6 移动平均线八大买卖法则

1）平均线从下降开始走平，股价从下上穿平均钱（① 点处）；股价跌破平均线，但平均线呈上升态势（② 点处）；股价连续上升远离平均线，突然下跌，但在平均线附近再度上升（③ 点处）；股价跌破平均线，并连续暴跌，远离平均线（④ 点处）。以上四种情况均为买入信号。

2）移动平均线呈上升状态，股价突然暴涨且远离平均线（⑤ 点处）；平均线从上升转为盘局或下跌，而股价向下跌破平均线（⑥ 点处）；股价走在平均线之下，且朝着平均线方向上升，但未突破平均线又开始下跌（⑦ 点处）；股价向上突破平均线，但又立刻向平均线回跌，此时平均线仍持续下降（⑧ 点处）。以上四种情况均为卖出信号。

2. 指数平滑移动平均线（MACD）

（1）MACD指标的含义及计算。MACD指标是从双移动平均线发展而来的，由快的移动平均线减去慢的移动平均线。MACD的意义和双移动平均线基本相同，但阅读起来更方便。当MACD从负数转向正数，是买的信号。当MACD从正数转向负数，是卖的信号。当MACD以大角度变化，表示快的移动平均线和慢的移动平均线的差距迅速拉开，代表了一个市场大趋势的转变。它是一项利用短期（常用为12日）移动平均线与长期（常用为26日）移动平均线之间的聚合与分离状况，对买进、卖出时机做出研判的技术指标。

（2）MACD 的运用法则。

1）以 DIF 和 DEA 的取值和这两者之间的相对取值对行情进行预测。其运用法则如下：

- DIF 和 DEA 均为正值时，属多头市场。DIF 向上突破 DEA 是买入信号；DIF 向下跌破 DEA 只能认为是回落，作获利了结。
- DIF 和 DEF 均为负值时，属空头市场。DIF 向下突破 DEA 是卖出信号；DIF 向上穿破 DEA 只能认为是反弹，作暂时补空。
- 当 DIF 向下跌破 0 轴线时，此为卖出信号，即 12 日 EMA 与 26 日 EMA 发生死亡交叉；当 DIF 上穿 0 轴线时，为买入信号，即 12 日 EMA 与 26 日 EMA 发生黄金交叉。

2）指标背离原则。如果 DIF 的走向与股价走向相背离，则此时是采取行动的信号。① 当股价走势出现 2 个或 3 个近期低点时，而 DIF（DEA）并不配合出现新低点，可做买；② 当股价走势出现 2 个或 3 个近期高点时，而 DIF（DEA）并不配合出现新高点，可做卖。

MACD 的优点是除掉了移动平均线产生的频繁出现买入与卖出信号，避免一部分假信号的出现，用起来比移动平均线更有把握。

MACD 的缺点与移动平均线相同。在股市没有明显趋势而进入盘整时，失误的时候较多。另外，对未来股价的上升和下降的深度不能提供有帮助的建议。

5.2.3 大势型指标

1. 腾落指数（ADL）

（1）ADL 指标的计算方法。ADL 指标的计算比较简单。日 ADL 是每日上涨股票总数与下跌股票总数的差值的累计。一般为了准确反映大势走向，都采用一段时间内 ADL 的累计值为当天的 ADL 值。

和其他指标完全不同的，ADL 指标既没有周 ADL 指标、月 ADL 指标、年 ADL 指标，也没有分钟 ADL 指标等各种类型指标，它只有日 ADL 这一种指标。

（2）ADL 的运用法则。

1）ADL 的应用重在相对走势，而不看重取值的大小。这与 OBV 相似。

2）ADL 不能单独使用，要同股价曲线联合使用才能显示出作用。

- ADL 与股价同步上升（下降），创新高（低），则可以验证大势的上升（下降）趋势，短期内反转的可能性不大，这是一致的现象。
- ADL 连续上涨（下跌）了很长时间（一般是 3 天），而指数却向相反方向下跌（上升）了很长时间，这是买进（卖出）信号，至少有反弹存在。这是背离的一种现象。
- 在指数进入高位（低位）时，ADL 并没有同步行动，而是开始走平或下降（上升），这是趋势进入尾声的信号。这也是背离现象。
- ADL 保持上升（下降）趋势，指数却在中途发生转折，但很快又恢复原有的趋势，并创新高（低），这是买进（卖出）信号，是后市多方（空方）力度强盛的标志。

3）形态学和切线理论的内容也可以用于 ADL 曲线。

4）经验证明，ADL 对多头市场的应用比对空头市场的应用效果好。

2. 涨跌比率指标（ADR）

（1）ADR 指标的计算方法。

由于选用的计算周期不同，涨跌比率 ADR 指标包括 N 日 ADR 指标、N 周 ADR 指标、N 月 ADR 指标、N 年 ADR 指标及 N 分钟 ADR 指标等很多种类型。经常被用于股市研判的是日 ADR 指标和周 ADR 指标。虽然它们计算时取值有所不同，但基本的计算方法一样。

ADR 图形是在 1 附近来回波动的，波动幅度的大小以 ADR 取值为准。目前，市场比较常用的参数为 10 和 14 等，还可以用 5、25、30、60 等。ADR 参数的选择在 ADR 技术指标研判中占有重要的地位，参数的不同选择对行情的研判可能都带来不同的研判结果。

（2）ADR 的运用法则。

1）从 ADR 的取值看大势。ADR 在 0.5～1.5 是常态情况。此时，多空双方处于均衡状态。在极端特殊的情况下，如出现突发的利多、利空消息引起股市暴涨暴跌时，ADR 常态的上限可修正为 1.9，下限修正为 0.4，超过了 ADR 常态状况的上下限。此是采取行动的信号，表示上涨或下跌的势头过于强烈，股价将有回头的可能。ADR 处于常态时，买进或卖出股票都没有太大的把握。

2）ADR 可与综合指数配合使用，其应用法则与 ADL 相同，也有一致与背离两种情况。

3）从 ADR 曲线的形态上看大势。

ADR 从低向高超过 0.5，并在 0.5 上下来回移动几次，是空头进入末期的信号。ADR 从高向低下降到 0.75 之下，是短期反弹的信号。

ADR 先下降到常态状况的下限，但不久就上升并接近常态状况的上限，则说明多头已具有足够的力量将综合指数拉上一个台阶。

4）在大势短期回档或反弹方面，ADR 有先行示警作用。若股价指数与 ADR 成背离现象，则大势即将反转。

3. 超买超卖指标（OBOS）

（1）OBOS 指标的计算方法。由于选用的计算周期不同，超买超卖 OBOS 指标包括 N 日 OBOS 指标、N 周 OBOS 指标、N 月 OBOS 指标等很多种类型。虽然它们计算时取值有所不同，但基本计算方法是一样。

可以看到 OBOS 指标的计算方法和 ADR 指标的计算方法很相似。不同的是 OBOS 指标的计算方法是选择上涨和下跌家数总数相减，而 ADR 指标是选择两者相除。选择相除还是相减是从两方面描述多空方法的差距，本质上没有大的改变，只是计算方法和侧重不同而已。ADR 指标侧重于多空双方力量的比值变化，而 OBOS 指标是侧重于多空双方力量的差值变化。

将 OBOS 值绘于坐标图上，以时间为横坐标，OBOS 值为纵坐标，将每一个计算周期所得的 OBOS 值在坐标线上标出位置并连接起来就成为 OBOS 曲线。

（2）OBOS 的运用法则。

1）根据 OBOS 的数值判断行情。当 OBOS 的取值在 0 附近变化时，市场处于盘整时期；当 OBOS 为正数时，市场处于上涨行情；当 OBOS 为负数时，市场处于下跌行情。当 OBOS 达到一定正数值时，大势处于超买阶段，可择机卖出；反之，当 OBOS 达到一定负数时，大势超卖，可伺机买进。至于 OBOS 超买超卖的区域划分，受上市股票总的家数、参数的选择的直接影响。其中，参数选择可以确定，参数选择得越大，OBOS 一般越平稳；但上市股票的总家数则是不能确定的因素，这是 OBOS 的不足之处。

2）当 OBOS 的走势与指数背离时，是采取行动的信号，大势可能反转。

3）形态理论和切线理论中的结论也可用于 OBOS 曲线。

4）当 OBOS 曲线第一次进入发出信号的区域时，应该特别注意是否出现错误。

5）OBOS 比 ADR 的计算简单，意义直观易懂，所以使用 OBOS 的时候较多，使用 ADR 的时候较少，但放弃 ADR 是不对的。

🌐 单元实训题

目　　的：使学生掌握常见的技术分析指标，能够运用技术指标分析实时的证券行情。

场　　景：在实训室模拟证券公司营业部分析股票交易行情。

客户身份：客户目前对证券市场进行短期投资，但对证券投资的技术分析指标了解很少。来到证券公司营业部，向客户经理了解证券投资技术分析中的常见分析指标，希望能够掌握几种常见的技术指标，以便在具体的投资中运用。

规则与要求：学生两人一组，一人为客户，一人为客户经理。以小组为单位，讨论证券投资的主要技术指标含义。根据图 5-7、图 5-8、图 5-9 中所给指标指出至少一个买入点（或）卖出点，并说明原因。客户经理针对客户的以上要求，选择几种较简单实用的技术分析指标，详细地向客户介绍它们的原理和应用法则。

评　　价：根据小组对问题解释阐述的合理性与准确性，由学生互评和教师总评。

1. 请根据图中所给的 KDJ 指标指出至少一个买入点（或卖出点），并说明原因。

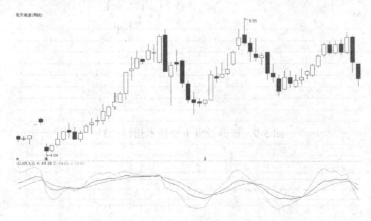

图 5-7　证券投资主要技术指标（1）

2. 请根据图中所给的 CDMA 指标指出至少一个买入点（或卖出点），并说明原因。

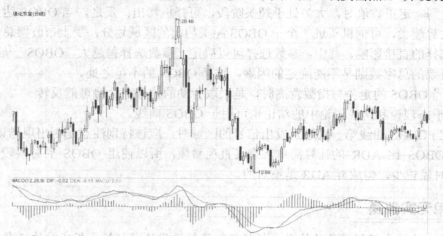

图 5-8 证券投资主要技术指标（2）

3. 请根据图中所给 2004 年 1 月份沪指的 ADR 指标分析当时的合理投资操作。

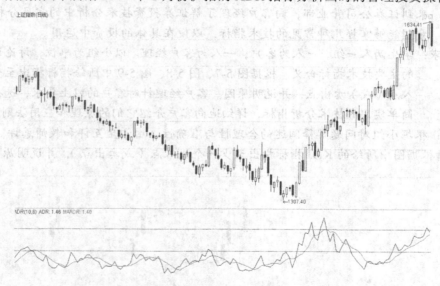

图 5-9 证券投资主要技术指标（3）

项目六

把握证券营销基本原理

知识目标
证券营销特征、证券营销理论依据、客户经理证券营销主要内容、证券营销技巧。

实训目标
培养学生具备应用证券营销基本理论、沟通的基本原则与技巧开展具体的业务。

学习导航

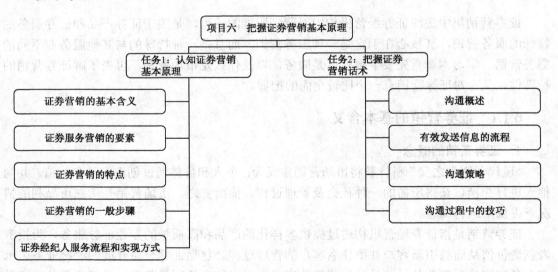

相关链接

　　元旦，某高校俱乐部前，一老妇守着两筐大苹果叫卖，因为天气十分寒冷，问者寥寥。一教授见此情形，上前与老妇商量几句，然后走到附近商店买来节日织花用的红彩带，并与老妇一起将苹果两个一扎，接着高叫道："情侣苹果呦！两元一对！"经过的情侣们甚觉新鲜，用红彩带扎在一起的一对苹果看起来很有情趣，因而买者甚众。不一会儿，全卖光了，老妇感激不尽，赚得颇丰。

　　这是一个成功进行目标市场定位营销的案例，即首先分清众多细分市场之间的差别，并从中选择一个或几个细分市场，针对这几个细分市场开发产品并制定营销组合。那位教授对俱乐部前来往的人群进行的市场细分可谓别出心裁，占比例很大的成双成对的情侣给了他突发灵感，使其觉察到情侣们将是最大的苹果需求市场，而对其产品的定位更是奇巧，用红彩带两个一扎，唤为"情侣"苹果，对情侣非常具有吸引力，即使在苹果不好销的大冷天里也高价畅销了。证券经纪做营销必须了解市场营销学基本原理，结合实际情况，开展证券营销活动。

　　（选自《中国花卉报》2012年1月6日）

任务1：认知证券营销基本原理

6.1　证券营销概述

　　证券营销集中关注证券经营机构中对营销职能的管理，是关于证券产品和证券服务的特殊的服务营销，其核心在于它是一种服务营销，而且是一种特殊的与其他服务业不同的服务营销。学习本章首先要了解什么是服务，以及什么是市场营销，再去了解证券营销的特殊性，从而对证券营销有一个比较全面的把握。

6.1.1　证券营销的基本含义

1. 证券营销的概念

　　"现代营销学之父"科特勒将市场营销定义为：个人和群体通过创造产品和价值，并同他人进行交换以获得所需的一种社会及管理过程。简而言之，市场营销是指在可赢利的情况下提供给顾客满意。

　　证券营销是指证券经营机构通过提供多样化的产品和高质量的专业证券服务，为投资者创造价值从而吸引新客户并留住老客户的管理过程。包括证券公司开展的经纪业务、承销业务和资产管理业务，这是证券营销的广义内涵。狭义的证券营销，是指证券公司证券经纪业务和证券营业部以经纪人为主的营销活动。实质上，广义的证券营销与狭义的证券营销没有本质的区别，只是涵盖的范围大小不一样。在本教材中，证券营销的含义重点集中在证券经纪业务上。

2. 证券营销的核心

证券机构的产品既包括有形产品又包括无形服务，前者以有形的设备或交易通道为基础，包括现场热自助交易设备、电话委托、网上交易等；后者包括投资产品以及证券投资咨询服务、委托理财服务等。

无形服务是证券营销的核心内容。无形服务价值大小与证券公司的研究成果以及分析师、理财顾问、客户经理等提供投资建议人员的分析水平相关，体现在投资咨询服务的质量，给客户提供的研究成果以及分析师、理财顾问、客户经理等提供投资建议，甚至体现在服务人员处理同投资者关系的技巧、工作态度、知识水平、衣着修饰等方面。

在电子信息化程度越来越高的情况下，有形产品的价值越来越小，而无形产品越来越成为证券公司的主导产品。证券公司提供的产品大多是无形产品。证券产品的效用是产品所提供的预期收益及其风险对客户需求的满足程度，这又取决于购买证券产品所获得的现实结果与预期需求目标之间相吻合的程度。投资者满足取决于证券公司提供的通道服务或咨询服务的效能与其期望值进行的比较。在证券营销中，证券公司通过提供专业化的服务满足投资者的投资需求和投资欲望，投资者为此会付出一定的费用。因此，证券营销的核心就是为投资者提供专业化的无形服务。

目前，证券公司提供的无形服务逐渐产品化，所谓产品化是指在专业的投资理念指导下，充分利用现有的各种金融投资品种，形成具有不同的投资收益和投资风险关系的金融投资组合。应该看到金融投资组合产品是动态的产品，或称之为动态的投资赢利模式。对于大多数的客户群体而言，是不具备此种投资能力的。经纪人最主要的任务就是把"产品"介绍给适宜的客户，并且根据其动态变化指导客户调整投资组合。该环节的重要性就在于它是可以产生附加服务价值的，也是经纪业务新的利润增长点。

 模拟情景设计 6-1

情　　景：实训室、会议室。

客户经理：5人一组，1人为客户，4人为客户经理，作为一个团队共同为客户解答疑问。

客户身份：客户想做股票投资，但对这一市场了解不多。

情景内容：对证券产品与超市产品的区别不明白，前来证券公司营业部咨询。客户经理根据金融产品与一般有形商品的区别，为投资者解答相关问题。

情景设计：

客户：你好，我想做股票投资，但对这一市场一点也不了解，想咨询一些问题。

客户经理：您好，欢迎您来我们公司做咨询。您有什么问题，请讲。

客户：我买的股票和一般商场里卖的商品有什么不一样的呢？

客户经理：这两者之间区别很大呢，商场里的商品是以实物为交易对象，能看得见，买商品是为了使用它。而证券市场上的交易对象则是股票、债券、基金等各种以证券形式存在的金融商品，看不见，人们在证券市场中进行交易的目的是为了获得红利、利息，以及通过买卖证券而实现的差价收入。

客户：那金融商品与实物商品在价格的决定上有什么不同呢？

客户经理：在一般商品市场上，商品价格取决于商品价值和市场供求关系。在证券市场上，各种证券自身没有价值，其价格是由市场利息率和证券收益率决定的，同时，市场供求关系、发行人的信用级别、财务状况、宏观政治经济环境、投资者心理等方面的因素也影响证券价格。

客户：一般有形商品和无形的金融商品的风险和流动性有不同吗？

客户经理：一般商品市场的商品价格对各种市场影响因素变化的反应较慢，价格波动较小，市场流动性也比较稳定。而证券市场对种种影响因素的变化十分敏感，证券价格波动很大，交易风险相对商品市场要大得多，证券这种标准化的交易形式也大大增强了市场流动性。

客户：一般有形商品和无形的金融商品的市场的功能和作用也不同吧？

客户经理：一般商品市场上的商品可以满足人们的某种特定需要，实现了实物资本的流通。证券市场上的证券是一种虚拟资本，证券的流通担负着多重市场职能。对于筹资者来说，实现了筹集资金的目的；对于投资者来说，可以为闲置资金带来收益和赚取价差的机会；对于整个社会来说，它有利于实现社会资源的有效配置和使用，从而实现社会财富的增长。

客户：那你能不能用比较通俗的语言概括一下有形商品和无形商品的区别呢？

客户经理：如果说一般有形产品是"一件物品，一种器械，一样东西"，那么金融产品可以描述为"一个行动，一项努力，一次表演"。证券服务营销的过程就像一个剧本的上演，经纪人就是演员，投资者就是观众，关键就在于如何让每一次演出都引人入胜。

客户：金融产品的无形性与一般的无形产品相比，会有什么不同吗？

客户经理：与一般的无形产品相比，证券服务有很强的无形性，客户在接受证券经纪人服务之前往往不能确定自己得到什么样的服务，比如，委托前无法预知指令执行的速度和准确性，也很难感受到服务的利益。

客户：证券营销还有什么突出的特点吗？

客户经理：证券营销的不可分性是指证券服务不能与服务的提供者分离。证券服务的人际接触度非常高，经纪人也是服务的一部分，客户自始至终参与在服务的过程中，在客户到达的同时，"生产"服务的生产与消费同时进行。例如，在证券经纪服务中当投资者发出指令后，在证券商代理买卖服务的同时，投资者也"消费"掉了。

客户：今天，在你的帮助下，我明白了一般有形商品与无形商品的区别，看出你的确对你的专业很熟悉。谢谢，再见。

客户经理：不客气，我是专业的证券投资客户经理，这是我应该具备的知识与能力。欢迎您再次来找我做咨询。再见！

3．证券营销的理论依据

营销理念经历了三种典型的营销理念，即以满足市场需求为目标的 4P 理论，以追求顾客满意为目标的 4C 理论和以建立顾客忠诚为目标的 4R 理论。

4P 营销组合策略是美国营销学者麦卡锡教授在 20 世纪 60 年代提出的，即产品（Product）、价格（Price）、渠道（Place）和促销（Promotion）。他认为一次成功和完整的市场营销活动，意味着以适当的产品、适当的价格、适当的渠道和适当的促销手段，将适当的产品和服务投放到特定市场的行为。4P 理论重视产品导向而非消费者导向，以满足市场需求为目标。

4C 理论是由美国营销专家劳特朋教授在 1990 年提出的，它以消费者需求为导向，重新设定了市场营销组合的四个基本要素，即消费者（Consumer）、成本（Cost）、便利（Convenience）和沟通（Commurication）。它强调企业首先应该把追求顾客满意放在第一位，其次是努力降低顾客的购买成本，然后要充分注意到顾客购买过程中的便利性，而不是从企业的角度来决定销售渠道策略，最后还应以消费者为中心实施有效的营销沟通。与产品导向的 4P 理论相比，4C 理论有了很大的进步和发展，它重视顾客导向，以追求顾客满意为目标。

4R 营销理论是 21 世纪伊始，《4R 营销》的作者艾略特·艾登伯格提出的。4R 理论以关系营销为核心，重在建立顾客忠诚。它阐述了四个全新的营销组合要素，即关联（Relativity）、反应（Reaction）、关系（Relation）和回报（Retribution）。4R 理论强调企业与顾客在市场变化的动态中应建立长久互动的关系，以防止顾客流失，赢得长期而稳定的市场；面对迅速变化的顾客需求，企业应学会倾听顾客的意见，及时寻找、发现和挖掘顾客的需求与不满及其可能发生的演变，同时建立快速反应机制以应对市场变化；企业与顾客之间应建立长期而稳定的朋友关系，从实现销售转变为实现对顾客的责任与承诺，以维持顾客忠诚度；企业应追求市场回报，并将市场回报当做企业进一步发展和保持与市场建立关系的动力与源泉。

根据证券公司产品的特征与客户管理核心，证券营销的理论是在 4P 和 4C 理论基础下，更加侧重于 4R 理论。

6.1.2　证券服务营销的要素

1．证券营销的主体

证券公司是由证券主管机关依法批准设立的在证券市场上经营证券业务的金融机构。证券公司的业务主要有证券经纪业务、证券承销业务、证券自营业务、研究及咨询服务、资产管理和其他服务。

2．证券营销的客体

证券营销的客体是证券投资者，证券投资者是证券市场的资金供给者，既有国内投资者，也有国外投资者。证券投资者的类型有机构投资者和个人投资者两大类。机构投资者主要有政府部门、企事业单位、金融机构和公益基金。通常这些机构在社会经济活动中的身份地位、资金来源、投资目的和投资方向各有不同，但共同的特点是投资资金量大，收集与分析信息的能力强，注重投资的安全性，通过有效的投资组合分散投资风险，对市场影响很大。个人投资者是从事证券投资的社会公众个人，他们是证券市场最广泛的投资者。他们主要的投资目的是为了追求利润，谋求资本的保值和增值，对本金的安全性及资产的流动性是最注重的。单个投资者的资金量及投资能力有限，但社会公众集合的总量十分可观，因此对证券市场的影响力还是很大的。

3. 证券营销的对象

证券营销的对象，从证券市场的角度来说，主要是股票、债券、基金。从证券公司的角度来说，主要是证券机构的服务产品，既包括有形产品又包括无形服务，前者以有形的设备或交易通道为基础，包括交易手段、交易设备，如现场电脑、委托电话等。后者包括投资产品以及证券投资咨询服务、委托理财等服务。从证券营销的角度来讲，证券公司营销的对象就是能够为投资者提供的各类无形服务。

6.1.3　证券营销的特点（见表 6-1）

表 6-1　证券营销的特点

特　　点	含　　义
无形性	证券公司提供的服务大多是无形的，客户在获得证券公司提供的服务之前，对其服务是难以用视觉、听觉和嗅觉感知的
无存货性	由于服务的生产与消费的同时性，决定了服务这一类的产品是无法保存的。客户服务不可能像商品那样保存起来，也不可能待价而沽
不可分割性	证券公司服务的供应与消费是同时进行的。由于证券公司的服务不能储存、搬运，必须在一定时间和场合下进行，且随着供给和需求的状况不同而不同
营销主体的专业性	证券营销所涉及的产品主要就是证券投资方面的服务，而证券投资是一项高风险的活动。要想获得理想的收益，不仅需要专业知识，而且要有稳定的心理素质，两者缺一不可。这也是一般投资者所不具备的
营销过程的周期性	证券市场与一个国家或地区的经济形势是紧密相连的，证券市场会按照其特有的规律上下波动，体现出一定的周期性
营销客体的特定性	证券市场受到多方面因素的影响，证券投资也面临着巨大的风险，这就需要投资者具备较强的风险承受能力。证券投资只适合那些有稳定收入、具备投资理念，并有一定的风险承受能力的人

模拟情景设计 6-2

情　　景：模拟证券公司对客户经理的培训，或证券客户经理之间的讨论。

角　　色：客户经理 A、客户经理 B。

情景内容：客户经理相互之间讨论与理解证券营销的特征。

客户经理 A：证券营销的产品具有无形性的特征，怎么去理解呢？

客户经理 B：证券公司提供的服务大多是无形的，客户在获得证券公司提供的服务之前，对其服务是难以用视觉、听觉和嗅觉感知的，客户经理为客户提供的服务也是抽象和无形的。例如，客户经理向客户提供投资建议或一些理念，提供一些市场分析报告，这些建议、理念和报告很难形象、直观、逼真地向客户展示的，只能用抽象的数字、计算、分析和推测，来表明所提供服务的优势和功能。

客户经理 A：如上所说，证券产品是无形的，那么一定和一般有形商品有存货不同吧？

客户经理 B：对，由于服务的生产与消费的同时性，决定了向客户提供的服务这一类的产品是无法保存的。这也决定了客户服务的产生和利用是在同时或相隔极短的时间内完成，客户始终参与到过程之中。如对需求者而言，错过一定时间可能就不需要了，同样对供给者而言，错过一定时间或场合就不能再提供服务。

客户经理 A：客户经理如何才能做到为客户有效服务呢？

客户经理 B：这要从证券营销的主体专业特征去理解。证券投资是一项高风险的活动，一般投资者不具备专业知识和稳定的心理素质，他们希望从专业机构和专家那里得到服务以弥补，因此作为一个证券经纪人必须具备良好的心理素质与较强的专业知识。在证券业务服务中能够充当客户的投资顾问或参谋，帮助客户分析、计算、推测和谋划。

客户经理 A：证券市场有牛市和熊市之说，证券营销与这个变化有什么关系呢？

客户经理 B：证券市场与一个国家或地区的经济形势是紧密相连的，证券市场会按照其特有的规律上下波动，体现出一定的周期性。市场的周期性造成供需之间巨大的落差，这种落差比其他行业的落差要大得多。牛市的赚钱将会成倍地放大需求，而熊市的赔钱效应则使人们的投资热情迅速冷却。在证券市场特有的周期性波动中，证券公司应采取不同的营销策略，在激烈的竞争中，特别是在市场处于熊市时积极储备能量，以便在下一轮牛市中抢占先机。

客户经理 A：作为客户经理，做证券营销时寻找客户的原则是什么呢？

客户经理 B：证券市场受到多方面因素的影响，证券投资也面临着巨大的风险，这就需要投资者具备较强的风险承受能力。因此，证券投资只适合那些有稳定收入、具备投资理念，并有一定的风险承受力的人，这就决定了客户经理营销的重点放在核心客户。

客户经理 A：关于证券营销的特征还有什么不理解的吗？

客户经理 B：没有，谢谢你。今天与你的探讨很有收获。

客户经理 A：作为一个证券公司的客户经理，这些知识对我们今后开展工作很有帮助。

客户经理 B：是的，再次感谢你给我的帮助。

6.1.4　证券营销的一般步骤

1．事先的准备

- 专业知识。
- 掌握证券产品或服务的特点。
- 感恩的心态。
- 想象你的产品或服务物超所值。
- 列出你所在的证券公司的 10 个优势。
- 精神状态的准备，静坐 15 分钟，自我放松。

2．与顾客建立信赖感

- 信赖感源自相互喜欢对方。顾客喜欢跟他一样的人，或喜欢他希望见到的人。
- 为了沟通好，必须在文字、声调、语气、肢体语言上，与对方相似或引起共鸣。沟通中文字占 7%，声音占 38%，肢体语言占 55%。通过倾听，80%的时间应由顾客讲话。
- 先问简单、容易回答的问题。要问"是"的问题、要从小事开始发问，问约束性的问题。尽量不要问顾客可能回答"否"的问题。
- 永远坐在顾客的左边，适度地看着他，认真听，不要插嘴。保持适度的提问方式，等顾客全部讲完之后，复述一遍给对方听。

3．了解客户的问题、需求、渴望，并提出解决方案并塑造产品的价值

- 询问客户现在与过去的问题、需求、渴望。
- 当与顾客初次见面时，开场白的话题可以选择家庭、事业、休闲和财务状况。
- 为了了解客户的需求可以提问。如您对证券产品的需求是做股票投资还是基金投资、债券投资，或是其他呢？您觉得这些需要中哪一个最重要呢？
- 了解客户的需求之后，证券客户经理就要提出解决方案。针对客户的需求有目标地营销公司的产品。如果顾客购买，因为产品对他有价值。如果不买是因为觉得价值不够，公司产品或服务不符合他的需求。那证券公司只能设计新的产品或服务来满足客户的需求。

4．做竞争对手的分析

一般而言，不能批评竞争对手，但可以列出自己公司产品或服务的优势，对比竞争对手的不足。在营销产品或服务时，顾客都会想：

- 你是谁？
- 我为什么听你讲？
- 听你讲对我有什么好处？
- 为什么我应该购买你的产品？
- 为什么我不应该购买竞争对手的产品？
- 我现在就购买产品？

针对以上问题，话术的思路可以从以下方面去思考：

- 您肯定要把自己闲置的资金保值或是增值吧，我们正是您所需要的证券公司，我们会帮您正确理财，会帮您赚钱的。
- 您仔细了解了证券投资市场吗，您了解证券投资的流程或规则吗？一般投资者从个人的能力或专业方面，毕竟不是专业做证券投资的，因此特别需要专业的机构帮助，这是我要跟您沟通的原因。
- 与个人自己做投资相比，机构投资的收益率更高。比如说个人做股票投资，与机构做股票投资，从总体上讲，做基金投资的机构获利的可能性更大。
- 在做投资中您最看重什么呢，比如收益率、变现性、保值、增值等。
- 您去过别的证券公司吗？我来告诉您，与他们相比，我们公司的优势。
- 请问您现在在投资上最困扰的是什么呢？

5. 处理反对意见

客户经理在与客户沟通中，要预先想到客户反对意见的可能，解决的策略是最好都通过发问的形式。客户一般性的反对意见如下：

- 我没时间。
- 我钱不多。
- 我做不了主。
- 我不了解你们证券营业部。
- 我不需要投资。

6. 成交

- 预先设计完整的"确认单"，请客户在确认单上签名。
- 或是当对方不谈话，客户经理沉默让对方签字为止。
- 在客户不与你成交时，要退而求其次，给客户留下联系方式，希望客户在有需求时与自己联系。

7. 请顾客介绍

- 询问客户周围的人有没有朋友也需要这样的产品或服务？
- 他们是否与你有一样的兴趣，本身也喜欢这样的服务产品？
- 请写出他们的名字好吗？
- 你可以立刻打电话给他们吗？
- 赞美新顾客（借推荐人之口）。
- 确认对方的需求。
- 预约拜访时间。

8. 售后服务

- 与客户不成交，客户经理要写道歉信，深感遗憾，希望有机会继续为客户服务。

- 与客户成交后，客户经理要写感谢信。
- 定时给客户寄资料。
- 定时回访。

6.1.5　证券经纪人服务流程和实现方式

1．服务流程

从证券公司的角度来说，证券经纪人服务工作流程包括四个层面，且四个层面要相互衔接，形成一个完整的客户资源开发和管理业务流程。

第一层面是最前端的市场营销和客户开发工作，核心职能是引来增量客户。

第二层面是对客户资源的维护和管理工作，核心任务是对存量客户的服务，这是业务流程中的核心环节。

第三层面是客户资源管理系统和咨询信息平台的维护工作。系统的总体维护需要依靠总公司和有关职能部门，但是营业部要做好衔接工作。这个层面工作的核心职能是为经纪人提供优质高效的工作平台。

第四层面是经纪代理业务的具体操作环节，如开户、委托、清算等，这是传统层面的工作。

从证券投资客户经理的角度来说，具体的工作任务开展的流程如图6-1所示。

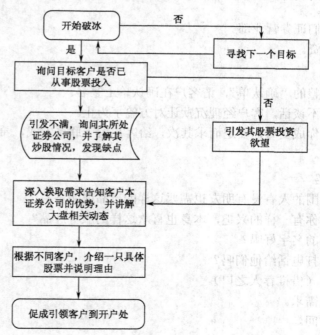

图6-1　客户经理工作流程

2．证券营销服务方式（见表 6-2 至表 6-5）

表 6-2　制定销售计划步骤

步　　骤	工作思路及方法
预计潜在客户 拟订访问计划 确定访问次数、路线和时间	● 确定重点访问对象，安排重点访问 ● 拟订访问计划，包括制定访问的程序、步骤和方式 ● 应可能有效利用时间，节省费用，准备相应材料，计划处理客户抱怨，参与大客户的会议，参与客户培训

表 6-3　寻找客户步骤

步　　骤	工作思路与方法
确定客户范围	● 根据金融产品辐射范围确定客户范围 ● 结合证券公司产品特点确定客户范围 ● 结合投资者状况确定客户范围
寻找客户的方法	● 逐户访问法 ● 广告搜寻法 ● 连锁介绍法 ● 名人介绍法 ● 电话、信函寻找法 ● 资料查询法 ● 市场咨询法
客户资格的认定	● 具有产品的购买力 ● 具有购买产品的决定权 ● 具有对产品的需求

表 6-4　约见客户的步骤

约见客户的准备	访问对象	● 直接访问客户本人。当没有条件面见客户本人时，要有技巧地与客户的接待人员交流，促使其帮助与直接客户见面
	访问时间	● 根据客户的作息时间和活动规律，恰当安排时间
	访问事由	● 销售产品、市场调研、提供服务、签订合同、走访客户
	访问地点	● 方便客户、避免干扰
约见客户的方法	当面约见	● 事先定好见面地点，时间。缩短双方距离，容易成功
	电话约见	● 事先把资料寄给客户，强调产品的利益性，电话询问客户想法
	信函约见	● 信函内容要真实，文字简明扼要，重点突出，希望对方允许约见

续表

接近客户	商品接近法	• 以商品的特点向客户接近
	社交接近法	• 自我介绍姓名、工作单位、拜访目的，递交名片和介绍信
	馈赠接近法	• 赠送精美适用的小礼品
	赞美接近法	• 真诚称赞客户优点或突出的特点，如服饰、特长
	服务接近法	• 为客户提供信息、咨询等
	问题接近法	• 明确具体地提出客户感兴趣的问题
	调查接近法	• 利用市场调查机会接近客户

表 6-5　业务洽谈步骤

步　骤	方　法	注意事项
开局阶段	见面后相互介绍、寒暄，要创建一种和谐的气氛	语言要礼貌友好，内容轻松，姿态稳重不失热情，自信不骄傲，举止大方
报价阶段	确定收费标准	既要考虑交易成功，又要考虑各自利益
磋商阶段	解决双方的分歧和矛盾	让步、阻止对方进攻、迫使对方让步
成交阶段	捕捉成交信号	当客户了解产品后，显出认真的神情，并将产品与同类产品比较，挑剔产品款式，要求降低价格等
签订合同	与客户达成协议	双方将合同内容与谈判结果进行对照，确认无误后签字盖章

任务 2：把握证券营销话术

6.2　证券服务营销话术——沟通

6.2.1　沟通概述

沟通是人类最基本、最重要的交往方式之一，任何一个社会组织和个人，都离不开沟通。沟通是维系组织、家庭和人际关系的纽带。在证券经纪人开展业务中，与客户的沟通就是营销话术的核心。

1．什么是沟通

沟通是把某一信息（和意思）传递给客体或对象，以期取得客体相应的反应和反馈的整个过程。沟通的实质是信息的传递过程。如果信息传递、交换成功，则是有效沟通，反之，则是无效沟通。

沟通中所有信息都是由符号来承载的，这些符号包括言语符号和非言语符号，如图 6-2 所示。

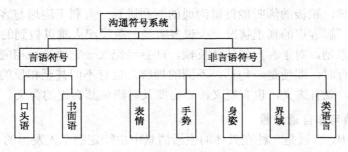

图 6-2　沟通的信息符号

沟通有许多种不同的分类，从证券经纪人的角度来说，重要的沟通类型有自身沟通、人际沟通、小组中的沟通、公共场合的沟通和大众传媒沟通。从沟通的对象来说，包括人与机沟通、机与机沟通、人与人沟通。

人与人沟通是证券经纪人话术的核心内容。人与人沟通是沟通双方的行为，而且还有渠道。人与人沟通的特点是人与人沟通信息，以语言或文字的方式实现。沟通内容包括信息沟通与情感、思想、观点及态度交流。沟通过程中心理因素发挥着重要作用，信息发出者和接受者之间要考虑对方的动机和目的，而结果会改变人的行为。沟通中会出现特殊的沟通障碍，这些障碍一方面来自信息的失真，另一方面是特有的心理障碍。沟通过程中仅有信息是不够的，只有当信息使听众做出让自己满意的反应时才算成功。因此，听众反应是最为关键的，这也是证券营销沟通和其他类型沟通的本质区别。

2. 证券营销沟通要素

- 目标：分析整个沟通过程所要解决的最终问题。
- 信息源：分析是谁发起这个沟通的行为。
- 听众：分析听众的态度——积极听众、中性听众还是消极听众。
- 信息：分析沟通的信息内容、信息的受益者、信息组织方式。
- 环境：分析沟通的内部环境和外部环境。
- 媒介：口头、笔头、电话、电子邮件、会议、传真、录像和记者招待会。
- 反馈：沟通是一个过程，而不是一个简单的行为或一个目标。

3. 证券营销沟通原则

（1）共识的原则。有效的沟通，要尽量避免以自己的身份、地位为基础去进行沟通。经纪人有多少的"共同"、"共有"及"共享"，将决定与客户沟通的程度。共同、共有、共享意味着目标、价值、态度和兴趣的共识。如果缺乏共识的感受，而一味地去尝试沟通是徒劳无益的。一位证券客户经理若只站在自己的立场上，而不去考虑客户的利益、兴趣，势必加大与客户的隔阂，从而为沟通制造无法逾越的障碍。

（2）少说多听的原则。倾听是信息来源的重要渠道，认真倾听用心分辨，就能从中获取许多重要的信息，积极的倾听能促进沟通的顺利进行，有利于沟通与客户的感情。只有多听才能更好地了解客户的真正状况。少说多听是一条经纪人难以做到的简单真理。

（3）确认的原则。对于客户的传达反馈，证券经纪人一定要进行相应的确认。这是沟通的核心原则。有时，即使是一句话，不同的理解，也有不同甚至相反的意思。有些话，在不同的语境下，既有褒义，也有贬义，一定要及时确认其真正的含义。

4．言语沟通与非言语沟通

在沟通过程中，言语是一种在具体的生活情景中由特定的个人发出的、有意义的话语，是一种充满个人色彩的、动态的、诉诸人的听觉器官的语言，是人们交流信息的主要手段。它主要由语音、词汇、语法和逻辑、语境等要素构成。

非言语沟通是指人们借助言语之外的手段如表情、手势、身姿、服饰、界域等进行的信息交流活动。人们交谈时言语所传递的信息约为 35%，非言语传递的信息约为 65%。只有 7% 来自词语，93% 来自非言语手段，而在非言语手段中体态语占 55%。体态语是通过表情、手势、身姿等非言语手段传递信息的形式。

6.2.2　有效发送信息的流程（见图 6-3）

1．确立沟通意图，明确信息发送目的（Why）

图 6-3　发送沟通信息的流程

信息发送者在沟通活动正式开始之前，首先明确自己想通过此次沟通达到什么目的，具体到每一次信息发送要实现什么目标。只有这样才能运用恰当的沟通方式和行之有效的沟通技巧，实现沟通的目的。

2．确定信息内容（What）

具体的沟通内容，从客户接收信息角度来说，能满足对方某种需要的建议，客户的反馈很积极，不能满足客户的需要或是客户不感兴趣的信息，客户会产生淡漠情绪。在现实生活中，并不是所有的沟通内容都能如愿让对方产生愉悦情绪，特别是证券经纪人在与客户沟通中，常常会遇到很多困难。这就需要客户经理应根据沟通目的而定沟通的内容，因人、因事、因时而定内容，这样沟通才能有效。

3．充分考虑信息的接收者（Who）

客户经理在沟通的过程中必须了解客户的情况，根据客户个性特征、观念、需要、兴趣、情绪等的情况，安排沟通的内容、选择沟通的方式，以期取得良好的沟通效果。特别是个性特征方面，对感情丰富的人，要动之以情；对强硬理性的人，要晓之以理；对坦诚直率的人，应以诚相待，直截了当。与性格急躁的人打交道，要语气平和，用商量或者征询的方式交谈。对高傲自大的人，应该适时地赞美他们，尽量要多听少说，多问少说。在相左的问题上应恰当点拨。对心胸狭窄的人，要表示谦恭，真诚赞美对方的优点。对冷僻的人，应多加关心，唤起其交谈的欲望。

4. 选择有效的信息发送方式（How）

发送信息可以采用不同的方式，有电话、E-mail、传真、开会、面对面沟通等。每一种方式都有自己的优点和局限性，也有不同的适用性。其中面对面沟通是证券经纪人在实际生活中最常用的方式，沟通的内容包括想表达的事实、思想和感情等；沟通的方式有语言和非语言两种。要充分调动这两种形式，全面准确地表达信息、思想和感情等完整的沟通信息，达到最有效的沟通效果。

5. 把握好沟通的时机（When）

经纪人要学会选择合适的时机向客户发送信息，这要考虑两个问题。首先要考虑客户从时间上能否从容与你沟通。只有对方有足够的时间来倾听谈话，才能完整地接收信息，才能准确地理解信息，经过分析后进行积极反馈。因此不能在别人繁忙时与他沟通，他没有时间去听，更谈不上有效沟通了。其次要考虑客户的心理与情境，要在客户心无杂念、心理平静时去沟通，在其情绪较好的时候与之沟通。

6. 选择合适的场合发送信息（Where）

与客户沟通应根据不同个体、沟通的具体内容、沟通目的等因素，事先选择适当的场合，这要考虑两个问题，一是选择场合时应适合沟通的内容需要；二是应考虑能否满足客户的心理需要。

6.2.3 沟通策略

在沟通的 7 个要素中，沟通客体策略、沟通主体策略、信息策略、渠道策略是 4 个重要的环节。而沟通客体策略与沟通主体策略是最重要的策略，在本教材中只涉及这两个方面。

1. 沟通客体策略

沟通主体在沟通前，要对沟通客体进行以下 4 个基本问题的分析，也就是证券经纪人作为沟通主体，客户作为沟通客本，双方进行沟通时，经纪人要确定沟通客户是谁，客户了解什么，他们的感觉如何，经纪人如何激发客户。明确沟通客户需要什么，这是成功沟通的出发点。具体有以下几个方面。

（1）他们是谁，以谁为中心。确定客户范畴，首先是要确定他们是谁，其次以谁为中心进行沟通。在很多沟通场合中，经纪人面对的客户可能是一个个体，也可能是一个团体，当沟通对象超过一人，就应当根据其中对沟通目标影响最大的人或团体调整沟通内容。一般来说，沟通中的客户包括 4 类（见表 6-6）。

表 6-6　沟通中客户的类型

类　别	特　点	作　用	沟通策略
最初客户	最初对象是沟通者和最终客户之间的"桥梁客户"，有权阻止信息的传递，有权决定信息是否能够传递给主要对象。分析守门人在于判断是否必须通过此人来传达信息，判断他是否会因为某些理由而改变信息和封锁信息	你的资料交给客户的最先对象，由他们决定是否递送到相关人员手中	应用沟通技巧，使最初对象能把所沟通的主要信息内容或目的及相关资料递到主要客户或关键客户手中
主要客户	主要客户决定是否接受沟通者的建议，是否按照沟通者的提议行动。各种信息只有传递给主要客户对象才能达到预期的目的	客户公司的执行机构，他们决定是否和你谈业务	与主要客户在沟通的内容、策略、渠道和方式上要做精心的设计
次要客户	次要客户是那些间接获得信息，或受到信息波及的人或团体。他们可能会对沟通者的提议发表意见，或在沟通者的提议得到批准后负责具体实施	客户公司的市场营销人员，他们会对是否与你做业务提出建议	通过非正式场合或渠道应用沟通技巧，特别是在心理上和感情上进行沟通
关键决策者	最后且可能最重要的，可以影响整个沟通结果的人	决定是否给你订单	与关键客户沟通时要把与沟通相关的内容做好全面准备

（2）客户想了解什么信息。分析客户在特定的沟通过程中，已经了解的、仍需了解的是什么。这就需要经纪人注意三个问题：客户对证券市场沟通内容的背景资料了解多少，客户对证券公司所提供的新服务等方面的信息需求是什么，客户的期望和偏好是什么等。具体内容如表 6-7 所示。

表 6-7　客户对信息需求的类型

解决的问题	了解内容	经纪人应对策略
客户对背景资料的了解	沟通主题；专门术语；背景资料	• 客户本身对背景资料较熟，经纪人无须花费时间介绍 • 客户对背景资料不熟，要求经纪人准确定义陌生的术语和行话；把主要内容简明扼要地叙述出来
客户对新信息的需求	就沟通主题需要了解新的信息；需要多少数据和例证	• 客户对信息需求较高：提供足够的例证、统计资料、数据及其他材料 • 客户对信息需求较低：提供决策的建议；经纪人应考虑客户实际需要哪些信息，而不要只考虑能为他们提供什么信息

续表

解决的问题	了解内容	经纪人应对策略
客户的期望和偏好	分析客户的沟通风格、沟通渠道和格式	• 沟通风格：在文化、组织和个人风格上的偏好，如正式的或非正式的，直接或婉转的等 • 沟通渠道：在渠道选择上的偏好，如书面或口头，字面报告或电子邮件，小组讨论或个人交谈等

（3）客户是怎么想的。分析客户的感觉，就是掌握客户会如何想，也就是要了解客户在沟通过程中的情感反应，这需要解决如表 6-8 所示的问题。

表 6-8 客户的感觉及应对策略

客户的感觉	关注的倾向	应对策略
客户对信息感兴趣的程度	正面反应	坙纪人应强调信息中的利益部分以加强客户信念
	负面反应	• 将预期的反对意见在开始时提出来，并做出反应，如列出反对意见加以沟通 • 先列出客户可能同意的几个观点。若赞成其中的两三个关键点，客户接受沟通者整体思想的可能性较大
	中立反应	强调信息中的利益部分以加强其信念
对客户提出的要求是否能做到	容易	
	较难	强化目前希望客户所做的事是有利于客户的
	很难	• 将行动细化为更小的要求 • 尽可能简化步骤，如设计便于填写的问题列表 • 提供可供遵循的程序和问题清单

（4）激发客户兴趣的方法（见表 6-9）。

表 6-9 激发客户兴趣的方法

方 法	内 容	应对策略
从客户的利益激发	• 经纪人要强调价值或重要性 • 对客户事业发展的益处 • 对客户任务完成的益处，对客户个人发展的益处	• 找到客户的价值需求 • 尽可能掌握客户的信息 • 明确对象利益 • 了解引起客户需求动机的感受
从客户经理的可信度激发	确立共同价值观	构建与客户的"共同出发点"
	传递良好意愿	投桃报李，互惠互利
	从沟通的开场白就吸引客户的注意力	• 一开始就列举客户可能得到的利益 • 采用"提出问题—解决问题"的模式 • 讨论和明确话题与客户之间的关系

续表

方 法	内 容	应对策略
从沟通的内容结构安排来激发	从内容安排增强沟通中的说服力	• 直接灌输法：列举反对意见并加以驳斥 • 循序渐进法：将行动细化为可能的最小要求，逐步得到最大的满足 • 双向比较法：将客户可能提出的反对意见与自己强调的观点加以比较阐述
	在沟通的结尾，简化目标和实现步骤	• 列出便于填写的问题表 • 列出下一步骤和下一行动的具体内容

2. 沟通主体策略

沟通主体在沟通时会遇到一些沟通障碍，经纪人作为沟通主体必须客观地认识自身的特征，明确沟通的目标，选择恰当的沟通渠道，采取积极的倾听策略和自我控制策略，才能取得有效的沟通结果。在沟通主体分析过程中，要明确三个问题（见图6-4）。

图 6-4　沟通主体策略

（1）沟通者的可信度。可信度就是在沟通中对方感觉到自己是值得信任的。经纪人要分析自己在客户心目中的可信度，就是客观地分析客户对自己的看法，经纪人的可信度将影响到与客户的沟通方式与沟通效果。影响经纪人可信度的因素有专业知识、身份地位、外表形象、共同价值等。

沟通者自身的专业技术水平和素质，特别是知识能力，是构成沟通者可信度的内在要求。经纪人的外表形象，是产生吸引力的外在因素，当经纪人有良好的外表形象时，能强化客户喜欢你的欲望。经纪人和客户的共同价值，包括道德观、行为标准等，成为沟通双方良好的人际关系和持续沟通的本质要素，尤其是沟通双方在沟通开始就建立共同点和相似点，将信息和共同价值联系起来，就可迅速提升经纪人的可信度。在服装、语言表达方式和身份地位方面，有时要强调自身的头衔与地位，可以增强自身的可信度（见表6-10）。

表 6-10　影响经纪人可信度的因素和技巧

因 素	建立基础	对初始可信度的强调	对后天可信度的加强
身份地位	等级权利	强调你的头衔或地位	将你与地位很高的某人联系起来
专业知识	知识和能力	包括经历和简历	将自己与客户认为是专家的人联系起来，或引用他人的话语
外表形象	吸引力	强调客户认为有吸引力的特质	通过认同你的客户利益来建立你的形象；运用客户认为活泼的非语言表达方式
共同价值	道德准则	在沟通开始时就建立共同点和相似点，将信息与共同价值结合起来	

（2）沟通目标和策略的确定。

1）沟通目标的确定。任何一个客户经理在沟通行为发生之前，都必须明确自己的沟通目标。这种目标可分为三个层次：客户经理期望实现的最根本结果，指导客户经理走向总体目标的具体过程中的目标，以及每一次的沟通目标。

2）策略的选择。沟通者策略，即证券经纪人为达到某一目标，通过自身的特点、身份背景、地位、素质等的分析，采取相应的策略去实现沟通的目标。在具体的沟通中，客户经理根据自己对沟通内容的控制程度和沟通对象的参与程度不同，可采取四种不同的沟通形式，即告知、说服、征询、参与（见表6-11）。

表6-11 经纪人选择沟通策略的类型与特点

类 型	特 点	要 求
告知策略	用于客户经理在权威或信息掌握程度上处于完全的控制地位，沟通者仅仅是向客户叙述或解释信息或要求	沟通的结果在于让客户接受客户经理的理解和要求
说服策略	客户经理在权威或信息方面处于主导地位，但客户有最终的决定权，前者只能向对方建议做或不做的利弊，以供对方参考	当客户经理的目标在于让客户根据自己的建议去实施这样的行为
征询策略	客户经理希望就计划执行的行为得到客户的认同，或客户经理希望通过商议来共同达到某个目的	这种沟通行为需要在前期已做了大量的有效沟通工作
参与策略	沟通者双方最初可能并没有形成最后的建议，需要通过共同讨论去发现解决问题的办法	客户经理与客户有最大程度的合作性

（3）渠道策略的选择。沟通渠道的选择是指对传播信息的媒介的选择。传统渠道有口头和笔头；新型渠道有传真、电子邮件、语音信箱、电子会议、电话、电话会议、电子公告版、新闻小组等。不同沟通渠道与选择的影响因素如表6-12所示。

表6-12 不同沟通渠道的特点

沟通渠道	特 点	适 用
书面沟通	• 沟通信息需要记录和保存 • 处理大量细节问题 • 采用精确的用词 • 让客户更迅速地接受信息	正式的、重大的项目决策沟通
口头沟通	• 需要更为丰富的表达效果 • 在严格与持久性方面的要求较少 • 无须永久记录	随机的、非正式场合的，事中沟通

续表

沟通渠道	特　点	适　用
正式沟通	• 法律问题的谈判 • 关键要点和事实的表达 • 精确、内敛、技术性与逻辑性强	重要事件的讨论与谈判
非正式沟通	获取新的观念和新的知识，迅速、交互性强、反馈直接、较灵活	随机的、非正式场合的，事中沟通

 模拟情景设计 6-3

情　　景：在实训室模拟客户经理与客户面对面沟通。

客户经理：两人一组，一人为客户经理，一人为客户。

客户身份：客户是某企业的总经理王先生，50岁左右，初中毕业，很有闯劲，企业管理能力很强，所经营的企业效益非常好。曾经在4年前做过证券股票投资，赢利微薄。对证券公司的产品不太感兴趣，对证券市场了解不多。

情景内容：客户经理掌握沟通的主体策略，并转化为与客户有效沟通的能力。

情景设计：

　　客户经理：王先生，您好，我是某证券营业部的区域经理小李。您的好友段鸿飞先生要我来找您，这是他的介绍信。

　　客户：您好，请坐。

　　客户经理：王总，我听段总说，跟您做生意最痛快不过了。他夸赞您是一位热心爽快的人。我今天来想和您好沟通一下关于理财方面的事情。

　　客户：我不了解你们公司。

　　客户经理：我们公司是国内的年轻券商，它有良好的经营理念、宗旨和骄人的业绩，我刚好带了一份公司的资料，送给您看一下吧。相信您一定会对它有很好的印象。

　　客户：我曾经做过股票投资，没有赚钱，反而赔了钱。

　　客户经理：哦，原来是这样。投资学是一门专业的学科，您看，我本人学的专业就是金融学，在这个行业已经工作了五个年头了，现在做专业的投资理财顾问。对这个市场有一定程度的了解和认识，可能会给您一些有用的信息。

　　客户：我现在还不太了解证券市场，所以目前也不准备投资。

　　客户经理：这正是我愿意与您接触的原因。我们公司在过去的几年中培养了若干成功的投资人，他们也是从"不了解"起步并逐步实现自己的愿望的。您现在不准备投资并不说明您未来也不准备参与。如果您在未来有投资打算，请您选择我们公司，因为它是非常好的理财顾问。

　　客户：你们公司有专门做投资研究的人员？

客户经理：我们公司是一个专业的证券投资公司，有一个很强的证券投资市场做专业研究的团队，会定期给客户提供证券市场投资方面的信息或建议。我会定期给您发送我们公司的研究报告。这是我们公司最新的证券市场投资研究报告，请您方便时浏览一下。

客户：谢谢，我会抽时间看的。到你们证券公司进行投资可以保证赢利吗？

客户经理：证券市场的机会要善于捕捉才能赢利，凭借我们公司研究人员的智慧和客户经理良好的服务，您所得到的机会可能更多。

客户经理：好的，再见！

客户：再见！

3. 系统制定沟通方案的步骤

- 本次沟通的目标是什么？取得客户对自己建议的认同为实现了这个目标，沟通过程中一个基本原则是，整个沟通必须坚持以事实和问题为导向，避免以人身为导向。
- 在沟通客体策略上，充分掌握客户的背景，即他们的心理特征、价值观、思维方式、管理、风格、偏好和知识背景，包括学历和文化层次、专业背景如何。要直接了解客户为什么不愿意接受证券产品的原因。这一点很重要，要搞清客户是因为对这个市场不了解，还是因为证券公司所提供的服务与他们所需要的有差距。
- 在沟通主体策略上，要分析自身的特点，对自我恰当定位。弄清楚"我是谁"和"我在什么地方"。客户经理要明确自身的可信度，考虑客户对自己的认同可能性程度，分析自身的知识与阅历，以及在业内的地位和影响力。对自己的地位和身份有合理的认识，这关系到客户对客户经理的认可，不要认为是证券公司的客户经理就能与企业的高层去沟通，在不同的公司之间的越级沟通，往往是行不通的。
- 在沟通场合的选择上，要尽量选择与对方特点和自身特点相适应的沟通场合。
- 分析沟通信息的内容、表达方式、信息的客观性和被认同性。弄清楚客户经理自身对问题看法的客观程度，对目标问题考虑的深入程度和系统程度。如果自己所提出的，只有问题，没有对策，那么最好不要提出。

6.2.4　沟通过程中的技巧

一个新入行的经纪人要成为营销话术的高手的路程是漫长的，需要勤奋和执著、用心体会和感悟、用脑总结和思考。需要有知识的宽度与深度，知识的系统性。具备逻辑能力、应变能力，特别要具备语言的驾驭能力。一个完整的沟通过程包括信息的发送、接收和反馈。在这样一个双向互动的过程中，怎样使沟通产生好的效果，实现沟通的目的，就需要掌握沟通的技巧。

1. 倾听的技巧

倾听是有效沟通的重要条件之一。学会倾听可获取重要的信息，可掩盖自身弱点，善听才能善言，能激发对方的谈话欲，能发现说服对方的关键，倾听可使你获得友谊和信任。对于证券经纪人而言，细心倾听他人的意见，擅长倾听同事、下属、客户的建议，能及时获得信息并对其进行思考和评估，是开展营销业务的重要手段之一。

（1）在不同环境下倾听的效果与障碍（见表6-13）。

表6-13　不同环境中倾听的效果与障碍

环境类型	封闭性	氛围	对应关系	主要障碍源
办公室	封闭	严肃、认真	• 一对一 • 一对多	不平等造成的心理负担，紧张，他人或电话打扰
会议室	一般	严肃、认真	一对多	对在场他人的顾忌，时间限制
现场	开放	可松可紧、较认真	一对多	外界干扰，事前准备不足
谈判	封闭	紧张、投入	多对多	对抗心理，说服对方的愿望太强烈
讨论会	封闭	轻松、友好积极投入	• 多对多 • 一多对	缺乏从大量散乱信息中发现闪光点的洞察力
非正式场合	开放	轻松、舒适散漫	• 一对一 • 一对多	外界干扰，易跑题

（2）提高倾听的效果的原则如表6-14所示。

表6-14　倾听的原则

倾听原则	要求	避免
专心原则	要求以积极的态度，真诚坦率地倾听。了解说话的内容，懂得欣赏对方，回答能切中要点。有效倾听的第一步是认识到倾听是有价值的信息收集活动	• 听而不闻 • 假装倾听
移情原则	理解说者的意图而不是你想理解的意思。站在对方的角度理解对方的意图	受自己的情感、观念和偏见影响沟通
客观原则	客观倾听内容而不迅速加以价值的评判，不要以自我为中心	断章取义
完整原则	要求倾听者对信息发送者传递的信息有一个完整的了解。即获得传递的沟通内容，又获得发送者的价值观和情感信息	对自己不感兴趣的内容不听，或是只理解表面意思

（3）倾听的要求与技巧如表6-15所示。

表 6-15　倾听的要求与技巧

要　求	具体内容	技　巧
要听清事实，听出思想情感	听事实，需要听清对方说什么，要求听者有良好的听力、一定的知识面、耐心和洗耳恭听的态度。听思想感情，是要求听者真正了解对方的意图，准确理解对方的感受，用心去听	• 尊重说话者，乐意倾听 • 控制情绪，以免情绪影响沟通 • 避免个人偏见，开放心胸 • 寻找谈话重点，略过细枝末节 • 注重谈话内容，略过表达方式
眼耳心并用，听出对方的真实意图	用眼睛观察，用耳朵听语言，用心理解对方意图	适时提出问题，引导对方
不要打断对方说话	当客户的话被打断时，心理上会产生抵触情绪，让对方感情上受到伤害，造成后面的沟通不畅，会忽略掉对方要讲的重要信息	对重要的信息，以重述的方式确认
适当给予反馈	适时表达自己的意见，肯定对方的谈话价值，配合恰当的体态语言	倾听时对重要的信息做笔记

2．面谈技巧

面谈是指任何有计划的和受控制的、在两个人（或更多人）之间进行的、参与者中至少有一人是有目的的，并且在进行过程中互有听和说的谈话。面谈的特征具有目的性、计划性、控制性、双向性、即时性。在实际面谈中要把握以下三个方面。

（1）面谈要求。

• 要把面谈与闲聊、打招呼、谈话区分开来。这是因为后者没有明确的目的，没有计划。

• 面谈要制定计划和策略。面谈要针对沟通对象的特点，结合自身特点，选择相应的信息编码策略、媒介策略和信息反馈策略。

• 面谈较笔头沟通有更高的技巧性要求。这是由于面谈的及时性特征，它更需要快速的反应、灵活的信息组织技巧、及时的客户分析技能。

（2）制定面谈计划。

• 确立面谈目的。"凡事要先确定目标"，面谈的目的往往是非常具体的。

• 设计问题。问题来源于目的，是在面谈中获取信息的基本手段。所提问题有开放式问题和封闭式问题两种类型。

（3）安排面谈内容结构如表 6-16 所示。

表 6-16　面谈的准备内容

准备内容	准备问题
为什么 （Why）	• 面谈的主要目的是什么 • 你寻求或传递什么样的信息吗 • 该面谈寻求信念和行为的转变吗 • 要解决问题的性质是什么
与谁面谈 （Who）	• 客户最可能的反应、弱点是什么 • 客户有能力进行你所需要的讨论吗
何时何地 （When， Where）	• 面谈在何地进行 • 面谈会被打断吗 • 在一天的什么时间进行 • 面谈前可能发生什么 • 你在这件事中处于什么位置
谈什么 （What）	• 确定面谈的主题和提问 • 被问问题可能是什么
怎样谈 （How）	• 如何能实现你的目标 • 你应如何表现 • 以友好的方式开始或直接切入主题，哪种效果好 • 你必须小心处理，多听少说吗 • 先一般性问题再具体问题，还是先详细问题再一般性问题 • 你如何准备桌椅 • 如何避免被打扰

3．换位思考原则与技巧

证券营销产品是一种无形产品，其营销与有形产品的营销有很大的不同，需要在不损害、甚至在改善和巩固人际关系的前提下，帮助客户进行理财。沟通的原则之一是换位思考，要求把握三个基本问题：客户需要什么？我能给客户什么？如何把"客户需要的"和"我能提供的"予以有机结合？要从换位思考的要求、在沟通内容组织和尊重客户方面加以注意（见表 6-17）。在一般情况下，与大客户沟通，在语言的表达上，言辞不能过激，表情平淡，态度谦虚。

表 6-17　换位思考原则与技巧

	具体内容	要　求
换位思考要求	不要强调为客户做了什么	要强调客户能获得什么
	尽量少谈自己的感受	多听客户的感受
	涉及褒奖内容时	多用"你"少用"我"
	涉及贬义的内容时	避免以"你"为主语，以保护客户的自我意识

续表

	具体内容	要　　求
沟通内容的组织	全面对称	要求所传递的信息是完全的、精确对称的
	简明清晰	要求避免不必要的重复；组织的信息中只包括相关的有用信息
	注重礼节	要求沟通主体在传递信息时考虑对方的情感因素，在信息内容的组织上能站在对方立场上传递信息
	谈话连贯	要求做好"轮流讲话、时间控制、主题控制"三因素，把它作为建设性沟通的关键
在尊重他人方面	表里一致原则	沟通双方所表达的和所思考的具有一致性
	认同性原则	要让沟通对方感到自己被认可、被承认、被接受和有价值，做到尊重对方、灵活开放、双向沟通
	积极倾听原则	首先，要从内在认识到倾听的重要性；其次，要从对方的立场去倾听；再次，要有正确的心态，克服先验意识；最后，要学会给对方以及时的、合适的反应

单元实训题

目　　的：应用沟通的客体策略和主体策略，做一个与客户沟通的整体方案。

规则与要求：以小组为单位，五人一组，根据沟通原则与技巧：① 设计一个与客户沟通的整体方案，包括沟通目标、沟通渠道策略、处理客户拒绝话术等；② 根据设计的方案内容，以小组为单位模拟练习客户经理与客户的沟通话术。

情　　景：模拟证券公司营业部团队工作会议，接待客户的会议室。

客户身份：客户身份是某软件企业的管理者，内向、保守、注重数据。年龄35岁，对证券市场有所了解，但从没有做过证券投资。

客户经理：必须有充分的准备，自己说的话一定要有事实和数据的支持，不要空谈观点和意见。可留给他材料，并给他时间加以反复琢磨，准备好他可能向你索取更多的资料，准备好反复交涉，分析他的思考过程，做好缜密有逻辑性的讨论的心理准备，列举建议的利弊。

评　　价：教师对客户经理所做的与客户沟通的整体方案进行评价。

项目七

运用证券营销话术开展经纪人业务

学习导航

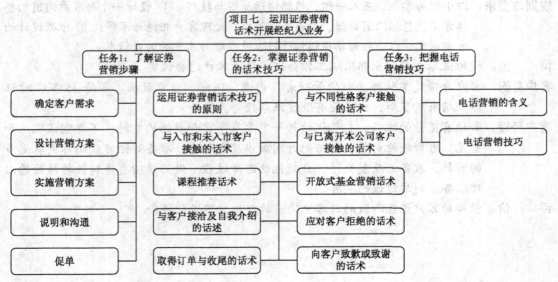

相关链接

"如何把冰卖给爱斯基摩人"是一个非常经典的销售故事，其主人公汤姆·霍普金斯是世界第一行销大师，他曾经卖房子卖到吉尼斯世界纪录。一年365天，而汤姆·霍普金斯一年就卖了365套房子，这项世界纪录至今无人打破。汤姆·霍普金斯之所以成为世界第一行销大师是因为他把世界上每一种推销技巧都运用自如，而且可以随时随地重新组合在一起。下面这个经典范例就是汤姆·霍普金斯的话术重组案例之一。

曾经有一位记者采访汤姆·霍普金斯先生："请问你是不是只会卖房子，不会卖别的东西哪？"

汤姆："我在任何地方可以把任何东西卖给任何人。"

记者："你是不是在吹牛，爱斯基摩人生活在北极，那个地方没有泥土和沙子，所以只能建筑冰屋，你可以把冰卖给爱斯基摩人吗？"

汤姆："当然可以。"

汤姆·霍普金斯现场给他做示范，这段话也是世界上最经典的话术。

汤姆："你好！爱斯基摩人。我叫汤姆·霍普金斯，我在北极冰公司工作。我向你介绍一下北极冰给你和你的家人带来的好处。"

爱斯基摩人："这太有趣了。我听说你们公司有很好的产品，但冰在这儿可不是问题，它是不用花钱的，我们甚至住在这东西里面。"

汤姆："是的，先生。你知道注重生活质量是很多人对我们公司感兴趣的原因之一，而且看得出来你也是一个注重生活质量的人。你我都明白价格与质量总是相连的，能否解释一下为什么你目前使用的冰是不花钱的呢？"

爱斯基摩人："很简单，因为这里遍地都是。"

汤姆："你说得非常正确。你使用的冰就在周围。日日夜夜，无人看管，无人照顾，不是吗？"

爱斯基摩人："噢，是的。这种冰太多太多了。"

汤姆："是的，先生。现在冰上有我们，有你有我，那边有您清除鱼内脏的邻居，北极熊正在冰面上重重地踩踏。啊，您看到企鹅沿水边留下的脏物吗？请您想一想，设想一下好吗？"

爱斯基摩人："我宁愿不去想它。"

汤姆："也许，这就是为什么您所使用的冰是如此……能说是经济合算，物超所值吗？"

爱斯基摩人："对不起，我突然感觉不太舒服。"

汤姆："我明白。给您家人的饮料中放入这种无人保护、无人看管的冰块，如果您想真正感觉舒服必须得先进行消毒，不是吗？那您是如何进行消毒的呢？"

爱斯基摩人："煮沸吧，我想。"

> 汤姆："是的，先生。煮过以后又能剩下什么呢？"
>
> 爱斯基摩人："水。"
>
> 汤姆："这样您是在浪费时间。说到时间，假如您愿意现在在这份协议上签上您的名字，今天晚上您和您的家人就能享受到最爱喝的，加有干净、卫生、美味可口的北极冰块的饮料了。噢，对了，我非常想知道您的那位清除鱼内脏的邻居，您认为他是否有兴趣了解北极冰给他和他的家人带来的好处呢？"
>
> 可见，营销中话术技巧非常关键，如果我们通过连环发问、设想与引导，让客户自己得出与我们相同的结论，找出现状中的问题，我们再卖给他解决问题的方案，客户就很容易接受我们的产品和服务了。在营销中，我们称为顾问营销法。在本案中，汤姆·霍普金斯能使客户逐渐认识到纯净卫生的冰是他们所需要的时候，他就可以顺利地把冰卖给他们了。那么，如何制定营销方案？营销需要经历哪些步骤？营销方法有哪些？证券营销需要掌握哪些话术？学习本章内容，您将得到全面的解答！
>
> （选自 http://wenku.baidu.com/view/d8ee85f64693daef5ef73d4c.html）

任务 1：了解证券营销步骤

7.1 证券营销五大步骤

通过对证券营销基本原理的把握，我们了解到：证券营销是指证券经营机构通过提供多样化的产品和高质量的专业证券服务，为投资者创造价值，从而吸引新客户并留住老客户的管理过程，那么理论与现实如何实现有效的对接呢？

营销活动是一系列营销准备、营销心理、营销工作的总和，在这些看似复杂而多变的活动中，有一个贯穿始终的主线即本节所要谈到的证券营销五大步骤。

- 确定客户需求。从组织行为角度，可以细分市场，根据证券公司自身的优劣势分析，找准市场定位。而确定客户需求是实现这些的前提条件。
- 设计营销方案。有针对性的设计营销方案是开展营销的前提。制定方案时要充分展现自身优势，将客户的需求与自身特点有机结合，实现满足客户需求，创造客户价值的目标。
- 实施营销方案。执行有效的营销方案，是营销工作的重点。好的计划没有充分的实施能力是无用的。因此，如何确保营销方案的有效贯彻和落实是每位客户经理面临的问题。
- 说明和沟通。在营销过程中，针对客户需求的说明和有效的沟通是成功解除客户疑虑、提高客户经理信任度的重要过程。

- 促单。如同画龙点睛，这是整个营销活动成败与否的临门一脚，能否充分地观察客户的细微变化，是决定整个营销成败的关键。

7.1.1 确定客户需求

确定客户需求是营销活动首要的任务，这就好像我们要冲向目的地之前一定要先搞清楚目的地是哪里一样重要。很多初级客户经理往往容易在开始的时候忽略客户需求，而一味地为了营销而营销，将客户放置在对立面，成为目标靶。更有甚者，认为客户需求是什么根本就不重要，认为只要掌握了营销技巧就可以在最短的时间内将客户拿下。这样的思想其实并不利于营销活动的展开。所谓"知己知彼，百战不殆"，在营销过程中，准确地把握客户需求，是向客户展开说明和沟通的前提。很难想象在对客户的需求一无所知的情况下，如何将话说到客户的心坎里。如果做不到这一点，怎么可能真正打动客户呢，更不用说获得客户的充分信任了。

在证券营销中，我们的目标客户群是有从事证券投资愿望或者已经有证券交易行为的潜在客户。按照需求内容可以将其分为以下几种。

1. 基础知识需求型潜在客户

这种需求在刚刚进入证券交易，特别是股票、基金交易的客户中最容易遇到。他们拥有强烈的基础知识需求，金融知识相对较少，对于股票、基金的运行原理、交易原则等都缺乏必要的了解。对于存在这种需求的潜在客户，我们的客户经理应该更多地将营销侧重点放置在树立客户正确的投资价值观上。一些客户经理比较喜欢遇到这样的潜在客户，认为这样的客户比较好说服。其实，对于这样的客户，帮助他们树立正确的投资观，如准确区分投资与投机的关系，摆正投资心态，确定合理的投资收益空间等，将大大提高客户经理在他们心中的地位。客户经理始终与客户的立场保持一致，一方面更有利于客户经理发展客户，另一方面是让客户在今后的股票、基金投资中能够保持清醒的头脑，理性地分析，而不是因为行情的波动而产生过分的情绪波动。否则将大大增加客户经理将来的后续服务成本，如果稍有怠慢，还会使客户产生"用人朝前，不用人朝后"的印象，那么客户的三度开发就无从谈起了。因此，要仔细揣测基础知识需求型潜在客户的要求，并正确地加以引导。

2. 股票投资技巧需求型潜在客户

对于股票投资技巧的需求，可以说贯穿在客户投资过程的每一个环节，但从营销角度来看，这个需求对于入市时间在一年左右的客户比较容易产生共鸣。这些客户经过一段时间的股票知识学习，既有过赢利，也有过亏损，这个时候自然而然就会思考到底是什么在引导着股票价格的上升和下降。选择技术分析还是价值投资应该是困扰他们最大的问题。选择技术分析，却又不太了解都有哪些指标可以参考；选择价值投资，看着别的股票天天涨停，而自己的股票却迟迟没有启动，这样的情景恐怕每个初涉股海的朋友都感同身受。

归根结底，还是对于股票投资技巧方面知识的缺乏。

3. 信息需求型潜在客户

在股票市场中，信息是一个很重要的因素。从一定意义上来讲，市场信息获取是否全面、准确和及时是股票投资的关键所在。那么对于我国大量的散户来说，信息的获取基本上还停留在"道听途说"的阶段，我们接触到的很多客户所得到的都是通过朋友、亲戚传播的一些所谓"内部信息"。还有一部分客户则是根据网络、电视、广播等媒体中专家的只言片语就做出重大的投资决策。对于信息的需求，应该是每个希望在股票投资领域获得收益的客户的共同需求。

4. 心理需求型潜在客户

在实际的客户沟通中，我们还经常接触到一些客户，其投资理念正确、投资策略正确、投资品种也正确，但总是心里犹豫。股票价格上涨时想赶快出手，而下降时则开始埋怨没有及早清仓。这样的客户其实就是对自己的不自信，需要专业的人员在投资心理上进行肯定和指导。特别是一些刚刚入市的客户，这个特点体现得比较明显。

7.1.2　设计营销方案

针对不同的客户需求设计适合的营销方案，才能达到事半功倍的效果。在证券营销过程中，营销方案的设计需要将工夫下在台下，也就是说我们要根据可能遇到的客户需求，提前设计营销方案。否则，当与客户现场沟通的时候才想到应该有一个方案，成功概率就会大大下降。我们可以根据刚才提到的客户需求来进行简单的方案设计。

1. 对基础知识需求型潜在客户的营销

（1）方案设计目标。开发潜在客户，开立股票账户。

（2）方案实施辅助工具。笔记本电脑、宣传公司优势折页、客户端软件下载。

（3）方案实施过程。笔记本电脑现场演示行情软件，向潜在客户介绍股票基础知识，包括什么是股票、股票交易原则、K线图如何解读三个方面；现场演示客户端软件使用方法，实现人性化操作；介绍和宣传所在公司的优势，如佣金、服务或交易软件等。

（4）方案实施要点。讲解过程必须流利、顺畅，注意条理性和营销特点。如在介绍股票这个概念的时候，如果单纯地概括为"代表所有权的法律凭证"，客户也许无法充分理解。如果说"每一份股票就代表着一个上市公司的一个部分，您拥有了股票就代表着拥有了公司的一部分"，从这个角度来谈客户更加容易理解，还能够通过这个概念进而延伸出价值投资的正确投资理念。因此，在证券营销中，对于基础概念的把握，应更多地从营销角度，即客户更容易理解的角度去讲解。当然，严谨和科学性是基本前提，严禁为了营销客户而混淆概念，甚至曲解概念。

在此基础上，客户已经对股票的概念有了一个基本的把握，那么下一个问题自然就是我要投资股票的第一步需要做什么，顺理成章的答案就是到证券公司开立股票账户。因此，从第二个问题过渡到第三个问题的顺畅与否是营销的关键。在过渡过程中尽可能地引导客户发问"那么下一步我应该怎么做呢"，这样客户经理就可以很自然地过渡。如果做不到这一步，也要注意过渡的顺畅，不要急于对客户说"您就来这边开户吧"、"这边开户便宜"等。这样的结果一定是营销痕迹过重，客户本身就会产生很强的排斥感，最终使得营销活动失败。要给予客户充分的考虑时间，等信任感建立了，一切就会水到渠成。

2．对股票投资技巧需求型潜在客户的营销

（1）方案设计目标。开发潜在客户，转股票账户。

（2）方案实施辅助工具。笔记本电脑、宣传公司优势折页、客户端软件下载。

（3）方案实施过程。笔记本电脑演示行情系统，向客户询问投资的股票，并进行简单分析；结合技术分析指标（MACD、WR 等），指导客户股票投资技巧；利用宣传单页介绍公司优势；向客户介绍转户方法以及注意事项。

（4）方案实施要点。做过股票投资的客户，已经基本具备了股票投资基础知识，对买卖交易原则和基本的原理也都有所了解，在这种情况下，营销的侧重点应放在股票投资技巧方面。而且，对于这些客户，客户经理实际上不了解客户做股票投资的时间、技巧掌握的多少以及知识背景等信息，因此，在营销过程中提出有质量的问题就成为一个很重要的环节。这个环节处理得越好越有利于营销工作的进一步开展。如客户的入市时间、客户的操作习惯、客户对于股票的认知程度等都是在与客户进行初次接触时必须掌握的。在后面，我们会有一个专门的营销话术的练习，可以让我们更加深刻地体会掌握客户基本情况的重要性。

可以说，营销方案工作开展的质量将直接决定营销的成败。一个好的营销方案设计应该有很强的针对性。在充分掌握客户需求的重点信息后，针对不同的客户需求迅速做出判断，并适当调整营销策略。最后　要强调的一点是，一定要充分利用各种营销工具。好的营销思路加上适当的营销工具将使营销工作开展得更加顺利和有效。

7.1.3　实施营销方案

掌握了客户的需求并根据客户的需求制定出了好的营销方案，这些都是客户经理在正式开始营销工作的前奏。那么在真正开始接触潜在客户、开始营销活动之前，还需要特别注意实施营销方案的策略，所有的营销工作都是在这个营销策略下完成的。在这个方面把握的程度将影响营销的质量。也就是说一个正确的、合理的营销策略，将使我们开发客户更加明确，不论成功还是失败，都要总结出原因并加以改正。总的来讲，营销方案策略主要包括两个主要方面。

1．了解客户需求，掌握客户不满

客户之所以会被开发成功，也就是说，从原来的不进行股票投资到开始对股票投资感兴趣，或者由原来在 A 证券公司进行投资，而现在开始在 B 证券公司进行投资，其第一步是掌握客户对于现状的不满。客户的不满就是营销的最好契机，而平时，这些不满都是隐藏在客户心中，只有通过客户经理专业化的营销话术，才可以将这些不满充分地表现出来。

（1）必须了解的七个问题。在与客户进行初次沟通的时候，要询问客户的基本情况，这些基本情况应该包括以下几个方面：

- 客户是否正在进行股票投资？
- 客户是什么时候进入股票市场进行投资的？
- 客户目前在哪家证券公司进行投资？
- 客户目前的证券公司的佣金如何收取？提供了哪些服务，特别是特色服务？
- 客户目前的收益率情况如何？
- 客户的收益情况与证券公司有多大的关联程度？
- 客户所投资的股票目前的市值是多少？

这七个问题涵盖了客户经理需要的基本信息。获取这些信息的途径有很多，但提问肯定是最快捷和直接的方式。这七个问题中，除最后一个外都是比较容易获取的。

（2）了解客户的三个基本问题。前三个问题主要是针对客户的基本情况进行了解，也是进行预接触的寒暄。作为出色的客户经理，通过"客户是否正在进行股票投资"、"客户是什么时候进入股票市场进行投资的"、"客户目前在哪家证券公司进行投资"这三个问题，就会对客户的大概情况有一个了解，对能否营销成功有了初步的把握。这需要客户经理有良好的知识和信息储备。如询问客户什么时候进入股票市场进行投资的时候，如果客户经理对中国的股票市场从 1990 年建立以来大的历史沿革有个框架性的掌握，将大大有利于客户的开发。例如，客户回答是 1996 年入市，客户经理应该了解 1996 年的中国股票市场是一个牛市格局，股票供不应求，我国股市股民多，入市的资金额度大，而上市流通的股票少，股市呈现出明显的股票供不应求的局面。据初步统计，到 1996 年 10 月底，沪深股市登记在册的股民约有 1 800 万人，而同期沪深股市的流通股规模约为 300 亿股，平均每个股民拥有的股票只有近 1 700 股。据初步估算，我国上市公司 1995 年的每股税后利润不到 0.30 元，投资者人均收益最多只有 500 元，按人均入市资金 2 元计算，股票投资的收益率（不计交易税、费）只有 2.5%，只相当于活期储蓄利率。而由于股民在股市中频繁交易，其上缴的手续费及交易税之总和往往比流通股的税后利润之和还要多。这个情况如果能够很好地掌握，那么与客户沟通的时候就会产生很多的共鸣。

如在询问过程中了解到客户目前正在某某证券公司进行股票投资，那么客户经理应该迅速反映出该证券公司的各种客户服务内容，如佣金状况、服务质量和特色等。对于这些情况了解得越多，在客户沟通中越处于有利的位置。因为不同的证券公司对市场的定位、营销的目标客户群是不一样的，而客户并不知道这些，这也正是客户经理与客户沟通的重点。让客户了解到目前所在证券公司的特点，就可以进一步判断这家证券公司是否适合自己，进而为下一步的营销打好铺垫。

因此，客户经理应注意平时工作的积累和留存。在初期开始工作的时候也许这些资料掌握得并不多，也可以作为简单的询问进行处理。

（3）让客户发现不足的三个问题："客户目前的证券公司的佣金如何收取，提供了哪些服务，特别是特色服务"、"客户目前的收益率情况如何"、"客户的收益情况与证券公司有多大的关联程度？"这三个问题是关键性问题，通过这三个问题的询问，应该让客户开始对自己目前的处境感到不满。

1）佣金是衡量证券公司的一个重要标准。能够在基本条件不变的情况下更加合理地向客户收取佣金，是证券公司应尽之义务。然而在实际营销过程中，很多客户根本不清楚佣金的收费标准是多少，更有甚者不知道佣金是什么。这样的客户大多是对于股票知识了解比较少的。那么，客户经理第一步需要做的，就是介绍股票投资交易成本是如何计算的。还有一部分客户知道佣金是要收的，标准也知道，但觉得千分之几的差别并没有什么，不太在意。但是，如果他们了解到我们国家股票交易成本中包括印花税、交易费和证券公司收的佣金三个部分，而每个部分都是单一方向进行结算的话，恐怕就不是一笔小的费用了。因此，对于客户经理来说，了解自己所在证券公司及周边其他证券公司的佣金状况是进行有效营销的重要环节。

2）在目前中国的证券市场，对于证券公司应该提供什么样的服务，大多数客户还不是特别明确。证券公司给客户的感觉还是比较神秘，不太清楚证券公司到底是干什么的。有些证券公司也仍然停留在"坐商"的旧思想中，有待积极地转变思路，跟上市场的节奏，尽快实现营销策略的转移。客户经理要对自身能够提供的服务有一个比较透彻的了解，帮助客户更好地选择适合自己的证券公司。目前在国内，证券公司能够提供给一般客户的服务主要包括定期的理财讲座、客户账户诊断报告等，有些做得比较好的，可以给客户提供专业的客户经理，帮助客户打理一些日常的交易。这些服务的同质性很强，对于客户经理来说尚存在比较大的提升服务水平的空间。

3）最后一个问题问到了客户的资金量，这点对于中国人来说也许接受起来比较困难，那么在发问的时候就要注意技巧和时机。这个问题的了解有利于客户经理根据实际客户的资金量来提供相应的服务。

2．建立信任感，形成新的客户体验

在营销过程中，客户经理知晓哪个环节是最难的很重要。在营销中，如果就过程而言，最难的是提问；如果从结果而言，最难的应该是建立信任感。金融营销在这点体现得最为明显。因为，其他的商品经过推销员的推销，也许客户认为即使上当了，最多就是买到了不太中意的商品。而金融营销的目标是希望与客户共享信息，实现客户资产增值，这是金融营销最困难的环节。而具体的证券营销，如果让客户形成对客户经理专业水平的信任感就成为了核心。因此，从营销策略上来说，不论了解客户需求还是激发客户不满，到最终的形成促单，建立信任感、创造和形成新的客户体验都是重中之重。

一流客户经理推销理念、思想，二流客户经理推销方案，三流客户经理推销商品，末

流的什么都卖不出去。如今，许多客户经理是在"用巧克力钓鱼"。他所提供给客户的，并不是客户最关心的。要给企业家、老板推销产品，就应该时时刻刻在想这些目标客户在想什么，怎样让他认识到客户经理是在帮他。在他认识到这点之后，建立信任感就不是很困难的一件事情了。

当然，建立信任感不是一蹴而就的事情，这需要一个过程。需要注意的是，在这个过程中细节体现专业精神。从着装到言谈举止，从专业术语的使用到投资品种的熟悉程度都是客户对我们专业能力信任感建立的过程。曾经有一位客户经理成功开发了大客户，谈到经验的时候，他说："我在与客户沟通的过程中，从来都保持着语言的严谨性，从来不会说'钱'这个词，而一律用'资金量'来代替。永远不会听我说出'您的基金买了还是卖了'，而是说'申购还是赎回'，因为这些都是专业术语，有其严谨性的一面。这样客户会很容易对我的专业水平留下深刻的印象，从而愿意与我进一步地交流。"事实上，这个客户经理开发的大量客户都是很有质量的客户，客户的忠诚度也很高。

总而言之，信任感的建立是客户经理成功的关键，而保持长期的信任感是客户经理事业发展的阶梯。

7.1.4　说明和沟通

在营销过程中，通过说明、沟通，处理客户拒绝，是一个必不可少的环节。客户经理希望每一个客户能够很快达成合作意向，但实际营销过程中，顺利成交的情况是比较少见的。更多的时候需要经过一个说明、沟通和拒绝的过程，而这个过程中采用的方式、方法对于是否可以进入促单环节是至关重要的，如图 7-1 所示。

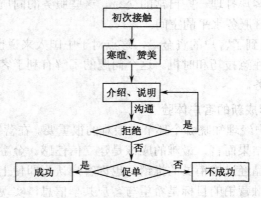

图 7-1　营销过程示意图

通过这个示意图可以看到，拒绝是营销过程中一个很重要的环节。有一句老话说"嫌货才是买货人"，这句话一个方面是说只有经过拒绝和再沟通的环节，才有可能真正使交易成功；另一个方面是说要保持好的心态，当面对拒绝的时候要有一个积极的心态，将拒绝看做与客户进行有效沟通的最好时机。这点对于新的客户经理来说最难克服。

客户经理最常遇到的拒绝说辞是"没有时间"、"暂时不考虑"、"最近比较忙"、"回头再说吧"。这些其实都是客户在拒绝我们时找的比较容易想到的托词，如果客户经理仔细思考原因，拒绝的背后一定有客户自身的考虑。换句话说，如果客户经理所说的话让他感觉到是有价值的，那么就不会有"没有时间"这样的说法了。这句话的潜台词就是："你不用再说了，我觉得你是在浪费我的宝贵时间。"因此，作为客户经理，一定要准确听出客户的话外之音、言外之意。有的客户经理听客户说没有时间，就说："我们周六、周日也可以办理业务，时间方面的问题您不需要过多担心，几分钟就可以完成。"这样显然没有解决客户心中的疑问，最终客户一定会说："我再考虑考虑吧。"于是，我们的客户经理每天都在等待客户考虑的时间中度过，等到核对业绩的时候，就说"客户总是没有时间，我有什么办法"。殊不知，这个所谓的"没有时间"是对客户经理本身的否定，这是个永远也等不到的客户。

对于拒绝的本质原因，可以从很多方面和角度进行划分，在这里仅从认识角度将证券营销的潜在客户的拒绝分为感性拒绝和理性拒绝两种。

表7-1和表7-2分别对这两种拒绝进行了分析，从中可以看到其实这些拒绝都是可以通过与客户的有效沟通来化解的。当听到客户拒绝的理由后，要进行分析，如果客户的拒绝属于理性拒绝，那么客户经理要保持冷静，要通过理性的分析让客户改变自己原先的看法。

表7-1　应对客户理性拒绝的办法

理性的拒绝		
拒绝理由	潜台词	应对方法/沟通侧重点
资金量不够	闲钱少，多储蓄	目前我国处于负利率时代，过多的银行储蓄看起来是有利息，实际上只是货币幻觉，需要通过投资来抵御通货膨胀
无需求	不了解理财的意义	理财的目标是在保值的基础上增值，而要实现这个目标，就需要将资产进行合理的配置。在这个配置中股权类投资产品是必不可少的组成部分。这里需要注意的是，客户谈到的无需求并不是指没有增加自己资金量的需求，而是没有投资股市的需求
担心风险	不了解股票/基金投资	承诺客户可以手把手将股票交易原则、基础知识等教给客户，消除客户对股票交易的陌生感和恐惧感。在实际过程中我们发现，客户经过开户、介绍和软件下载等几个环节后，基本上能够掌握股票的基础知识
股市是赌场	不了解资本市场，认识片面	有这样观点的客户都是曾经在股票市场上亏损过的客户。需要引导他们思考为什么曾经亏损那么多，是因为市场的问题还是因为自身的问题。就好像一辆宝马停在那里不会有任何的风险，而真正的风险来自驾驶宝马车的司机本身的驾驶技巧。这样，可以让客户重新开始思考什么是投资

表7-2　应对客户感性拒绝的办法

感性的拒绝		
拒绝理由	潜台词	应对方法/沟通侧重点
心情不好	有其他令他烦心的事情	对于心情不好的客户，初级的客户经理建议就不要与客户沟通了，因为很难拿捏尺度。而如果有机会的话，先不要与客户谈论营销内容，而是设身处地为他考虑，客户会感受到客户经理对他的关心，为下次营销打好铺垫
营销不可信	对人的怀疑，是否可信	客户经理一定要了解到，我们的正直、真诚在营销过程中如果没有体现出来，就等于失败。因此，在与客户接触过程中，如守时、言语得体等体现自身素质的细节要格外注意
不够专业	对人的怀疑，是否专业	对于这个问题，要看客户经理自身的专业素养到底如何。对于刚刚开始进入行业的客户经理，专业知识不是很丰富，就尽可能与客户沟通公司的优势，不要谈论股票本身的内容。如果客户经理的自身专业很好，就可以与客户沟通股票投资心得等，帮助客户树立正确的投资理念

7.1.5　促单

促使客户做出投资决策也叫做促单，是客户经理实施证券营销第一个阶段的最后一个步骤。这个步骤常常被形容为"画龙点睛"之笔，用来说明这一步骤实施的结果是影响到整个营销过程质量的重点。可以说，前期所有的工作都是为这个促单的环节所做的准备。我们也遇到过一些客户经理在前期的沟通、说明、拒绝排除等方面都做得十分出色和顺利，但就是到了促单这个环节的时候总是找不到很好的促单时机，不能使客户尽快下定决心，缺乏"一锤定音"的能力。这样一来，客户经过考虑和犹豫，可能在特定的营销环境中还能够认可某些观点，一旦脱离营销环境，前期的营销工作将很有可能前功尽弃，甚至有可能为别人做了嫁衣裳。面对这种情况，很多客户经理会说客户很难对付，或者推说运气不好，其实最关键的因素，在于客户经理能否准确地抓住客户微妙的心理变化，并乘胜追击，形成投资决策。

1. 促单的关键时刻

（1）客户的反对意见逐渐减少的时候。通过初期的说明、沟通，客户的反对意见会不断地减少，而相反认同感在不断加强，客户明确表现出对客户经理所谈的内容比较感兴趣而且认同。在这个趋势形成比较明显的时候，就需要客户经理确定重点，帮助客户下定决心，此时迅速促单的概率比较大。

（2）客户低头不语，反复查看宣传单页的时候。有些客户低头不语，往往是在反复思量客户经理所说的是否完全属实，此时客户经理一定要帮助客户树立信心，打消不必要的顾虑，帮助客户迅速下定决心。例如，一些客户经理在与客户最后交流的过程中说："您还在犹豫什么呢，我们的优势这么明显，对您也是一个负责任的态度。当然，如果哪天您对我们的服务不是很满意了，也可以随时转走嘛，对您来说也没有什么风险。"客户听到这些入情入理的话后，也就彻底打消了顾虑，实现了营销目标。

（3）客户询问细节问题的时候。当客户开始询问细节问题，就是促单时机的最准确信号。这些细节问题包括：营业部在哪里呀？客户经理们的服务到底都包括什么呀？客户经理们的佣金会不会上调？这些细节问题客户经理如果可以很好地解答，那么客户基本上都会被营销成功。

2．促单时的注意点

（1）不要过于急切，一切由客户来做决定。我们的任务是帮助客户下定决心，但并不是强迫客户接受。有些客户经理不太注意促单的方式方法，一味地以自己的感受为主导，表现得过于急迫，甚至有些时候态度上有些恶劣，给客户留下很不好的印象。要给客户充分的时间和空间去考虑，如果客户经理说的确实有道理，相信客户可以判断出来并按照客户经理所说的去处理。

（2）可以使用一些技巧来帮助促单。有些技巧在促单环节中使用，可能收到事半功倍的效果。如在确定最后的合作时间的时候，使用开放式问题"您看您什么时候方便过来营业部办理开户呢"，客户可能会说"那等有时间我给你回电话"。结果一等就等很久，也许客户已经在其他的地方办理了开户手续。而如果将问题换成"您看您是明天比较方便还是后天呢？"，客户考虑一下后可能就会说"明天没有什么特别重要的事情，就明天吧"。一些小的技巧的使用将大大提高客户经理的营销效率。

任务 2：掌握证券营销的话术技巧

7.2 　证券营销话术技巧

7.2.1　运用证券营销话术技巧的原则

营销话术是在平时的实践生活中总结出来的一整套营销沟通内容，里面包含了很多营销思路和营销技巧，是从事证券客户经理，特别是刚入行的客户经理在开展营销工作时需要的。通过营销话术，客户经理可以迅速展开与客户的说明、沟通和解释，通过引导思路，把握话题主动权等原则来把客户的需求进行拆解、细化、明确，从而实现提高客户认可度和信任感的目标。营销话术的原则表现在以下几个方面。

1．话术因人而定

话术要因时间而异、因人而异，不同的人有不同的乐于接受的方式，所以在做证券营销时，客户经理要想使自己被别人接受，达到推销目的，就必须先了解对方乐于接受什么样的方式。针对他们的不同，采取不同的话术，研究并熟悉他们，努力扩大应对的范围，优化应对方法。

对客户进行分类可以有多种形式：按照客户投资情况划分，可以分为已经做过投资的客户和尚未进行投资的客户；按照客户专业程度，可以分为专业客户和非专业客户；按照客户资产量划分，可以分为大资金量客户和小资金量客户等。

2．话术无固定模板

任何营销话术本身都没有固定的模板，尤其是针对证券产品和服务的营销更是如此。在实践过程中需要仔细揣摩客户心理，随时调整营销话术，吃透营销话术背后的逻辑关系才是最为关键的环节。

7.2.2　与不同性格客户接触的话术

1．接触容易成交的客户及对应的话术

（1）温和有礼的客户。能遇到这种类型的客户，实在是幸运。他拘谨而有礼貌，不会对客户经理有偏见，而且还对客户经理充满敬意，他会对客户经理说："做证券营销是一项了不起的工作。"

温和有礼的客户不会撒谎，对客户经理说的话他会认真地听。但你的态度如果过于强硬，他也不买账。他不喜欢别人拍马屁，因此还是诚心相待为上策。对这种人，客户经理一定要有"客户一定会在我们公司做投资"的自信。客户经理应该详细地向他说明在本营业部做投资的优势，而且要彬彬有礼，显示出自己的专业能力。

（2）知识渊博的客户。知识渊博的人是最容易面对的客户，也是最容易让销售受益的客户。

面对知识渊博的客户，应该抓住机会多注意聆听对方的话，这样可以吸收各种有用的知识及资料。客户经理客气而小心聆听的同时，还应给以自然真诚的赞许。这种人往往宽宏、明智，要说服他们只要抓住要点，不需要太多的话，也不需要用太多的心思，就很容易达成交易。

（3）冷静思考的客户。冷静思考的客户可能喜欢靠在椅背上思考，口里衔着烟，有时则以怀疑的眼光观察，有时候甚至会是一副厌恶的表情。初见面时，他可能也会礼节性地对待客户经理，但他的热情仅止于此。他把客户经理当成演员，他当观众，一言不发地看客户经理表演，让客户经理觉得有点压力。在客户经理向他讲解公司的服务时，他虽然并不专心，但他仍然会认真地分析客户经理的为人，想知道客户经理是不是很真诚。一般来说，他们大多具有相当的学识，且对证券投资或金融市场也有基本的认识，客户经理必须重视这一点。

面对冷静思考的客户，最好的办法是，注意倾听他说的每一句话，而且铭记在心，然后从他的言辞中推断他心中的想法。此外，必须有礼貌地和他交谈，谦和而有分寸，别显

得急不可待的样子。客户经理可以和他聊一聊自己的背景，让他加深了解，以便解除戒备之心。还要学会打破僵局的办法，并且要充分地表现出自己是一个专业而优秀的客户经理。

（4）优柔寡断的客户。优柔寡断的客户遇事没有主见，往往消极被动，难以做出决定。面对这种人，客户经理就要牢牢掌握主动权，充满自信地运用推销话术，不断向他提出积极性的建议，多多运用肯定性用语，当然不能忘记强调客户经理是从他的立场来考虑的。这样促使他做出决定，或在不知不觉中替他做出决定。

面对优柔寡断的客户，作为专业的客户经理，可以这样说："您的犹豫我能理解，毕竟每个人赚钱都不容易。但如果您通过投资达到理财的目的，中国经济高速增长带来的好处您都能得到。"（继续扼要说明个人理财的好处）客户如果说："你说的有道理，我当然还是想要这些好处，可是……"客户经理就可以这样回答："那么您可以先在股票、债券或基金中，选择一种适合自己的投资方式呀。"

（5）强烈好奇的客户。强烈好奇的客户对购买根本不存在抗拒，不过他想了解商品的特性及其他一切有关的情报。只要时间许可，他愿意听客户经理的商品说明，态度认真有礼，只要客户经理能引发他的购买动机，就很容易成交。

对于强烈好奇的客户，客户经理必须主动热情地为他解说金融市场的大势，说明各类有价证券的特点，以及对他理财的好处，使他乐于接受。同时，客户经理还可以告诉他现在开证券账户正在打折，如果可能的话，用较低的佣金来吸引他，这样他们就会开户了。

（6）沉默寡言的客户。沉默寡言的客户出言谨慎，一问三不知，外表严肃，老成持重，对销售人员的宣传劝说之词虽然认真倾听，但反应冷淡，不轻易说出自己的想法。客户经理除介绍公司的服务或产品之外，还要亲切、诚恳，想办法拉拢感情，通过了解其工作、家庭、子女的拉家常方式来了解客户的真正需要。

对于沉默寡言的客户，不要强迫他说话，应该顺着他的性格，轻声说话，并且向他提一些容易回答的问题。总之，一定要让他认为客户经理所说的、所做的一切都是为了他。一般来说，销售人员应该避免讲得太多，尽量使对方有讲话的机会和体验，要表现出诚实很稳重，特别注意讲话的态度、方式和表情，争取良好的第一印象。要好好把握与这种人的关系，因为这种沉默寡言的客户反而会成为忠实的客户。

（7）性急的客户。一般来说，这种类型的人说话速度快，动作也比较敏捷。应对这种客户，首先要精神饱满，清楚、准确而有效地回答对方的问题。回答如果拖泥带水，这种人可能就会失去耐心，听不完就走。所以对这种类型的人，说话应注意简洁、抓住要点，避免扯一些闲话。

性急的客户可能在盛怒之下，拂袖而去，所以，客户经理一定要尽力配合他，说话的速度要快一点，处理事情的动作要利落一点。因为这种人下决定很快，所以，客户经理只要迎和他，这个客户就成为自己的了。

（8）侃侃而谈的客户。侃侃而谈者热情，有与其他人建立有意义关系的能力。他们是极好的合作者，愿意服从。但他们过分注重关系，对其他人的情感和需要敏感，以致不能从事完成任务的适当工作。在证券营销的过程中，要维护他们的感情，表明个人兴趣。

对于侃侃而谈的客户，要注重信任和友谊，不但研究技术和业务上的需要，而且研究他们在思想和感情上的需要；用充分的时间了解他们的感情，与客户定期保持联系，赞扬他们与人相处融洽的能力；可通过提问和倾听的技巧把他们的话引出来，如"我听您的意思是这样讲的……您是这个意思吗"，务必为他们创造一个不令人感到威胁的环境。

2．接触不易成交的客户及对应的话术

（1）令人不快的客户。令人不快的客户往往令人难以忍受，他似乎只会讲带有敌意的话，他生活的唯一乐趣就是挖苦他人，贬低他人，否定他人。这种人无疑是最令人头疼的对手，他们虽然令人伤脑筋，但也有和别人一样的想要某种东西的愿望。

令人不快的客户往往是由于难以证明自己，所以他希望得到肯定的愿望尤其强烈。对于这种人，关键是不能低三下四，必须在保持自己高贵尊严的基础上给他以适当的肯定。

（2）顽固的客户。顽固的客户一般不愿意和别人交流，即使与别人讨论事情，也往往以自己为中心，固执己见，听不进去别人的话。

对于那些顽固的客户，客户经理则要装出一副漫不经心的样子，用漠不关心的口气与他们进行投资说明，谈论投资中其他的趣事。客户会被这种方式吸引，产生好奇感，这样客户经理再说做投资或理财是有条件的，客户经理的不关心说明客户不符合条件，客户往往为了表示自己符合条件，就会有兴趣和客户经理进行沟通。

（3）自以为是的客户。自以为是的客户总是认为自己比客户经理懂得多，他会这么说"我和你们老板是好朋友"、"你们这个证券公司的服务，我非常清楚"。当客户经理介绍新的证券服务或产品时，他还经常打断客户经理："这我早就知道了。"

面对自以为是的客户，客户经理必须展示出卓越的专业知识，让他知道你是有备而来的。客户经理在与之沟通中要附和他的看法，让他觉得受到重视，之后向他简要说明你的推销目标，特别是针对产品的细节要稍作保留。可以对他说："先生，我想您对我们公司刚推出的服务已经有所了解，您是不是体验一下呢？"还可以这样讲："先生，我们的这项服务，并不是什么人都能随便享受的，您知道吗？"此时，客户就会对客户经理所推销的内容产生兴趣。

（4）性子慢的客户。有些人就是急不得，如果他没有充分了解每件事，就不能指望他做出决策。

对于性子慢的客户，千万不要与他争辩，同时尽量避免向他施加压力。与他沟通时，态度要沉着，言辞要诚恳，而且要观察他的困扰之处，以一种朋友般的关怀对待他，等到他完全心平气和时，再以一般的方法与他商谈，如"您的问题真是切中要害，我也有过这种想法，不过要很好地解决这个问题，我们还是得多多交换意见"。

（5）擅长交际的客户。擅长交际的客户热情而幽默，他们能迅速地适应一个变化的局面，不管话题是什么，总有话可讲，而且常以令人感兴趣的方式把话讲出来。其弱点是优点的延伸，有时表现过甚，被视为矫揉造作，不注意细节，对任何单调事情或必须单独做的事情都容易感到厌烦。对待这样的客户要赞成其想法、意见，不要催促讨论；让他们有时间讲话，坦率地提出新话题；研究他们的目标与需求，用与他们的目标有关的经历或例证来提出解决办法。

（6）颐指气使的客户。颐指气使者有直截了当和迅速完成任务的能力，而且固执，对别人冷淡、不关心。与感情相比，他们更加注意事情本身。

对于颐指气使的客户，客户经理向他们开展证券投资营销时要有计划、有准备、要中肯；会谈时迅速点明主旨、击中要点，保持条理性；研究他们的目标和目的，想达到什么。他们喜欢被别人羡慕，要赞扬他们的成就；坚持事实，通过谈论客户期望的结果和关心的事情，把他们的话引出来。

（7）先入为主的客户。先入为主的客户在刚和客户经理见面的时候就可能说"我只看看，不想做投资"。这种人作风比较干脆，在他与客户经理接触之前，就已经想好了问些什么，回答什么。因此，在这种状态之下，他能和客户经理很自在地交谈。

虽然先入为主的客户一开始持否定的态度，但是对交易而言，这种心理抗拒是微弱的，家庭理财的重要性与必要性的说服很容易奏效。和他们打交道，客户经理不必理会最初的抵触语言，因为那并不是真心话。只要客户经理以热忱的态度接近他，便很容易成交。此外，客户经理可以告诉他目前公司正在做优惠活动，他一定会接受。开始时客户的否定态度恰恰表明，只要条件允许他就会有投资的意向。

（8）善变的客户。善变的客户常常见异思迁，容易决定也容易改变。如果他已经在其他证券公司做了投资，客户经理仍有机会说服他换新的证券公司。不过，即使他这次成了本公司的客户，以后也不能指望他成为忠诚客户。

善变的客户表面上十分和蔼，但缺少购买的诚意。如果客户经理提出开户的要求，对方或者顾左右而言他，或者装聋作哑。在这类客户面前，要有足够的耐心，同时提出一些优惠条件供对方选择。特别是对于产品的价格，这类客户总是认为价格虚报，会要求价格打折。客户经理不要轻易答应对方的要求，否则会进一步动摇其购买的欲望。

7.2.3　与入市和未入市客户接触的话术

1．针对拟入市客户的话术

对有做股票或其他有价证券投资意向的客户开展营销，客户经理要为这类客户展示自己的专业水平与能力，主要是讲解开立证券账户所需的证券知识、投资理念、投资策略和投资技巧，以及开户的常识流程，解答客户对于投资风险的担忧。通常的话术思路如下。

客户经理：请问，您开户了没有？

客户：还没有。

客户经理：应该有不少券商来拜访您吧？

客户：嗯！是的。我想试试做股票投资，但我没有这方面的基本知识，对证券市场一点也不了解。更别说有什么技巧方法了。

客户经理：是呀，入市之前，必须要了解一些证券市场的基本知识，特别是要掌握一些投资的方法和技巧，树立正确的投资理念。

客户：是呀，在市场上被套牢的经常是那些对股票市场什么也不懂的人。

客户经理：是的，有些投资者即使一时赚了钱，但还有可能把赚的钱又赔进去。您应该听过有很多人套牢吧！其实他们本来都是赚钱的，可惜开户前没人指导就进入股票市场。

客户经理：老实讲，您选择哪个券商来为您服务都行，但我个人诚心地建议，入市前请您一定要求为您服务的券商，先指导您了解这个市场，然后您再决定开户。我个人认为，投资股票绝对是资产最快速增值的投资方式，但每一分钱都是我们的血汗钱，入市之前还是先学习保护自己的方法最重要。

客户：你说证券市场的这些内容，我又不太懂，恐怕一时半会儿学不会吧？

客户经理：您放心好了！我是证券投资方面的专业人士，我们约个时间，你看是明天还是后天下午收市后，您到我们公司来，我们共同探讨一下，好吗？最后由您自己决定，是否选择我今后为您长期服务。

客户：那好吧，我觉得你非常有诚意，就麻烦你了。

2. 针对未入市客户的话术

对没有做股票或其他有价证券投资意向的客户开展营销，客户经理要做的工作主要是通过展示自己的证券投资专业能力和水平，说明家庭或个人理财的重要性和必要性，打消客户对于证券投资风险的过度担忧。即使客户仍然不做投资，但只要客户经理专业理财的水平高，营销的话术到位，客户今后有投资的意向时还会成为回头客户。通常的话术思路如下。

客户：我不做股票投资。

客户经理：啊！是没时间还是不熟悉这个市场？

客户：原因很多啦！主要是没时间啦。

客户经理：噢！您一直忙着工作，哪有时间来想股票的事情，所以您一定觉得开户投资没必要。其实，关心一下股市行情，也不错。

客户经理：我从事证券业很多年了，得出一个重要的理念，就是"你不理财，财不理你"。我们努力地工作赚钱，但不做些投资理财规划实在是太可惜了！

客户：我不敢炒股，不是大多数人都套牢了吗？

客户经理：您说得不错，的确有一些人，特别是在市场不好的情况下，投资经常被套住。这就需要投资者在投资之前先了解一下市场，学习一些投资技巧，特别是在有经验的客户经理的指导下，就可以有效规避风险，增加获利。作为专业人士，我已经从业很多年了，对这个市场有比较多的认识与感觉，为了帮助客户理财，我仔细研究了稳健操作的方法，如果有机会为您服务的话，我很乐意提供指导，当然您可以邀请朋友一起听。

客户：我最近没时间。

客户经理：那也没关系，如果您哪天有时间了，可以和我联系，我很愿意为您服务，这是我的联系方式。

客户：好的，谢谢。

3. 针对害怕入市风险客户的话术

对于想做股票或其他有价证券投资，但又十分担心投资风险的客户开展营销，客户经理的主要工作任务就是以自己的专业水平与能力为前提，分析风险形成的原因，引导客户树立正确的投资理念，特别在规避风险的投资策略和投资方法上进行较为详细的指导，消除客户对于投资风险的过度担忧。通常的话术思路如下。

客户：我对股票没兴趣。

客户经理：您对股票不感兴趣，是觉得股市风险大，还是觉得不熟悉？

客户：嗯！我觉得风险大。

客户经理：您说的有道理，证券市场的确有很大的风险，但这是相对的，因为风险大回报也高，风险小回报也低。现在大家都知道，把钱放在银行，风险最小，但因为钱会不断地贬值，如果不做理财投资的话，一辈子也不会富有。其实，我们可选择有成长性或财务状态好的股票或基金来投资。加入 WTO 以后，我们国内会有很多上市公司会因此而受益，选择这类股票进行投资，不但回报高，风险也小。

客户：我对股票又不懂。

客户经理：开户前，我会向您介绍股市的相关知识。您也可以参考我最近提供给客户的投资建议书。您瞧！这就是我的专业服务。

客户：我的资金大部分在银行。

客户经理：哦，我的很多客户和您一样，开始时也基本上把钱存在银行里，对股票也不感兴趣，但他们后来认识到放在银行是死钱，放在股市不但回报率高，而且急需时可以随时变现。现在普通老百姓手中有点多余的钱了，除了储蓄外，应该寻找一些收益较大的市场做投资。一般来讲，银行存款只要准备六个月的家庭生活费就可以了。其他大部分的钱可转为股票、基金和保险等。我在证券市场从业多年，对市场的风险有较多的认识，当然对如何规避风险也有较多的办法。有很多客户在我的建议下，在股票市场做合理组合，应用一些投资策略，可以达到赚多赔少的目的。如果您有兴趣，我们抽时间好好交流一下，好吗？

4. 针对已入市客户的话术

对于已经做股票或其他有价证券投资的人来说，对这个市场的起起落落有较多的认识，客户开展工作的主要任务，就是以自己的专业能力为他们解决在投资中遇到的问题，给这类客户提出合理建议或是有效的解决办法。通常的话术思路如下。

　　客户经理：请问，您开户了没有呢？

　　客户：嗯！开户了。

　　客户经理：那您一定操作得还好吧？

　　客户：好什么呀，手上持股都套牢了。

　　客户经理：哦，您套牢得很深吗？为您服务的客户经理给您指导过吗？

　　客户：没有。

　　客户经理：噢！不过没关系，我们现在有缘认识，我是××证券公司的专业的客户经理，我们探讨一下投资的方法，可以吗？

　　客户：好呀。

　　客户经理：是这样子的，任何一位投资人在正式进入股市后，必须要学习一些投资的理念，这样才能保护自己少受损失，其中一个方法就是当买错股票时，在损失最小的时候止损，把风险降到最低，也就是说，宁愿卖错，也不愿意套牢。而买了好股票时也要给自己定一个赢利点，在达到自己目标时可以适当提高自己的赢利点，但当股票价格到一定高位时必须果断卖出，这样就可以保证不会被套牢了。

　　客户：嗯！原来是这样。

　　客户经理：这样吧！下周三收市后我在营业部等您，我还可以把在股市如何大赚小赔的一些方法和技巧同您再交流一下。

　　客户：好的，谢谢。

7.2.4　与已离开本公司客户接触的话术

　　与已经离开本公司的客户进行沟通，主要了解这些客户不在本公司做投资的原因，其目的一是为公司今后的工作开展总结经验，二是在可能的情况下让这类客户成为回头客户。具体的话术思路如下。

　　客户经理：您好！请问您是××先生/女士吗？我是××证券公司××营业部的，我姓×。是这样的，您以前曾是我们公司的客户，我们现在针对一些老客户做一个回访。（停顿1秒）

　　客户：好的。

　　客户经理：我想了解一下，您当初为何会离开我们营业部？（停顿，等待客户回答）

　　客户：我主要是对你们公司的服务不满意。

　　（如客户确实对营业部提出问题或不满，要求做通话记录。在通话中要肯定和感谢客户所提的宝贵意见，而且根据情况检讨以前本营业部某方面工作的不足，然后重点要强调说明：本公司的领导也已意识到了这些问题，所以现在我们已经改变了以前的做法，不断提升完善公司对客户的服务和咨询。）

　　客户经理：我们公司最近完成重组，更名为"××证券"，发展为综合类券商，大大增强了实力，就此还开通了免费电话咨询热线，为您解答一个股疑问，提供每日市场信息及时发送，为每位股民配备一位客户经理……（停顿1秒，然后继续）

客户：哦。

客户经理：需要向您特别介绍的是，原本收费的在市场上价值××元的高级会员内部证券咨询信息，现在向本公司客户免费提供，分析得很准的！（语气、语调加强）您可以顺便过来看一下。请问您本周×或本周六有没有空？（停顿，等待客户反应）

如客户是由于别人介绍或客户经理开发等原因被人挖走的，或无从回答，则要应用提问的形式开展话术。

"那么，请问您现在在哪家证券公司做股票？"（停顿，等待客户回答）

"那您觉得在那里做股票感觉怎么样？"（停顿，等待客户回答）。

客户一般会回答感觉一般或还可以吧。此时仍需继续发问，但其中还应有"哦"、"是吗"等转接词或根据情况迎合、回应客户的话。

"那里有人专门为您提供一对一的服务吗？""有人教授您投资技巧和方法吗？"（对方基本上都会回答"没有"，所以接下来应着重介绍营业部为投资者提供的咨询服务等。）

"您看，我们这现在变化很大，尤其是在咨询和服务上，您来我们这看看吧，说不定还能见到以前一起做股票的朋友……"（停顿）

"那这样吧，您今天有空吗？您到我们这来看一下，我让我们这特聘的专职分析师为您分析一下您手中的股票和近期大盘的走势，同时我还送您一张在我们这深受投资者欢迎的股市实战班的听课证，这可是价值×××。"

如果对方当天没空也没关系，可以另约时间，但需要引导客户确定确切的时间，而且告诉客户你在到时一定会在公司等他。如果客户还是不愿确定来的时间，那你必须把你的联系方式留给对方。

7.2.5 课程推荐话术

课程推荐类的话术主要针对正在做投资但不是本公司的客户，通过营销使其成为自己的客户。客户营销的产品就是聘请知名专业人士做股票投资报告，这就要求报告必须具有真正的价值，如果是不实的演讲或其他不能实现的承诺，只能是弄巧成拙。具体的话术思路如下。

客户经理：下周×我们营业部邀请了著名的理财投资大师×××老师举办大型股票投资报告会，他对市场的整体走势有很好的研究，特别是他讲的一些投资技巧和方法，非常实用和有效，您如果哪天有空一定要来听听。这些投资方法和思路，能帮助您在今后的行情中提高操作技巧，更好地把握行情。同时，我们公司的分析师还可以面对面和您做股票

分析和大势研判等。（停顿）

　　客户：我考虑一下。

　　客户经理：那么就本周日×点，我在我们营业部接待您。（语气真诚，停顿，等待回应）

　　客户：好的。

　　客户经理：我把我的联系方式告诉您，麻烦您记一下。（停顿）我姓林，叫林广，我的联系方式是139123456，您可以到××大厦3层××证券××营业部来找我，我会准时等您。

　　客户：好的，谢谢，再见。

　　客户经理：再见。

7.2.6　开放式基金营销话术

　　证券投资基金是一种利益共享、风险共担的集合投资方式，具有小额投资，费用低廉、投资风险小、专业管理、专家操作的显著特点，能够为投资者提供专业化的服务，大大简化了投资环节。基金这一有价证券产品，正得到越来越多投资者的青睐。对于那些风险承受能力低、收益预期不高的投资者而言，基金的确是一种很好的选择。作为证券客户经理，有必要掌握基金营销的话术。针对股市行情波动很大，股票比较难做时，客户不经常进行股票交易，可以向客户推荐基金投资，目的是稳定客户群。具体的思路如下。

　　客户经理：喂！您好！请问是王强先生吗？

　　客户：是的。您是哪位？

　　客户经理：王先生，您好！我是证券×营业部的，就是您现在做股票的所在营业部。我姓林，我叫林广，您称呼我小林就可以了。

　　客户：哦，您有什么事吗？

　　（如果客户经理与客户以前有过接触或认识，在这种情况下，建议在开场白中加入关心客户的内容，如"最近股票做得怎么样啊"。）

　　客户经理：是这样的，我们营业部在为投资者提供服务的过程中，发现现在这段时间，股市行情波动很大，股票比较难做。您是知道的，股市行情是有波段的，现在股市正处于一个调整期，许多投资者找不到好的投资方向和品种。（停顿）

　　客户：嗯……

　　客户经理：正是考虑到广大投资者的投资理财需求，这次我们公司为投资者精选出一个很好的投资品种——开放式基金。我们公司在众多发行的开放式基金中精心筛选了一只"××基金"，推荐给您。（停顿，等待客户反应）

　　客户：这个基金保本吗？会不会亏钱？

　　客户经理：现在绝大多数的开放式基金都不承诺保本收益，但这并非说明开放式基金的收益没有保障。而是因为一些政策法规上的原因，不允许基金公司承诺保本收益……

　　客户经理：其实该基金公司以前发行的基金，非但没有出现亏损的情况，相反其发行至今的收益达到了×%。退一万步讲，就算基金有可能出现低于面值的情况，但也只是暂时的。您换个角度想一下，如果您投资基金都亏了，那么把这笔钱投资在股票上会亏得更多。但毕竟股市不会一直低迷，只要市场一旦转好，则投资开放式基金比投资股票转亏为盈的幅度和概率要高得多！

客户经理：给您介绍实际的例子。这个基金管理公司以前发行"×××开放式基金"（具体情况介绍）。您看，相对于股票投资，基金投资虽然也要承受市场风险，但是规避风险的能力较强。如果既想只承受低风险，又想获取股票市场预期上涨的高收益，选择我给您推荐的基金是个好的办法。

客户：买基金还不如我自己做股票。

客户经理：作为个人投资者，要在股市行情好的某一时刻获利，也许可以做到。但绝大多数个人投资者很难在股市中长期稳定地获利。但基金公司不同，作为机构投资者，基金公司拥有资金优势、信息优势、投资分析优势……所以基金赚钱的概率和长期稳定性要远远高于普通投资者。

客户经理：现在已经是机构博弈的时代了。基金公司拥有资金优势、信息优势、投资分析优势，在行情好的时候基金的收益往往高于普通投资者；在行情低迷的市场中，基金的损失要远远低于一般股民。

客户经理：所以说，让那些专业人士帮您投资理财，取得高于市场平均收益的高回报，何乐而不为呢？

客户：别的销售网点打折，你们为什么不打折？

客户经理：我们提供的理财服务更加完善、专业。我公司设有专门的基金市场高级研究员，每两周做出一份《基金市场策略报告》，我们可以定期把该报告发给基金购买者。我们还会定期对基金购买者进行回访，介绍证券市场情况和基金运作情况，并根据专业判断，做出追加申购或者赎回基金份额的投资建议。因为好的理财服务和增值服务对您而言更有价值，所以我们这儿的基金认购费不打折。

 模拟情景设计 7-1

情　　景：在商业银行营业大厅

学生角色：五人一组，四人为客户，一人为客户经理。

客户身份：客户认为目前基金投资形势不好，不愿做基金投资。或是对股票型基金认识不足，或是只想投资某一只固定基金的客户话术。

情景内容：客户经理向客户做基金投资形势分析，特别推荐某一只基金。

情景设计：

客户A：现在行情不好，我不买基金，等行情好一点再说。

客户经理：从历史经验判断，在行情低迷的时候认购的新基金可能会更安全，而且投资收益会更高。您做股票肯定知道，股市行情是有周期性和波段性的，现在行情不好，大盘和各股普遍下跌，这正好大大释放了市场的投资风险，为这个新基金入场创造了更多的市场机遇。作为个人投资者往往无法准确预测行情转变时机，但基金作为机构投资者，比投资者拥有更多丰富和深层的市场信息，更能把握今后行情的转变。

例如，2002 年年底至 2003 年年初发行的许多开放式基金，虽然发行时困难较多，但是成立后的投资收益明显高于同类型的老基金，更高于股市行情火暴时发行的新基金。

客户 B：我要买保本的基金，你们的不保本。

客户经理：所谓的"保本"是相对的。它要求投资者在一定时期不得赎回（一般是 3 ~ 5 年，否则投资者将不享受基金公司的保本承诺。因此保本基金的流动性相对较差，如果投资者在封闭期内因急需资金使用而赎回保本基金，还是可能亏损。另外，保本基金必须将大比例的资金投资于国债、金融债、公司债券等固定收益品种，这部分资产的预期收益率远远低于股票投资预期收益率，所以保本基金属于低风险、低回报的基金产品。虽然在熊市时，保本基金可以提供一定百分比的本金返还，但是当股票市场处于牛市时，保本基金很难跑赢大市获得相对较高收益。

客户 B：但保本基金本金有保障呀。

客户经理：您说的没错，但风险与收益是同向的呀。股票型基金（如我们现在给您精选的。×××开放式基金），也并非收益没有保障。关于这一点我们可以看看这个基金公司以前发行的基金，大多数的收益都很可观。退一步讲，即使基金有可能出现低于面值的情况，但也只是暂时的，如果您同样以长线眼光去看待该基金，它和您所说的保本基金在资金安全上并没有多大区别。您如果预期股市长期向好，就更应该选择股票型基金。我们目前给您推荐的这只基金就是一个很好的选择。

客户 C：×××基金？没听说过，我只想买×××基金。

客户经理：现在排第一，并不代表永远会排第一。×××基金的基金经理有资深的投资背景，风险意识和风险控制能力非常强，他们准备投资的股票都会经过详细实地调研和多方认证。正如前面所说的，这只基金也是我们公司筛选过的，他以前发行过的基金收益非常靠前，说明该基金管理公司的投资水平也是很高的，我们有理由预期该基金的收益会高于市场平均水平。

客户经理：给您介绍一个实际的例子：×××基金管理公司近年的历史业绩相当优良，规模也很大，以前总共发行过×只封闭式基金、×只开放式基金，其基金总资产规模超过××亿元。旗下的××基金分红特别高（具体的数据），累计收益率也特别高（仅××个月单位基金累计净值增长率就高达××%）。这样的分红和收益，对于大多数投资者，的确是很好的投资选择。

客户 D：现在许多基金的报价都低于 1 元钱的面值，跌得那么低还买什么呀。

客户经理：是的，对于您的看法我也有同感，但这样的情况只是暂时的。您想，如果您投资基金都亏了，那么您把这笔钱投资在股票上会亏得更多。但毕竟股市不会一直低迷，只要市场一旦转好，则投资基金比投资股票转亏为盈的幅度和概率要高得多。

7.2.7　与客户接洽及自我介绍的话术

与客户第一次陌生接触，要在尽可能短的时间内让客户对我们所说的内容产生兴趣，并对客户经理本人产生信任感。

客户经理：您好，请问您办理什么业务。

客　　户：我要买国债。

客户经理：您等一下，我帮您拿单子。

客　　户：谢谢。

客户经理：（拿来单子）像您这样一大早过来排队买国债的人最近可是不多见了。

客　　户：是呀，我也觉得人少了。

客户经理：现在大家都意识到了国债的那点利息还赶不上通货膨胀呢。

客　　户：可不是吗，但总比存钱强啊。

客户经理：现在放弃国债的人都去买股票和基金了，您难道不知道吗？

客　　户：是的，可我不懂那些呀。

客户经理：那些赚了钱的新三，您以为他就真懂啊。

客　　户：这个……

客户经理：还不是像我们这样的理财顾问在帮他赚钱。

客　　户：是吗，客户经理是理财顾问啊？

客户经理：没错，我们的任务就是帮助客户进行理财规划，您只要在我这里开个户，像股票和基金什么的都可以做了。以后，我会不断给您提供帮助的。

客　　户：好的。

7.2.8　应对客户拒绝的话术

客户经理在日常的营销实践中经常会遇到客户的拒绝，而拒绝的理由又是多种多样的。这就要求我们在与客户的对话过程中找到他拒绝的真实原因，并采取相对应的话术予以化解。

- "我没时间！"

"我理解。我也老是时间不够用。不过只要 3 分钟，您就会相信，这是个对您绝对重要的议题……"

- "我现在没空！"

"先生，美国富豪洛克菲勒说过，每个月花一天时间在钱上好好盘算，要比整整 30 天都工作来得重要！我们只要花 25 分钟的时间！麻烦您定个日子，选个您方便的时间！我星期一和星期二都会在贵公司附近，所以可以在星期一上午或者星期二下午来拜访您一下！"

- "我没兴趣。"

"是，我完全理解，对一件谈不上相信或者手上没有什么资料的事情，您当然不可能立刻产生兴趣，有疑虑有问题是十分合理自然的，让我为您解说一下吧，星期几合适呢……"

- "我没兴趣参加！"

"我非常理解，先生，要您对不知道有什么好处的东西感兴趣实在是强人所难。正因为如此，我才想向您亲自报告或说明。星期一或者星期二过来看您，行吗？"

- "请客户经理把资料寄过来给我怎么样？"

"先生，我们的资料都是精心设计的纲要和草案，必须配合人员的说明，而且分别按每一位客户的个人情况再做修订，等于是量体裁衣。所以最好是我星期一或者星期二过来看您。您看上午还是下午比较好？"

- "抱歉，我没有钱！"

"先生，我了解。要什么有什么的人毕竟不多，正因如此，我们现在开始选一种方法，用最少的资金创造最大的利润，这不是对未来的最好保障吗？在这方面，我愿意贡献一己之力，可不可以下星期三或者周末来拜见您呢？"

- "要做决定的话，我得先跟合伙人谈谈！"

"我完全理解，先生，我们什么时候可以跟您的合伙人一起谈？"

- "我们会再跟您联络！"

"先生，也许您目前不会有什么太大的意愿，不过，我还是很乐意让您了解，要是能参与这个投资，对您会大有裨益！"

- "说来说去，还是要让我在你们公司做股票投资？"

"我当然是很想让您在我们公司做投资了，不过是为了带给您让您觉得值得期望的，才会让您来我们这里。有关这一点，我们要不要一起讨论研究看看？下星期一我来看您，还是您觉得我星期五过来比较好？

- "我要先好好想想。"

"先生，其实相关的重点我们不是已经讨论过吗？容我坦率地问一问：您顾虑的是什么？"

- "我再考虑考虑，下星期给您电话！"

"欢迎您来电话，先生，您看这样会不会更简单些：我星期三下午晚一点的时候给您打电话，还是您觉得星期四上午比较好？"

- "我要先跟我太太商量一下！"

"好，先生，我理解。可不可以约夫人一起来谈谈？约在这个周末，或者您喜欢的哪一天？"

 模拟情景设计 7-2

情　　景：在商业银行营业大厅内。

学生角色：两人一组，一人为客户，一人为客户经理。

客户身份：客户尚未进行投资。

情景内容：面对客户的拒绝，开展营销活动。

情景设计：

客户经理：您看您什么时候有时间到我们营业部看看呢？

客户：太远了，我工作太忙，没时间去。

客户经理：是呀，现在的上班族都很忙，工作很重要，但为自己投资理财也很重要呀，您再考虑一下，好吗？

客户：好的，以后再说吧。

客户经理：您到我公司可以试用一下我们的 VIP 服务，让我们的专家为您分析证券，这样可以大大节省您的时间、精力。

客户：我考虑一下。

客户经理：您最好安排一下，抽点时间，我们的优惠活动是有期限的，错过了非常可惜。

客户：我觉得我去你们营业部不方便，太远了。

客户经理：只要您有收益，再远的距离和您以后的收益相比，又算得了什么呢。再说我们这个地方交通很便利（说明具体的交通路线），您只需要付出半天的时间，就可以得到这么一个获益无限的机会，难道不值得您跑一趟吗？

客户经理：那您看周六或周日休息的时候，我们再打电话联系，好吗？

客户：好的，谢谢。

7.2.9 取得订单与收尾的话术

在客户经理与客户进行充分沟通后，客户已经基本认可了客户经理和其所推荐的产品，客户经理要趁其有需求时尽快将其促成。促成时需注意语气不要过于生硬，以免适得其反，引发对方的反感。另外，促成一定要趁早，随着时间的流逝，客户内心的潜在需求将逐渐变淡，促成的难度也随之变大。具体话术思路如下：

1. 客户：等我有时间去办吧。

客户经理：那我们约个时间吧，您看明天还是后天，我在公司等您。

2. 客户：你们公司在哪里呢？

客户经理：我们公司离这不远，坐车 20 分钟就到。趁着中午人不多，我现在带您去办，一会儿就能办好。

3. 客户：我这两天忙，没时间。

客户经理：您看，这两天大盘又涨了一百多点，机会不等人，您不能再错过了。赶紧抽时间来办吧。

4. 客户：不着急，以后再说吧。

客户经理：我们的优惠活动马上就结束了，您错过了就太可惜了。

客户经理与客户结束沟通时，重要的环节就是让客户留下他的联系方式，让客户记下客户经理的联系方式。具体思路如下：

客户：让我再考虑考虑……

客户经理：对，当然应该仔细考虑后再决定。不过，我想提醒您的是，每个基金的发行都有期限的，这个基金到本月×日就结束发行了。要么，您来看一下这份报告的详细资料和介绍，然后再做决定……（停顿，等待客户回答）

客户：那您怎么给我呢？

客户经理：您看明后两天您有空吗？您抽空过来一下，反正也不远，我们营业部的分析师也正好都在。您除了拿一些关于这只基金的详细介绍资料外，还可以专程来听听我们营业部花重金从上海请来的业界著名证券投资专家××老师对后续行情的分析，希望能帮助您一路长红。

客户：好，那明天下午我抽空过来一下。

客户经理：好。王先生，我给您一个我的联系方式，您身边有笔吗？麻烦您记一下。

客户：好，您说……

客户经理：我的手机号码是×××××，您以后有任何问题可以随时打电话找我。

客户：好，谢谢。

客户经理：好，那我明天在我们营业部底楼咨询柜台等您，再见。

7.2.10 向客户致歉或致谢的话术

在下列（但不限于下列）情况中，营销人员应向客户立即致歉。

- 服务时接电话。请告诉客户：对不起，请您稍等；怕您久等，请将您的电话告诉我，好吗？我会尽快和您联系。
- 没听清客户讲话内容，须客户重复。如对不起，您的意思是……（重复客户的讲话）
- 无论谁对谁错，导致客户突然生气时。如很抱歉，令您伤神了，我会帮您……
- 无论客户的何种要求虽提出但不能满足时。如好的，我明白了，我马上帮您落实，看是否有更好的解决办法。

在下列（但不限于下列）情况中，营销人员应向客户立即致谢。

- 客户提交证件。如谢谢您！
- 返还证件。如多谢支持！
- 听取客户提示、建议后。如十分高兴您给予的良好建议，我们会认真考虑的，谢谢！
- 客户办理完手续。如谢谢您的（理解）支持！
- 客户表示理解或谅解后。如很高兴您的理解，非常感谢！
- 向客户提出要求后。如让您费心了（费神）了！
- 得到客户配合后。如很高兴为您服务！

模拟情景设计 7-3

情　　景：在商业银行营业大厅内。

学生角色：两人一组，一人为客户，一人为客户经理。

客户身份：客户尚未进行投资。

情景内容：针对未开立账户的客户，开展营销活动。

情景设计：

客户经理：您好，我是×××证券公司派驻本行的理财顾问，这是我们公司订阅的一份理财刊物，在您等待的时候可以看一下，看完不要带走，放到座位上。

客户：好的。

客户经理：我看您看得很认真，您以前做过基金或股票吗？

客户：知道，没有做过。

客户经理：现在行情处在牛市，相信您身边的很多朋友都赚到了钱，您为什么不做一下尝试呢？

客户：我觉得风险太大。

客户经理：其实股票本身并没有风险，风险来自于投资技巧，您认为呢？

客户：可是这正是我没有的。

客户经理：可是这正是我们公司有的！我们××证券是手把手教您的证券公司。就像开车一样，风险在于驾驶的技术，而不是来自车本身，我们公司可以手把手地教您如何投资，您不想多赚钱吗？

客户：我再考虑一下吧。

客户经理：从 2005 年到现在，股市翻了 6 倍多，但太多的人因为犹豫丧失了赚钱的机会，而我的好多客户在我们公司的指导下资产翻了 4～5 倍，有的不到一年已经从 30 万元变成 100 多万元了，相信您的朋友中就有类似的人，您难道不想吗？

客户：这……

客户经理：我给您个建议吧。

客户：请说。

客户经理：将您的犹豫变成尝试，用您的部分资金尝试，而且由我们这样手把手教您，您还犹豫什么呢？

客户：好吧。

 模拟情景设计 7-4

情　　景：在商业银行营业大厅内。

学生角色：两人一组，一人为客户，一人为客户经理。

客户身份： 客户已进行投资。

情景内容： 针对开立证券账户的客户，开展营销活动。

情景设计：

客户经理：您好，我是×××证券公司派驻本行的理财顾问，这是我们银行订阅的一份理财刊物，在您等待的时候可以看一下，看完不要带走，放到座位上。

客户：好的。

客户经理：看您看得很认真，您以前做过基金或股票吗？

客户：我正在做呢。

客户经理：那您的收益应该不错吧，现在是网络时代，您一定是采取的最方便快捷的网上交易吧？

客户：是呀。

客户经理：现在的交易软件功能强大，您都会用了吗？软件里面存在的投资小技巧您都知道了吗？

客户：我哪知道啊，里面按键那么多，其实挺麻烦的，还不如用电话呢。

客户经理：其实网上交易特别方便而且智能，还能选股，没有人教您怎么用吗？

客户：没有啊？谁教我呀？

客户经理：在我们××证券的客户在开户的同时有我这样的专人全程教您，在我们的展示厅有好多台电脑专门用来教客户使用交易软件和学习软件上的投资技巧。

客户：可是我觉得网络其实不是很安全。

客户经理：那您觉得飞机安全还是公交车安全？

客户：不太清楚，

客户经理：据国家相关数据统计，飞机比公交车安全22倍，其实是一个道理，证券官方统计网络交易总体比电话更快捷更安全，而且有相关的法律制约证券公司，如果真的出了问题，证券公司是要赔偿损失的！

客户：可是电话也很快呀。

客户经理：但是您只要出错，就要重来，而网络每次操作都需要确认，很难出错，您不觉得是这样吗？

客户：听你这么一说，我明白了。

客户经理：那您是不是应该选择像我们这样服务更贴心的公司呢？

客户：好吧。

客户经理：您现在所在的证券公司的佣金是多少您清楚吗？

客户：不是特别清楚，现在牛市很赚钱，那点手续费无所谓。

客户经理：那如果每年扔掉一台背投电视您愿意吗？也无所谓吗？（根据客户的年龄段，说出和他最相关的实例）

客户：这和我的手续费有什么关系？

客户经理：根据我们的了解一般证券公司的佣金是1.5‰，而我们××证券是1‰。您觉得可能差距不大，可是这个差距，至少相当于您每年扔了一台电视机。

客户：不太可能吧。

客户经理：您看这个，这还是一个静态的，要是加上您投资收益的不断增加，两种佣金产生的手续费差距还会更大。

客户经理：上面两种佣金最小的差距也有××元，您说是不是一台背投电视被您扔了呀？

客户：哦，明白了。

客户经理：所以我们应该开源节流，在股票赚钱的同时减少我们的交易费用，这样才是正确的做法，您说呢？

客户：你说的对，有空我去营业部看看。

任务 3：把握电话营销技巧

7.3　证券投资电话营销技巧

7.3.1　电话营销的含义

1. 电话营销的特点

电话营销是一种经过电话网络实现与顾客的双向沟通的营销模式。作为证券公司及相关金融机构的一种营销手段，电话销售已经成为帮助企业增加利润的一种有效销售模式。而证券公司的客户经理，利用电话销售能在一定的时间内，快速地将信息传递给目标客户，与客户建立稳固关系。电话营销具有方便、快捷、高效、超值等服务特点。从证券营销的角度来说，其特点表现在以下几个方面，如表 7-3 所示。

表 7-3　电话营销的特点

特　点	说　明
电话营销是靠声音传递信息的	客户经理只能靠"听觉"去"看到"潜在客户的反应并判断营销方向是否正确，同样，潜在客户在电话中也无法看到客户经理的肢体语言、面部表情，只能借助所听到的声音及其所传递的信息来判断自己是否可以信赖对方，并决定是否继续这个通话过程
电话营销的时间短暂	与见面时的沟通所用的时间相比，客户经理在与客户电话沟通时，双方交流的时间非常短暂。这就要求客户经理必须在极短的时间内引起潜在客户的兴趣
电话营销是一种不见面的你来我往的言语沟通过程	在电话沟通过程中，让潜在客户说 2/3 的时间，而客户经理说 1/3 的时间，尽量倾听客户并做适当的引导，如此做可以维持良好的双向沟通模式

续表

特　点	说　明
电话营销是感性而非理性的销售	电话营销是感性销售的行业，客户经理必须先打动客户的心，再辅以理性的资料以强化感性销售层面

2. 电话营销目标和类型

电话营销的目标可分成主要目标及次要目标。主要目标通常是客户经理最希望在这通电话达成的事情，如约见客户，促进成交。次要目标是如果当没有办法在这通电话达成主要目标时，最希望达成的事情。如了解客户需求，让客户了解公司的服务和产品，与客户保持长期联系，宣传公司形象和产品，挖掘客户信息，筛选潜在客户群，建立客户数据库（见表7-4）。

表7-4　电话营销类型和形式

类　型	形　式
产品或服务介绍	介绍某种证券产品（如开放式基金等）；某种咨询服务（如短信资讯服务提醒服务等）
建立良好关系	让客户认可、信任营业部或客户经理个人
个股信息介绍	分析个股，在分析成功的情况下，使客户高度认可营业部或你个人，甚至达到依赖的程度
股评活动邀请	邀请客户参加公司或营业部举办的股评及投资报告会
促销产品及活动介绍	向客户介绍营业部的促销产品及活动

 模拟情景设计 7-5

情　　景： 在实训室模拟证券公司营业部。

学生角色： 学生两人一组，1人为客户，1人为客户经理。

客户身份： 对证券市场有所了解，做过证券投资，时间大约为两所，近期股票被套。

情景内容： 设计电话营销时的类型和形式。

情景设计：

客户经理：喂！先生您好！我是证券公司的客户经理，我姓陈。有件事要通知您这里做股票的人，请问他在吗？

客户：我就是，你有什么事？

客户经理：是这样的，我们证券公司考虑到许多投资者在如今低迷的行情中普遍被套，所以我们正准备向投资者提供一些投资方面的咨询和服务，帮投资者在行情不好的时候减少损失，在行情回升的时候提升赢利机会。我们特别邀请了著名的理财师为大家分析一下目前的证券市场走势，您有兴趣吗？

客户：是股评啊！我以前听得多了，都没什么用的！

客户经理：这次不是股评会，是一次投资讲座，主要是讲投资的技巧。有许多投资者，包括分析师，听了老师的课都觉得很有用！如果您不来真是太可惜了！

客户经理：到时现场还会有赠送礼物和开奖活动等。这样的大型投资讲座活动，对广大投资者而言，真的是机会难得，如果您错过了，就太可惜了！

客户：我对这种不感兴趣。

客户经理：哦，那没关系。××先生，顺便和您提一下，我们××证券公司为帮助广大投资者解套及更好地把握市场机会，目前正推出"信息点睛"和"电话指导"一对一服务，我们每天为您提供的内部行业报告和公司调研报告都是普通投资者看不到的，对您的操作非常有帮助，如果再结合我们的实战点评等服务，必然会比您孤军作战效果要好，不知道您是否感兴趣？如果感兴趣，我们将免费为您服务三个月，如果您到时候觉得我们的服务和产品不错，欢迎您加入。您可以给我留下您的邮箱吗？

客户：那好吧。我的邮箱是 liu@sina.com。

客户经理：同时我们公司还有免费投资咨询电话，如果有一些投资方面的信息需要咨询，可以随时拨打我们的分析师专家热线。您身边有笔吗？您可以记一下。（停顿一下，等待客户反应）电话号码是 2753288，我再说一遍，2753288。您记住了吗？

客户：好的，谢谢！

客户经理：不客气，欢迎您随时来电。

3. 电话营销礼仪

（1）积极的态度。电话预约之前一定要保证自己的情绪处于最佳状态，要有一种对成功的激情和渴望，相信自己具有成功的能力。打电话前想象一下自己将要和一个朋友或熟人交谈，让自己保持一种积极的心态。同时在单独打电话时，要耐得住寂寞，因为与潜在客户通话时需要专心致志，最好不要让旁观者扰扰。

（2）打电话的声调、语速和姿势。打电话时要让自己的声音柔和动听，一般嘴唇与话筒距离 10 厘米比较合适。从声谱中应该传递给潜在客户的信息是，打电话的人是友好的、善解人意的、有能力的。说话速度要不快不慢，每分钟 120 个字是标准的语速。

打电话过程中绝对不能吸烟、喝茶、吃零食，即使是懒散的姿势对方也能够"听"得出来。如果打电话的时候，弯着腰躺在椅子上，对方听你的声音就是懒散的、无精打采的；若坐姿端正，身体挺直，所发出的声音也会亲切悦耳、充满活力。因此打电话时，即使看不见对方，也要当做对方就在眼前，尽可能注意自己的姿势。

（3）在声音中放入笑容。打电话时要微笑。声音可以反映出温暖或冷漠、有兴趣或漠不关心、关怀或挫折、耐心或急足、接受或抗拒，因此要让潜在客户透过你的声音感受到关心及笑容。通话时让自己听上去更加自信。要有喜悦的心情，打电话时要保持良好的心情，这样即使对方看不见你，但是从欢快的语调中也会被你感染，给对方留下极佳的印象。

由于面部表情会影响声音的变化，所以即使在电话中，也要抱着"对方看着我"的心态去应对。

- 谢谢您！
- 真的太感谢您了！
- 有件事情想麻烦您一下。
- 有件事情想请您帮个忙。
- 就拜托了！
- 随时欢迎您打电话给我！

- 与您通话很愉快。
- 不好意思，让您久等了。
- 请问……
- 请教……
- 不好意思，再占用您两分钟的时间。
- 不好意思，最后一个问题。

4. 电话营销工作时间

每个电话时间，以不超过 3 分钟为限，每天打拨电话时间总和以 2 小时为限。如果工作过长的话，嘴巴会疲累，口舌打结，反应迟钝。周一至周五从上午 9:00 到下午 5:00 是工作时间段，重要的电话放在上午打，下午很难联系到别人，并且那时候人们最容易走神。针对不同的潜在客户应有不同的打电话时间，如表 7-5 所示。

表 7-5　针对不同的潜在客户打电话的时间

人　　群	最宜打电话时段	不宜打电话时段
会计师	每个月中旬	月头和月尾
医生	下午或下雨天	每个工作日上午
销售人员	最闲的日子是热天、雨天或冷天，或者上午 9:00 前、下午 4:00 后	天气较好时
行政人员	上午上班、下班	上午 10:30 到下午 3:00 最忙
银行	上午 10:00 前、下午 4:00 后	上午 9:00 前
公务员	上班时间	午饭前后和下班前
教师	放学的时候	教学上课时段
主妇	早上 10:00 至 11:00	早晚
忙碌的高层人士	上午 8:00 前，即秘书上班之前。成功人士多数是提早上班，晚上下班也比较晚	工作时间

5. 电话营销的主题内容

证券营销是一种特殊的服务营销，具有十分突出的专业性。客户经理做营销需要了解有关证券市场的各类知识，可以有针对性地进行营销。电话营销分为预约电话和后续电话。电话预约的内容主要是介绍客户经理所在的公司，简要点出此次营销的服务内容，依此进行具有吸引力的陈述、请求约见、应付拒绝、结束电话交谈。最好是事先拟好一套话术，反复练习，它可以增加信心，有利于提高电话预约的成功率（见表 7-6 至表 7-8）。在设计预约电话营销话术时，围绕与潜在客户沟通的核心内容，通过提问与倾听等形式，必须把握以下三个问题，并对这三个问题做出大致判断，这将有助于客户经理后续营销的开展。

- 他有投资需要吗？
- 他有投资能力吗？
- 他有投资决策权吗？

表 7-6　预约电话营销话题

沟通话题	主要内容	注意点
在证券市场行情好时，可以向潜在客户介绍近期的市场行情	一般情况下，潜在客户不会拒绝与你探讨股票市场的投资机会，这是最直接也是效果最好的方法	不要夸大其词，实事求是，客观地谈到目前股市的上升趋势，只要激发出潜在客户理财的愿望即可
在证券市场行情低迷时，帮助潜在客户树立信心	证券潜在客户经理可以用自己的专业知识，为潜在客户分析潜在的巨大机会，逐步与潜在客户建立关系	客观地谈到股票市场低迷的事实，设法激发潜在客户对市场的信心
证券潜在客户经理可以帮助潜在客户分析股票，探讨投资策略	从为潜在客户分析其持有的股票开始，与潜在客户进行交流	不要变成咨询服务电话，点到为止，最终目的是与潜在客户预约见面

表 7-7　后续电话营销话题

沟通话题	主要内容	注意点
通过向潜在客户邮寄资料，或向潜在客户散发资料，做电话跟踪	询问潜在客户是否收到或读过资料，即使没读过，也可向潜在客户提出理财的建议	如果潜在客户有理财的愿望，就可提出进一步为潜在客户提供服务，达到预约见面的目的。在72小时内致电询问，千万不要拖得太久
让现在潜在客户推荐也是一个很好的话题	证券潜在客户经理把现有潜在客户梳理一下，找出能为自己带来潜在客户的名单，通过沟通希望得到他们的帮助，把他们生意的伙伴或亲朋好友介绍给自己	打电话与这些潜在客户沟通时，必须要提到是他的朋友帮你认识他的，这样潜在客户对潜在客户经理的认同度会大大提升
以证券公司的优惠活动吸引潜在客户	以告诉潜在客户目前证券营业部正在进行的优惠活动为开场白，如开户费用优惠、佣金优惠等，达到与客户预约见面的目的	证券公司营业部的优惠活动必须是真实的，不能让潜在客户失望

表 7-8　针对不同潜在客户准备不同的交谈内容

投资者参与市场的程度	谈话主题	目　的
投资者不了解证券市场	谈论证券市场的发展史	让潜在客户了解证券市场是大有发展前途的，以及理财的重要性，希望潜在客户开户
投资者对证券市场知识有基本的了解	谈论证券市场存在的风险	告诉潜在客户如何防范和回避风险

续表

投资者参与市场的程度	谈话主题	目　　的
投资者已有两三年投资经历	谈论证券投资的策略和技巧，交流成功与失败的经验	帮助潜在客户总结投资的经验与教训
投资者已有五年以上投资经历	交流证券公司最新的研究报告	为潜在客户提供各方面的信息与资料，供潜在客户决策参考

 模拟情景设计 7-6

情　　景：模拟电话实训室，电话、准备所有打电话时要用的文具，方便随时应用。一支签字笔、一本笔记本、一份预先准备好的打电话的名单和说话次序等资料。

规则与要求：打电话时要有笑容，要慢，口齿清楚、热情；每个电话时间以不超过3分钟为限；由小组成员以各种语调和声调，以及不同的坐姿打电话演示给其他人听。

潜在客户身份：未进入证券市场，对股票投资有一定的兴趣。

情景内容：与潜在客户电话约见。

情景设计：

客户经理："下午好，请问是丁女士吗？"

潜在客户："是的，你有什么事吗？"

客户经理："我姓刘，叫刘向阳，某证券公司营业部潜在客户经理，我们公司新一期的股票投资分析报告出来了，我想给您送去一份。您看哪一天有时间呢？"

潜在客户："你不能把投资报告邮寄过来吗？"

客户经理："书面报告往往会让您产生很多的疑问，如果我能当面给您做解释的话，就会完全清楚了。我知道您的时间很宝贵，我只要用15分钟的时间就可以说清楚这份报告将给您带来什么样的机会。您是周三还是周四下午3:00有时间呢？"

潜在客户："你现在告诉我不更好吗？"

客户经理："丁女士，这是一个很难在电话里解释清楚的问题，看着电脑行情为您讲解，您会更清楚，所以需要面谈。"

潜在客户："那好吧，我周三上午10:00去你们营业部找你。"

客户经理："好的，我叫刘向阳，我会准时等您的，再见！"

潜在客户："再见！"

7.3.2　电话营销技巧

1. 开场白的技巧

电话营销的开场白话术就像一本书的书名或报纸的大标题一样，如果使用得当的话，可以立刻使人产生好奇心并想一探究竟。反之，则会使人觉得索然无味，不再想继续听下去。开场白的技巧是在初次打电话给潜在客户时，必须要在 15 秒内做公司及自我介绍，引起潜在客户的兴趣，让潜在客户愿意继续谈下去。要让潜在客户放下手边的工作，而愿意和你谈话，客户经理要清楚地让客户知道下列 3 件事：我代表哪家公司？打电话给客户的目的是什么？公司的服务对客户有什么好处？

客户经理：喂，陈丽娜小姐吗？我是某证券公司营业部的李强，我们公司的专长是提供企业闲置资金的投资规划，今天我打电话过来的原因是我们公司的投资规划已经替许多像您一样的企业获得业外收益。为了能进一步了解我们是否能替贵公司服务，我想请问一下贵公司目前是由哪一家券商为您服务？

涉及开场白的要素有：提及自己公司的名称专长；告知对方为何打电话过来；告知对方可能产生什么好处；询问潜在客户相关问题，使潜在客户参与。

通常开场白的错误做法：客户经理没有说明为何打电话过来，及对潜在客户有何好处。潜在客户根本不在意你们公司成立多久，或是否曾经听过你的公司。或在还没有提到对潜在客户有何好处前就开始问问题，让人立即产生防卫的心理。或者是平常大家都很忙，即使收到资料也不见得会看，而且让他们有机会回答没有收到。

如下面的问话：

"您好，陈小姐，我是某证券公司的王晓龙，我们营业部已经有 10 年的历史，不知道您是否曾经听说过我们公司？"

"您好，陈小姐，我是某证券公司的王晓龙，我们是专业的理财投资顾问，请问您现在在哪家券商做投资？"

"您好，陈小姐，我是某证券公司的王晓龙，几天前我寄过一些资料给您，不知道您收到没有？"

"您好，陈小姐，我是某证券公司营业部的李强，我们的专长是提供适合您公司的投资理财规划。不晓得您现在是否有空，我想和您讨论一下。"

2．有效结束电话的技巧

当客户经理进入最后成交阶段，如果生意未成交，一定要使用正面的结束语来结束电话。因为现在虽没有成交，但是一来当他们有需求时，如果当初对客户经理留下良好印象，仍然有机会和他们做成生意。让自己保持正面思考的态度，如果客户经理因为潜在客户这次没有同意开户，就产生负面情绪，将会把这种负面情绪带到下一个电话，影响自己的心情及潜在客户的心情。

如果生意成交，客户经理在结束电话时，同样必须采用正面积极的方式来结束对话。不要讲太久，如果针对服务及利益讲太久，反而会引起一些新的反对问题。先要感谢客户选择公司的服务——"汪先生，谢谢您对我们公司的支持，让我们有机会为您服务"。然后确认客户的基本资料；再肯定强化客户的决定；最后提供客户开户后的服务资讯。

在结束电话前，应征求客户的意见："汪先生，您看还有什么需要我为您做的吗？"

在结束电话时，无论如何应感谢客户："陈先生，谢谢您的来电，谢谢，再见。"如果可以运用赞美技巧，就更好："汪先生，与您通话真的很愉快，学到很多东西，希望以后还有机会与您交流。我会再给您打电话，谢谢您，再见。"无论如何，在电话结束时一定要注意讲话的语气和礼貌。

最后一点很简单，但却需要强调。很多客户经理在刚刚接通电话的时候表现得很礼貌，而在结束电话时却往往不注意，结果导致销售机会的丧失。

3. 处理拒绝的技巧

客户：你们的手续费太高了。

客户经理：我能了解您的想法，因此您会想，我到别家营业部开户，一样也可以，手续费却便宜不少，对吗？

客户：对。

客户经理：让我来回答您的问题，王先生，我们的手续费确实比别家高，但是高的有道理。因为我们的一对一服务品质比别家好，可以让您放心地投资，省掉您许多宝贵处时间，而且我们的研究团队是业界最有实力的。同时，我们特别提供比别家多一点的贴心服务，从业人员几乎每月接受投资分析培训，所以从整体来看，我们的价格反而比别家便宜。您对我说的这些有什么想法？

客户：你们的手续费比××证券公司的要高。

客户经理：我能了解您的想法，如果排除价格因素，您会考虑选择我们营业部吗？

客户：那当然。

客户经理：王先生，您说得没错。从表面上来看，我们的确比××证券的手续费要高一些，但是我们会提供一些别家没有的好处，一是我们负责量身定做的投资建议及风险控管，这样子您就省下不少费用；二是我们提供比别家多的大客户培训，因此您可以省下不少培训成本。所以您从总成本的角度来看，我们的手续费比××证券反而要便宜不少，您觉得呢？

4. 提问技巧

● 了解客户的基本信息。

客户的需求或者不满来自其所处的生活和工作环境，那么在询问的时候从基础的问题开始问起，比较容易接受和回答。在了解和探寻客户需求的时候，想要问到客户的基本信息时，可以这样提问，如您是从什么时候开始做股票的？您对目前的佣金状况有什么样的了解？您是否觉得投资需要一个顾问呢？

这类问题还有一个重要的作用，就是判断客户是否属于自己的目标客户。客户经理在刚刚开始的时候需要增加的是客户存量，那么进入一定阶段后可以开始关注和锁定自己认为有价值的目标客户群，以提高营销效率和工作水平。

- 发现问题的询问。

客户需求的产生是由于自身有需要解决的问题或者需要弥补的差距。在客户经理获得客户的相关基本信息以后，接下来就需要知道客户对原来券商的态度，尤其是不满的地方，这样有利于之后进一步激发客户明确的需求。如您现在对于服务这个部分有什么不满意的地方吗？您认为现在的佣金水平可以接受吗，更低一点是不是更好呢？

在这里需要提示的是，作为客户经理提供给客户的永远是服务，而不是证券分析。这两者之间有的时候是有交集的，但尽可能不要提供直接的股票分析。不仅是因为我们的能力不足，分析不当容易产生纠纷，更重要的是偏离本职。我们需要做的就是让客户在第一时间获取最新的资讯，享受到更贴心的服务，而不是直接告诉客户什么股票最近涨得快之类。

- 引导客户解决问题的询问。

当客户经理找到了客户对现状的不满之处后，通过提出激发需求的询问，可以将客户的这些意见扩大成更大的不满，引起客户的高度重视，让客户感到解决这类问题的紧迫性。

当客户已经意识到现在所面临的问题的严重性后，通过引导客户解决问题的询问，让客户看到解决这些问题后给他带来的积极影响，从而促进客户下决心行动。例如："这样一来，您每次的交易成本就会大幅降低，赚钱也就更快了，您说呢？相信这个问题解决以后，您看盘和炒股就变得容易很多了，对吧？"

5. 接电话技巧

首先要迅速接听。最佳的接听时间是等铃声响第四下时再接。如果接得太早，你就没有时间让自己镇静下来。如果你没能够立即接听电话而铃声持续不断，那要记住：感谢对方的耐心等候。表现出友好的态度，并正确地问候，要说出你的名字和公司名称。记下来电人的名字并用它来称呼对方，这为通话添入了私人接触的亲密感。

接电话时不要咳嗽或者吃东西。如果不得已，一定要向对方抱歉，或是先不要接听电话，因为这会使人对公司留下坏印象。接听时不要表现得尖刻或者屈尊。电话能扩大任何低声讲话的音量，所以不要捂着话筒与他人交谈。最好是让来电人稍等而不要挂断电话。如果他们一直在等着，那你应该在空下来的间隙中向他们道歉，否则他们可能以为自己被挂断了。

除非有必要，否则不要转接电话。转接时，务必告诉来电人为什么要转线以及谁将与之通话。如果有的话，最好提供直拨号码。如果让顾客等候，他们很容易会失去兴趣。

- 接电话时，开头问候语："您好，××证券。"
- 铃响三声后接起电话。
- 接起电话后，要询问对方贵姓。
- 如果是不认识的客户，询问对方信息。
- 懂得在适当的时候表示歉意或谢意。

- 不要让客户在电话里长时间等待。
- 对于客户较多的询问，不要不耐烦。
- 等对方先挂电话。

6. 说服客户的技巧

电话营销最大的难度就是在见不到客户的前提下，要求与客户见面沟通投资开户及投资咨询方面的内容。除了针对不同的投资者要准备不同的内容以外，"以情动人"、站在客户角度去考虑投资问题是关键。要把话说到投资者的心坎上，要说客户想听的话。

- 强调专业理财的重要性。

投资者来自不同的行业，专业、学历各不相同，而且一般对证券市场了解较少，缺乏投资知识，而证券市场投资又是一个涉及面很广，投资程序相对复杂，信息资料鱼龙混杂，投资者无法理性去分辨真伪，基本没有能力做专业的投资。而证券公司是专业公司，拥有一大批专业的投资研究人员，可以为投资者提供投资方面全方位的专业服务，客户经理在准备话术时要特别强调这一点。

- 真诚地赞美客户。

"您的声音真的非常好听！"

"听您说话，就知道您是这方面的专家。"

"公司有您这种领导，真是太荣幸了。"

"跟您谈话我觉得我增长了不少见识。"

- 客观地看问题的态度。

"您说的非常有道理，毕竟我相信每个企业的存在有它存在的理由。"

对他的理解和尊重

"您说的话很有道理，我非常理解您。"

"如果我是您，我一定与您的想法相同。"

"谢谢您听我谈了这么多。"

以上这些话题都是客户感兴趣的。但在与客户谈话时客户经理要养成提问题的习惯，通过提问引起客户的注意，再积极地倾听，让客户尽量说更多的话，听出客户的兴趣点。这样客户经理才有机会把话说到客户的心坎上去，从而让客户觉得受到了理解和尊重，最终赢得客户的信任。

- "同理心"电话沟通。

（1）向客户表示同意他的想法。

"王先生，我同意您对于佣金方面的想法。"

"王先生，您这样做绝对是正确的。"

"王先生，您有这样的想法真是太好了。"

（2）向客户表示他的想法不是独有的，你以前也遇到过。

"王先生，您担忧佣金可能会是高的问题，很多客户也曾提到过。"

"王先生，我以前也有客户不太了解封闭式基金的特点。"

（3）向客户表示你理解和体会他目前的感受。

"王先生，我可以理解您现在的感受，以前我也遇到过。"

"王先生，如果我遇到这样的事情也会这样想的。"

这里需要注意的是，在表达同理心的时候，很重要的一点就是，说话的内容应和说话的语气以及面部表情相一致。虽然对方看不到，但客户经理的面部表情还是可以被客户感受到的。

 模拟情景设计 7-7

情　　景：在电话营销实训室模拟证券公司营业部电话营销。

学生角色：学生模拟客户经理，在给客户电话前要连续几天将资讯和系统短信发送给客户，让客户开始接受客户经理的服务。

客户身份：对证券市场很了解，做过多年的证券投资，资金量较大。曾经与客户经理有过一次面对面的沟通，并且已经将电话留给客户经理。

情景内容：通过第二次电话营销及后续的电话营销，与客户建立长期的信任关系。

情景设计：

情景 1

客户经理：李先生您好，我是李强。

客户：李强？您是……

客户经理：我是××证券公司客户经理，上次我们关于投资方面的问题聊得很愉快，您还记得吗？

客户：哦，我想起来了，有什么事情吗？

客户经理：是这样，这几天我给您发的我们公司的短信，您收到了吗？

客户：是的，我收到了，感觉一般。

客户经理：主要感觉哪个方面不太满意呢？

客户：没有推荐股票啊，而且也没有具体的内容，我觉得太泛泛。

客户经理：原来是这样，那李先生方便把您的邮箱告诉我一下吗？这样的话，我每天会将我们给高端客户的每日咨询发送给您，也许对您来说有帮助。

客户：那好，我的邮箱是 123456@163.com。

客户经理：好的，我记下来了。欢迎您随时给我打电话。

客户：好的，谢谢，再见。

客户经理：再见。

情景2

客户经理：李先生，您好！我是李强。

客户：你好呀。

客户经理：好几天没有跟您联系了，最近工作还忙吗？

客户：挺忙的，都没有时间看股票。

客户经理：是呀，很多上班族跟您一样。这次给您打电话，主要是想告诉您，我们公司最近又出了新的投资资讯报告了。这期推荐的股票是××，主要是针对像您这样的客户，没有时间来打理股票，那么我们专业的研究团队已经将研究的成果直接告诉您，帮助您进行价值投资。

客户：你们的服务真是不错。

客户经理：我们不仅仅是服务好，在佣金方面也有很大的优势，这点我们以前也沟通得很清楚了。

客户：那我如果办理转户是不是挺麻烦的？

客户经理：您这样的顾虑很多客户都有。其实办理转户非常简单，您只需要携带股东卡和本人18位身份证，先来我们公司这里办理新的资金账户和第三方存管，然后再回原券商进行转户就可以了。

客户：可是我平时上班，没有时间。

客户经理：那您是周六、周日休息吗？

客户：是呀。

客户经理：为了方便我们的客户，周六也是可以办理资金账户的。

客户：那好，我这个周六过来吧。

客户经理：好的，周六我会准时在营业部等您。再见。

客户：再见。

单元实训题

目　　的：掌握与熟练应用证券营销服务规范用语。

规则与要求：两名学生一组，轮流扮演客户和客户经理的角色，反复练习下面话术，直至熟练，自然。

情　　景：在实训室模拟证券公司营业部、商业银行营业部。

评　　价：

由教师评价、小组评价、学生自评相结合，评价标准如下分述。

（1）专业能力方面：掌握基本的证券营销话术技巧，参与活动态度认真，对话内容中规范服务用语使用准确。

（2）方法能力方面：应变能力和语言表达能力都有一定提高。

（3）社会能力方面：对合作的同学有更深入的认识，能与同学很好地合作完成任务，团队合作意识强。

项目八

有效管理证券投资客户

2.2

⊘ **知识目标**

掌握证券投资客户管理的流程、客户分类管理和客户服务管理等内容。

⊘ **实训目标**

1. 证券投资客户管理的目标和管理流程。
2. 培养证券投资客户经理的客户价值分析能力、分类管理能力。

学习导航

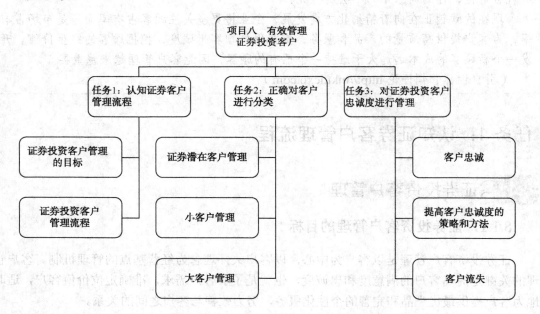

> ### 📎 相关链接
>
> 一个乡下来的小伙子去应聘城里"世界最大"的"应有尽有"百货公司的销售员。老板问他："你以前做过销售员吗？" 他回答说："我以前是村里挨家挨户推销的小贩子。"老板喜欢他的机灵："你明天可以来上班了。等下班的时候，我会来看一下。"
>
> 一天的时间对这个乡下来的穷小子来说太长了，而且还有些难熬。但是年轻人还是熬到了下午 5:00，差不多该下班了。老板来了，问他说："你今天做了几单买卖？""一单。"年轻人回答说。"只有一单？"老板很吃惊地说："我们这儿的售货员一天基本上可以完成 20～30 单生意呢。你卖了多少钱？""300 000 美元。"年轻人回答。
>
> "你怎么卖到那么多钱的？"目瞪口呆，半晌才回过神来的老板问。
>
> "是这样的，"乡下来的年轻人说，"一个男士进来买东西，我先卖给他一个小号的渔钩，然后中号的渔钩，最后大号的渔钩。接着，我卖给他小号的渔线，中号的渔线，最后是大号的渔线。我问他上哪儿钓鱼，他说海边。我建议他买条船，所以我带他到卖船的专柜，卖给他长 20 英尺有两个发动机的纵帆船。然后他说他的大众牌汽车可能拖不动这么大的船。我于是带他去汽车销售区，卖给他一辆丰田新款豪华型'巡洋舰'。"
>
> 老板后退两步，几乎难以置信地问道："一个顾客仅仅来买个渔钩，你就能卖给他这么多东西？""不是的，"乡下来的年轻售货员回答，"他是来给他妻子买卫生棉的。我就告诉他，你的周末干吗不去钓鱼呢？"
>
> 现在的营销正在向着精细化方向发展，企业将更多关注顾客占有率而不是市场占有率，为客户提供高质量的产品和服务，重视保持顾客忠诚度，挖掘顾客的终生价值。开发一个新顾客的成本远远大于维持一个已有的顾客，因此客户管理越来越重要。
>
> （引自世界营销评论 http://mkt.icxo.com）

任务 1：认知证券客户管理流程

8.1 证券投资客户管理

8.1.1 证券投资客户管理的目标

证券投资客户管理是以客户为中心，以客户关怀理念为经营基点的管理机制。客户管理的关键是提高客户的满意度和忠诚度，也就是了解客户需求，准确定位价值客户，适时地为客户提供最优产品和完善的个性化服务，努力改善与客户之间的关系。

了解客户管理的目标及实现的途径，对经纪人而言至关重要。其具体内容如表 8-1 所示。

表 8-1　客户管理的目标及实现的途径

目　标	实现途径
降低公司经营成本，提高工作效率	整合、管理公司内外部资源，加速公司对客户的响应速度
吸引更多的客户	选择目标客户，进行客户分级管理
有效处理客户关系	深入挖掘客户需求，及时了解客户状况
主动提供客户关怀和"一对一"精细化、个性化服务	改善客户服务
为公司的决策提供科学的支持，推动经纪业务和客户价值实现双赢	规范公司管理，提供实时行情

8.1.2　证券投资客户管理流程

围绕客户这个核心，在客户管理中，经过识别和区分客户、分析客户差异、接触与开发客户、定制个性化服务的过程，形成工作闭环。从"有意识"逐步过渡到"无意识"，达到熟能生巧的境界。客户管理流程提供了客户管理实施过程中的关键要素及操作要点。

1．识别客户

识别客户就是在广泛的客户群体中，通过各种客户互动途径，来收集详尽的数据资料，进而识别客户的行为特征。那么，如何才能识别客户呢？

（1）从了解客户信息的基本类型做起。具体如表 8-2 所示。

表 8-2　客户信息类型

信息基本类型	描述类信息	行为类信息	关联类信息
信息特征	理解客户基本属性	数据往往是动态的	与客户行为相关
	往往是静态数据	反映客户的投资选择或决策过程	反映和影响客户行为以及心理等因素
信息来源	客户登记的信息	内部交易系统的交易记录	专门的数据调研和采集获得
	专业会议	呼叫中心的客户服务和客户接触记录	
	调研	营销活动中采集到的客户响应数据	应用复杂的客户关联分析所产生
	运营管理系统收集到的客户基本信息	经纪人与客户接触时收集到的数据	
信息优点	信息内容比较容易采集到	能帮助经纪人在客户分析中掌握和理解客户的行为	对高端客户来说，可以有效反映客户的行为倾向
			可帮助经纪人深入理解影响客户行为的相关因素

信息基本类型	描述类信息	行为类信息	关联类信息
信息缺点	缺乏差异性	原始信息数据量非常庞大	数据较难采集和获得
	涉及客户隐私	客户分析复杂、烦琐	不容易结构化后导入到业务应用系统和客户分析系统
信息质量评价	考察数据采集的准确性	考察信息的完备性	考察信息的应用性

（2）对客户资源进行整合。具体如表 8-3 所示。

表 8-3　客户资源整合与分析

操作规则	具体内容	
审视现有数据，确立客户资料的正确性及可信度标准	确定一系列能够准确反映客户资料的客观指标，作为客户资料取舍的依据	
	筛选及证实客户资料，删除不准确或无效的资料	
	归并、整理、集中各系统客户，形成基于统一客户数据的全信息视图	
	保证数据动态更新，支持不同时期的分析需求	
分析客户信息	客户群分析	根据特定条件来查询各个细分的客户群落
		找到各个可能的分类和"二八法则"的表现
		知道真正为自己带来利润的客户是谁
		决定对客户群进行的相应营销过程
	客户个性信息分析	分析客户基本信息、账户情况、持仓比例、资产结构和持股品种
		根据客户的实时情况得到客户的真实个性信息
	客户交易风险分析	根据客户现有信息，有效防止客户的交易风险
		根据风险情况，帮助客户摆脱和规避风险
	客户交易习惯、行为和需求分析	从客户过去的交易信息挖掘客户的交易习惯
		从客户过去的交易信息总结风险偏好
		从客户过去的交易信息了解交易行为特征
		从客户过去的交易信息分析客户需要和未来发展
	客户价值分析	客户收益分析
		客户类型分析
		客户风险分析
		客户对券商的价值分析
		根据客户的交易行为来实时地判断客户为营业部带来的收入和价值，比如佣金收入、息差收入等

操作规则		具体内容
分析客户信息	客户流失预警分析	机构客户一般都是从另外的券商手中抢过来的
		营业部都在防止自己手中有价值的客户流失
		根据自己设定的客户流失模型来预警客户是否要流失
		● 看见的流失迹象一：突然大量抽走资金
		● 看见的流失迹象二：长时间没有交易发生
		● 看见的流失迹象三：大量资金被套
	服务效果分析	根据访谈结果和客户满意度的调查，记录和分析整体的服务效果
	股票品种综合分析	分析本券商或者营业部的持股情况
		总结特定客户群中持有股票的情况
		采取相应措施
	客户群咨询效果分析	分析客户群现有持有股票的情况
		分析客户群历史持有股票的情况
		分析已经做了的咨询情况
		判断投资咨询师的咨询效果
		根据分析采取下一步行动
	客户咨询效果分析	判断特定的客户现有的资产结构和持仓机构
		分析历史情况和对他的个性化咨询结果
		判断客户有没有采纳咨询师的建议
	经营状况分析	分析所有客户为券商或营业部的贡献情况
		为公司领导提供整体经营状况分析结果
	赢利中心分析	分析出各个特定市场的受益情况
		弄清楚哪个或哪些特定客户是营业部的赢利中心
	亏损中心分析	分析营业部所提供的服务情况
		判断哪些服务是投入最大而赢利最小的亏损中心
	其他分析	采用数据挖掘和分析手段
		分析券商决策者所关心的数据结果和决策支持

（3）不同类型客户行为特征。通过对客户信息的整合与分析，掌握客户的行为特征，并根据客户行为特征，对不同目标客户设计不同产品和服务组合，制定不同的营销策略。具体如表8-4至表8-7所示。

表8-4　分析型客户行为特征及策略

客户特点			客户经理了解及应对方法和策略	
分析型投资者：注重过程	身体语言	穿着传统保守	了解客户希望	较大的投资收益
		讲话声音低，说话留有余地		
		行动慢，决策谨慎		
		眼神接触游移不定，手势不多		被尊重和重视的满足感
		喜欢个人独享的空间		
	个性特征	有逻辑、理性、严谨、周密、较敏感，目标明确	经纪人的行为举止及相应策略	身着黑色或传统服装，放慢讲话速度
				陈述有条理，有逻辑，合乎规范；提供直接数据和证明
				把问题正反两面都陈述清楚，强调正确、具体细致的细节
				不要催促客户做出决定
				不过分热心，不要盛气凌人
		喜欢问关于具体细节的问题，决策时非常依赖数据收集，看重历史	了解客户需要	稳健的收益
				标准的服务
				可靠的交易方式
				不改变自己已经决定的东西
		工作速度慢，喜欢单干	了解客户弱点	优柔寡断，谨小慎微，经纪人不要急于让其做出判断
		喜欢规则和结构		行为拘谨，过分严肃
		反复比较，追求完美，善于批判性的思考		不能忍受被人批评

表8-5　主观型投资者行为特征及策略

客户特点			客户经理了解客户及应对方法和策略	
主观型投资者：注重结果	身体语言	握手坚强有力，显示出控制力	了解客户希望	很大的投资收益
				得到尊重的自我满足感
		讲话快，声音高	经纪人的行为举止及相应策略	事先充分准备，介绍言简意赅，注重效率
				提供两到三种投资方案，由客户决定
		好胜心强，富有竞争性；渴望变化，愿意接受挑战		要让客户知道可能产生的结果

客户特点			客户经理了解客户及应对方法和策略	
主观型投资者：注重结果	身体语言	根据事实来做决定，精明，冷峻和独立	经纪人的行为举止及相应策略	给对方一个明确的时间
		务实，果断，自信		做事要有专业水准，经验老到
		不能容忍错误		回答客户问题直截了当，自信果断
	个性特征	说话开门见山	了解客户需要	尊重他
				为他节省时间和精力
		不考虑别人的感觉或建议		认同他的社会地位
			了解客户弱点	莽撞行事，不计后果
		直接告诉别人做什么		缺乏耐心
				对他人缺乏信任

表 8-6 情感型投资者行为特征及策略

客户特点			客户经理了解客户及应对方法和策略	
情感型投资者：注重对象	身体语言	穿着时尚、有风度	了解客户希望	较大的投资收益
				获得成功
		讲话快，声音大，表情丰富，表现力强	经纪人的行为举止及相应策略	身着时尚衣着，讲话有力，表情要丰富
				提供的建议要合情合理，有成效
		急躁，时间观念差		加快工作节奏
		目光接触沉着稳定，思想活跃		提出事实依据
		忙乱、热情、友好		支持他的结论或提出一套完整的看法使他另做选择
	个性特征	情绪自控性强	了解客户需要	关注结果是什么
				服务的标准
				交易方式的可靠性
		高自信度		获取收益的多少
		既愿意展示自己，又能控制支配别人	了解客户弱点	急躁、冲动
		注重关系和谐		时间观念差
		看大局		

表 8-7　随和型投资者行为特征及策略

客户特点			客户经理了解客户及应对方法和策略	
随和型投资者：注重关系	身体语言	讲话速度慢，声音低，行动缓慢、拘谨	了解客户希望	建立稳固的关系
				关系和谐、愉快
				其投资能获得较大的收益
			经纪人的行为举止及相应策略	从建立关系入手
				有耐心、花时间，听对方讲他的感觉和别的事情
		低自信度		积极地倾听
		善于倾听		在舒适的环境中进行
				回答客户问题直截了当，自信果断
	个性特征	情绪自控性差、决断力差	了解客户需要	关注关系
				注重友谊
				重视彼此关系的协调
		不愿意展示自己	了解客户弱点	屈服、默许
				害怕拒绝和他人的批评

2．分析客户差异

开发客户之前，客户经理要先对客户的差异进行了解，而不是"一视同仁"的无差别对待。因为无论老客户还是新客户，大客户还是小客户，他们对经纪人的服务要求往往不同，带来的利润也不一样，那么就有必要对客户的需求模式和赢利价值进行分析，掌握其优劣势的基本信息，然后进行有针对性的开发，以优质服务扩大优势，缩小劣势，把产业做大、做好。客户证券投资差异的分析如表 8-8 所示。

表 8-8　客户证券投资差异的分析

差异类型	差异表现	说　明
资源差异	客户的流动资产率不同	客户买单的现金实力往往不同，要认真分析
	客户的净利润率不同	这个可以衡量整个公司的收益状况
	客户的资产回报率不同	比较客户的投资与收益，并用来评估客户公司的管理水平
	回款周期不同	可衡量客户公司内部的现金是用来偿还贷款还是作为流动资金来使用的
	存货周期不同	可以衡量出客户的销售能力或实际使用量，还可以看出其现金流动的速度

续表

差异类型	差异表现	说　明
收益率差异	购买数量不同	购买数量对收益率有较大的影响，要重视
选择障碍差异	对股票知识了解的差异	一个人是否会入市往往取决于对股票了解的多少
	对股市的敏感度	影响客户赢利率，进而影响到经纪人的服务方式等
	过往的经验	经验对客户行为的影响重大，要重视
议价能力差异	个人购买者	相对好把握，但要注意具体问题具体分析
	集团购买者	要花点心思，但关系重大，要把握好

3．接触客户

经纪人需要和客户保持良好的接触，以了解客户不断变化的需求。通过接触客户，除了可以了解客户过去的交易行为之外，还能够预测客户未来的投资行为，这将为分析其潜在需求提供依据，从而更好地面对竞争，所以经纪人要长期保持与客户的联系，经常与客户交流，征求客户的意见。

（1）找准并优化客户接触点。就证券业务来说，通常有以下几个接触点，如图 8-1所示。

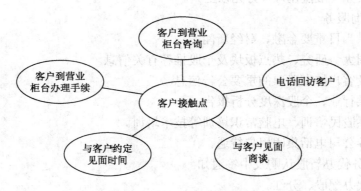

图 8-1　客户接触点构成

（2）接触客户。初步接触；了解客户，挖掘明确需求；证明能力，解决异议；总结利益，得到承诺。

4．了解客户，挖掘明确需求

几乎所有的交易都是通过提问的方式来了解客户的，在所有经验技巧中，了解客户并能挖掘明确需求的提问技巧在与客户的会谈中是至关重要的，具体如表 8-9 所示。

表8-9　了解客户并挖掘明确需求的提问技巧及其目的

提问技巧	目　　　　的
问背景问题	找出客户现状的事实，你可以事先做好准备工作，去除不必要的问题
问难点问题	找出客户现在所面临的困难和不满，此时要以解决客户难题为导向，而不是以服务做导向
问暗示问题	找出客户现在面临困难所带来的影响，注意问这样的问题之前，请先策划好，否则会让客户觉得生硬
问利益问题	让客户深刻地认识到并说出我们提供的服务能帮他或她做点什么。问这些问题要对客户有帮助性、建设性，并一定要让客户亲口告诉你，他或她需要提供什么程度服务

5．个性化服务与方法

证券投资经纪人需要针对不同客户设计不同的服务模式，适应客户的需求，真正实现"一对一"的最佳服务，将赢利客户发展为忠实客户，构成自己事业持续发展的基础。一般而言，经纪人提供的常见个性化服务如下。

（1）一般服务。发送E-mail、传真，温馨提示，新股中签、缴款等信息；场内标准提供各种资讯、广播股评、股评资料；场内交易软件和咨询软件的使用培训。

（2）会员服务（市值在××万元以上）。

1）投资咨询服务

- 免费提供当日重要金融、财经新闻。
- 传递每周大势研究、热点板块及个股推荐有关信息。
- 通知涉及客户持有股票的重要公告信息。
- 免费提供行业、个股深度分析报告。
- 免费提供股民培训、电脑常识培训等技术培训。
- 享受证券公司电话集团用户待遇。

2）业务服务代办新股认购及中签通知

- 通知并代办配股、分红。
- 客户支票存取款存根的递送。
- 每月电邮或传真对账单，新业务介绍。
- 每月至少两次投资者培训、股市沙龙、投资操作指导与交流。
- 月度账户情况及简要分析报告，并提出中期投资组合及操作建议。
- 专人负责网上交易设备和交易软件维护与使用指导，上门为会员解决问题。
- 接受会员客户委托办理的合理事务。

6. 建立客户信息数据库

建立客户信息数据库的目的是便于客户经理对客户的管理。客户信息数据库是客户信息系统的基础，具体如表 8-10 所示。

表 8-10 客户信息数据库的内容

客户信息数据库的项目	所含基本内容
基础资料	客户最原始的基本情况资料
客户特征	服务区域
	发展潜力
业务状况	客户所在单位经营管理者及业务人员素质
	客户与其他竞争者的关系
	客户与企业业务关系及合作态度
交易现状	存在问题
	声誉
	信用状况

7. 填写客户卡

客户基本信息卡如表 8-11 所示。

表 8-11 客户基本信息卡

服务人		日期	
姓名		籍贯	
生日		性别	
办公电话		客户基本情况	
手机			
宅电			
传真		客户地址	
客户投递信箱地址		邮编	
E-mail 地址			
备注		时间	
客户反馈信息记录			
客户经理对客户评语			

8.　回访客户流程

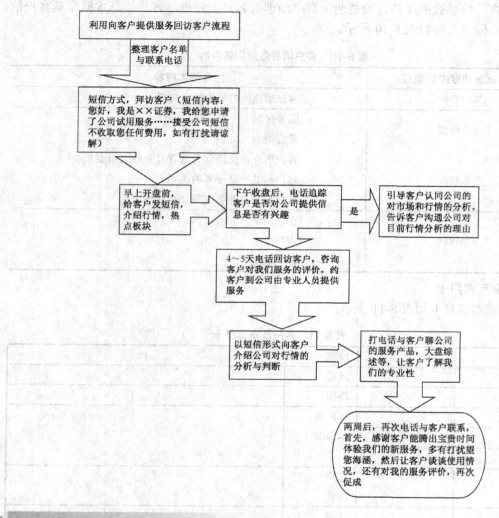

任务 2：正确对客户进行分类

8.2 ▲ 证券客户管理

8.2.1　证券潜在客户管理

1.　寻找潜在客户的途径

经纪人在正式寻找客户前，可以借助表 8-12 中所列的途径做准备工作。

表 8-12　寻找客户的途径

途　　径	描　　述	
到当地行业协会	基本上每个行业都有自己的行业协会，虽然行业协会往往是民间组织，但恐怕没有人能比行业协会更了解行业内的情况了，证券业也不例外	
	如果你的潜在客户恰好是某个协会的成员，能得到协会的帮助是你直接接触到潜在客户的有效方法	
到专业信息公司	一些专业信息公司能提供详细的信息，且信息每天更新，这可以为经纪人节约大量时间	
	这里的问题是要同信息公司付一些费用，但记住：时间就是金钱，就总体成本而言还是合算的	
在网上搜索	现代社会已越来越离不开网络，它是如此普及使得我们在网上搜索潜在客户变得十分方便	
	只要熟悉常见的搜索引擎，动手输入几个关键词，你就有可能获得客户名单、联系方法，甚至更多的详细、有用的信息	
到大型专业市场	如股票交易市场，你往往不仅能见到当地几乎所有同行，而且还能实地观察他们的实际状况，做到"知己知彼"	
请现有客户推荐	也许同行有时候真的是"冤家"，若同是经纪人未必会告诉你实话	
	客户当中往往有在行业内跌爬滚打了若干年的人了，哪个地区谁是龙头老大，他们可是比谁都要清楚	
	通常情况下，相互没有竞争的不同区域的客户给你的信息可能极有价值	
	如果你有这样一个习惯：每次拜访客户后不管成功与否都顺便问一句"能否给我推荐一个客户"，相信对你会大有好处	
争取竞争对手的客户	有些时候，生活就是这样：你想要找的客户不知在何方，竞争对手的客户却天天在你面前晃	应对策略：分析你与竞争对手的优势与劣势
	可惜的是，好多经纪人认为竞争对手的客户不是其潜在客户，原因是他们认为客户与原来经纪人长期建立起来的关系壁垒是坚不可摧的	明智的做法是：马上了解该客户的需求特点
	明确事实并非这样，只要你努力，或许在某一天他就转而成了你的客户	可用方法：将你的优势与客户的需求相联系，机会往往就在这里找到
政府机构相关部门	如果你的潜在客户需要获得政府机构有关方面资格认证，那他或她的信息往往就可以在公开的政府网站上获得	

2．潜在客户的类型分析

经纪人在了解了需要做的准备工作以后，就要明确潜在客户的类型了，这会有助于潜在客户的寻找，尤其有利于辨析与潜在客户接触时采用什么样的方法，进而扩大业务，这一点很关键。事实上，与潜在客户面对面交谈的过程，是一种战术与战略的发挥机会。在谈话中，经纪人要善于察言观色，善于分析研究，从中捕捉到客户的心理变化，迅速为客户做一次类型分析，从而选出较合适的对策。具体如表 8-13 所示。

表 8-13　潜在客户类型与对策

客户类型	表　现	对　策
小心谨慎型	对别人的话多疑问	争取把话题岔开
		不要与对方形成对立
		等客户再也想不出问题可以发问时，即表示成交的时机到了
	购买欲多波动，将你与其他经纪人对比	要了解对方的心理
		注意倾听，表现出尊重的样子
		努力使他主动做出成交的决定
自命不凡型	以自我为中心	用幽默感，多赞美的方法，迎合其自尊心
	行事果断	交谈中，语调要冷静沉着
	凡事表现出很懂的样子，用不以为然的神情对待你	经常性地提出一些小问题
		让客户发表个人看法
		使其觉得自己立场主动
		再找时机慢慢把话题引到你的主题上来
八面玲珑型	爱交朋友	尽早提及你的意图，观察对方是否有诚意
	性格开朗，能说会道	在解说自己的基本情况时，动作可以适当地大些
		手势也可以多一点，使对方很有兴趣听你讲
		当他觉得你提供的服务对其有帮助时，就有可能从此成为你的客户
深藏不露型	相对冷淡冷，似乎不爱说话	向其展示股票的优点，努力使其领会要义
	不轻易显露其想法	使他对股票业务产生兴趣，进而成为你的客户
理智好辩型	喜欢跟人唱反调	你的态度要相当谦逊友好
	喜欢谈理论	在谈话中，你不必多讲，但必须准确针对他的需求
		先承认对方说的有道理，并多倾听，以博取好感
	情绪感染的效果较差	对方在你面前自觉有优越感，又了解你提供服务的好处时，通常也会接受你，进而成为你的新客户
来去匆匆型	爱说忙	夸赞他是个活得充实的人
		直接告诉他你所提供服务的好处
	交谈时间非常有限	针对他的需求解说即可，抓住重点不必拐弯抹角
		鼓动他用你做经纪人，只要他信任你，这类型客户办事效率高，会很快同意

续表

客户类型	表　现	对　策
脾气暴躁型	耐心特别差，尤其对自己不满意的事	保持轻松愉快的心情
	喜欢侮辱或教训别人，常常毫无道理地暴跳如雷	不受对方威逼而低声下气地拍马屁，宜以不卑不亢的言语感动他，正可谓以静制动
犹豫不决型	兴趣时高时低	要从多方面做思想工作，打消他的种种顾虑

3. 寻找潜在客户的方法

寻找潜在客户的方法众多，下面介绍一些常用方法，如表 8-14 所示。

表 8-14　寻找潜在客户的方法

方　法	内　容	特　点	关　键　点
地毯式搜索法	又称逐户访问法、上门推销法，是指经纪人在事先约定的范围内挨家挨户访问的方法	访问范围广，涉及顾客多、可借机进行市场调查，了解潜在客户需求 盲目性大，耗费大量的人力和时间	不放过任何一个潜在的客户，对客户经理素质要求较高
广告搜索法	利用各种广告媒体寻找客户的方法	传播速度快，范围广 目标对象的选择不易掌握，广告费用高，无法掌握客户的具体反应	选择适合证券行业客户的媒介，注重广告的制作效果
扩张关系链法	通过老客户的介绍来寻找其他客户的方法	信息准确有效，能够增强说服力 事先难以制定客户完整的访问计划 客户经理往往处于被动的地位	尤其适合证券这种服务性的行业。客户经理要善于利用各种关系，必须取信于现有的客户，给现有的客户一定利益，拜访新客户时提前搞清其情况
会议寻找法	利用参加各种会议的机会，和其他与会者建立联系，并从中寻找潜在客户的方法	节约成本，参会者基本上是合格的潜在顾客	在实际运用中要注意技巧，尽量不提或委婉提出自己的意图
电话寻找法	客户经理利用打电话的方式寻找潜在客户的办法	一种心理沟通，具有方便、快捷、高效、超值等服务特点	要求客户经理具备电话沟通的能力并掌握其技巧

方　法	内　容	特　点	关 键 点
函件寻找法	以直接邮寄函件的方式来寻找潜在的客户	目标明确，成本高，时间长，回复率较低	以私人名义撰写信函，写信前搞清客户的姓名及基本情况，在信件结尾亲笔签名
观察法	客户经理通过自己对周围环境的分析和判断来寻找潜在客户的方法	成本低	对客户经理的判断力和观察力要求较高，要求判断时尽可能客观
专业渠道获得法	从专业的行业期刊、网络获得信息	较快地了解市场容量和潜在客户的情况，成本低。商业资料的时效性较差	灵活运用沟通技巧以获得对方的信任
	专业的市场调研公司所提供的行业分析报告与客户名录		
	通过行业协会主持的业内的技术研讨会、产业发展研讨会等渠道寻找客户		

挖掘潜在客户的方法除了上述几种外，还有很多。比如，既可以从朋友、熟人或没有竞争关系的其他人员那里获取相关信息，也可以通过商业展览获得资料。总之，寻找潜在客户是一个艰巨的工作过程，需要客户经理综合运用以上方法与技巧，才能取得最终的成功。

4．寻找客户的技巧
- 与尽可能多的人建立联系，无论正式还是非正式方式。
- 定期与可能成为社交网的朋友一起吃饭或运动。
- 向别人推荐适合对方的客户或商业机会。
- 不论偶然接触过的朋友还是社交网中经常向自己介绍客户的人，应通过各种沟通方式与他们保持密切关系。
- 向经常给自己介绍客户的人表示衷心的感谢，逢年过节给他们送贺卡及礼品，无论是否与该潜在客户成交。

8.2.2　小客户管理

1．正确认识小客户的重要性
小客户有巨大的发展潜力，但因为他们太小，经常会被忽略。作为初入证券投资行业的客户经理，最初接触的客户基本上是小客户，因此对小客户管理是客户经理最初的主要工作任务。实际上，对真正的营销高手而言，客户没有大与小，关键在于挖掘客户的潜力。在与小客户建立关系时，他们会给客户提出好的建议，给客户一个好印象；占有优势之后，客户经理就可以以更低的投入获得更高的产出。

许多人在对待客户政策中实行了幅度较大的有所倾斜和区别对待的政策，搞一地一策，甚至一户一策，过分强调重点大客户的作用，而对一般客户的重视程度却不够，甚至在服务理念上歧视一般客户。这种做法是一种只顾眼前利益、缺乏战略考虑的做法，势必造成不良后果。

2. 小客户管理方法

要公平对待每一位客户。不论大客户还是小客户都是客户，在思想深处都应该一视同仁，绝不能对小客户采取歧视态度。

（1）关注小客户巨大的潜力。增长潜力是需要考虑的第一要素，不管客户现在是大还是小，对于有增长潜力的小客户，通过长期的跟踪合作，客户经理可以和小客户一起成长发展。

（2）了解客户需求，为客户着想。看到了小客户巨大的潜力，客户经理应根据未来成长蓝图，构想出一个基于小客户需求的投资产品或服务的建议。这个建议一旦被客户接受，就会产生增值效应，引导客户不断带来新的客户。这也是客户经理不断提高客户忠诚度的好办法。

（3）注重私人感情交流。吸引小客户的手段主要是人脉和服务态度。所以，与大客户沟通的技巧不同，与小客户的沟通更要注重私人感情交流。与小客户进行稳固的沟通后，能够建立稳固的关系，进而形成排他性的合作关系。

与小客户进行良好的私人感情交流的核心，首先是真诚，必须用个人的正直、诚实赢得客户的好感和认同。同时，善于用客户喜欢的方式和语言来表达自己的想法，并且了解每个顾客的喜好，记住在生日或节日给客户一条问候的短信或一个精美别致的小礼品。另外，注意运用沟通提升同客户的关系附加值，如帮助客户进入更广阔的生意圈子，给客户介绍行业中有影响的人，通过提升这种关系的附加值，建立起更好的关系。

（4）"培训"小客户。证券公司往往会为 VIP 客户举办一些理财、健康等方面的讲座，进而培养他们的风险意识和理财意识，而对于小客户，却很少有一些系统的活动。实际上，小客户更加需要有这种"培训" 这种"培训"往往需要证券投资客户经理来提供。最有效的办法是对客户进行认真的分析，根据客户的需要，为客户准备一个建议，为小客户建立一个详尽的档案，档案里记录着每个客户的信息，以及给客户提供的每一条建议的时间、内容、客户采纳情况、客户对建议的评价，以及采纳建议后的收效。给客户提供的这些建议，要遵循简单实用的原则，根据客户的理解方式与接受能力，用客户喜欢的方式表达。

（5）为小客户提供超值服务。为小客户提供一般性的服务，如通过发送 E-mail、传真、温馨提示，提供各种咨询、广播投评、股评资料；提示新股中签、缴款等公告；提供场内交易软件和咨询软件的使用培训等。还要有选择地为小客户提供会员类服务，如免费提供当日重要金融、财经新闻；传递每周大势研究、热点板块及个股推荐有关信息；通知涉及客户持有股票的重要公告信息；免费提供行业、个股深度分析报告；免费提供股民培训、电脑常识培训等技术培训等。

 模拟情景设计 8-1

情　　景：在实训室模拟证券客户经理研讨会。

学生角色：客户经理 4 人。

情景内容：以客户经理团队为形式，探讨管理小客户的方法。

情景设计：

客户经理 A：作为一个初入行的证券投资客户经理来说，我们能找到的客户基本上是小客户，那么如何管理小客户是我们工作的重点，也是今后培养与开发大客户的必经之路。我们今天交流一下如何管理小客户，请大家说说各自的想法。

客户经理 A：我先开头。在小客户管理中，目前存在的最大问题，就是许多人在对待客户的政策中实行了幅度较大的有所倾斜和区别对待，搞一地一策，甚至一户一策，过分强调重点大客户的作用，而对一般客户的重视程度却不够，甚至在服务理念上歧视一般客户。我总觉得这是一种只顾眼前利益、缺乏战略考虑的做法，势必造成不良后果。

客户经理 B：表现在哪些方面呢？

客户经理 A：如不能与小客户共患难。

客户经理 C：这是不争的事实。还有的经纪人对小客户很无礼，往往对穷客户或小客户置若罔闻，对大客户趋之若鹜。

客户经理 D：对，这也很常见，他们一定忘了许多大客户也并不会一夜之间冒出来的事实了！

客户经理 B：我也发现有经验的经纪人往往除了既有的大客户，还会关注那些拥有巨大潜力的小客户。

客户经理 C：就是嘛，不管客户目前是大还是小，他们总是要发展的。我们要坚信：总有一天，小客户会成为大客户，至少他们有成为大客户的可能性。

客户经理 A：对，所以我们就要充分重视小客户。

客户经理 B：事实上，我认为运作小客户更像是在耕地种田，只有淡季不辞辛苦地去耕耘，到了旺季才会有收获，小客户在旺季发挥的威力并不会比大客户逊色多少。一般的中小客户往往发挥着非常重要的作用，他们分布广、数量多，如果我们不重视与一般客户的关系建设，就会造成一般客户积极性和忠诚性降低，影响事业的长期发展。

客户经理 A：对，好多大客户也是由小客户成长起来的，而且小客户做大做强的愿望也是很强烈的，他们的壮大需要经纪人更大的支持，小客户与我们合作的门槛也较大客户低得多。

客户经理 C：是的，只要经纪人能保证他们有较为理想的利润，他们的忠诚度还是比较高的。

　　客户经理 D：那确实是。而某些大客户却往往因资金雄厚、网络广阔、人员素质高而与经纪人讨价还价，在某些要求得不到满足的情况下，可能会另择新枝。

　　客户经理 A：我们再探讨一下如何挖掘并发展小客户吧。

　　客户经理 C：这首先要关注小客户巨大的潜力了，因为不管客户现在是大还是小，对于有增长潜力的小客户，通过长期的跟踪合作，我们可以和客户一起成长发展。绝不可轻视这样的客户，要知道，今天的"小不点"也许就是明天的大客户。

　　客户经理 B：我同意你的说法。市场中的小鱼总是成长得更快，而那些大鲨鱼发展的空间通常却是很有限的，所以今天的小客户很有可能成为明天的大客户。

　　客户经理 A：对，即便同样是大客户，有发展潜力的也比没有潜力的更有价值。和有潜力的客户合作，意味着帮助他们开发潜力，如果你能帮助客户把他们的潜力最大化地开发出来，双方就能一起成长，而且是一起更快地成长。

　　客户经理 D：是的，所以我们不仅要为他们提供今天最需要的服务，还要为他们提供明天最适合的服务，而这正是我们长期发展所必需的。

　　客户经理 A：对，往往好主意加执行力，才能赢得小客户。

　　客户经理 D：好主意加执行力怎么理解呢？

　　客户经理 A：是这样的，当我们看到了客户的巨大潜力以后，接下来要做的事就是根据客户未来成长的蓝图，构想出一个基于其购买能力的、可以付诸实施的好主意。这个主意一旦被客户接受，就会产生增值效应，引导客户不断开发出更大的投资空间。

　　客户经理 B：确实是，我也发现有经验的经纪人往往很擅长这类出谋划策。

　　客户经理 A：对，他们和各类客户打过交道，往往对市场也有着深刻的了解，对可能出现的情况和供选方案等都有清晰的认识。

　　客户经理 B：是的，更为重要的是他们能把想法转化成实际行动。

　　客户经理 C：实际上，他们的执行力正是他们胜出的法宝，也是受客户青睐的原因。

　　客户经理 D：所以，发展小客户，保持小客户竞争力，往往才能开拓发展空间。当客户发展得更强大时，你就会面临更多的竞争对手，这时候好多人都会想把客户抢走。

　　客户经理 A：是的，客户变得更强大时，面临的竞争也更加激烈。因为当他们达到了一定规模时，就不得不去争抢新的市场，触动原来相安无事的竞争者，于是客户被逼无奈，就会变得更苛刻。

　　客户经理 B：是的，我们绝不能被这种变化吓倒，因失去勇气而退出，而要把它看成独特的机会。当客户面临激烈的竞争时，会欢迎帮助和建议，特别是来自专业的、有经验的经纪人的建议。

　　客户经理 A：没错。我们能为他们提供最新的股市动向信息，提出有益的建议，就仍会是他们的座上客。事实上，要成为客户的首选不是一日之功，要永远成为他们的首选就更是难上加难了。

客户经理 B：所以，我们要做长期努力，不仅为他们提供增加利润的解决方案，还要提供能提升他们整体竞争力的方案。

客户经理 A：对，经纪人本身就意味着要满足客户需求嘛。一旦我们能够帮助客户提升竞争力，不久就能把他们发展为主要的客户。

客户经理 C：我认为，能给客户提出好的建议，给客户留下一个好印象是很重要的，这可以使我们在实践中占有优势。

客户经理 A：对，这样我们就可以以更低的投入获得更高的产出了。

客户经理 D：事实上，对我们来说，主要任务就是把客户的发展潜力最大限度地挖掘出来。

客户经理 A：今天的讨论让我们大家受益匪浅啊。但由于时间关系，今天的讨论会就到此为止吧。

8.2.3　大客户管理

对大客户进行管理的目的只有一个，那就是"为客户提供持续的个性化服务"，以此来满足客户的特定需求，从而建立长期稳定的大客户关系，当然大客户管理必须和经纪人自身的整体策略相结合。大客户通常是某一领域的细分客户，而且和传统的大众客户管理相差甚远，大客户管理能够最大化地满足顾客的需求。

1．大客户的类型

大客户有三类：普通大客户，这是由大客户经理与决策主体组成的；伙伴式大客户，这类大客户涉及的双方人员比较多，有双方的财务经理、物流经理、总经理等，涉及成本核算等领域的多方面合作；战略性大客户，这类大客户涉及的人员和组织从最基层的销售员、采购员到高层的 CEO、董事长。

2．影响大客户投资有价证券的因素

大客户购买有价证券的影响因素比较多，但最常见的有以下一些，如表 8-15 所示。

表 8-15　影响大客户投资证券的因素

费用	在进行证券产品交易的过程中费用是否最小，是大客户要考虑的问题
赚钱概率	做证券投资收益率的大小是大客户考虑的重要问题
购买股票的复杂程度	证券公司所提供的服务越复杂，客户所需要处理的问题就越多，潜在成本也就越高
政治因素	政府的货币政策是否对其有影响

3．为大客户提供服务

从以上大客户进行证券投资时注重的因素可以看出，这对客户经理本身的素质有较高

的要求。客户经理对客户本身的状况、赢利方式要有绝对的了解，要有相当强的沟通能力，还要掌握丰富的证券知识和全面的业务知识。客户期望客户经理有能力和其沟通，提出建议性的设想，并有能力推进合作。客户经理要有很强的谈判能力，在整体的战略思考、管理计划、组织能力上要更胜一筹，对于股票知识和培训能力也有一定的要求。最好还能够知悉法律、财务的基本知识。

客户经理在与大客户进行沟通并提供服务时要有针对性。这是最关键的一点，要根据不同行业、不同服务进行区分，这样才能为大客户创造不同一般的价值和服务。

（1）咨询：
- VIP 会员个股的即时信息。
- 重大政策发布通报及影响分析。
- 投资深度分析（资金流向、庄家动向及信息、公司研究）。
- 大盘研判，热点板块及个股追踪，并给出指导性意见。
- 客户指定上市公司的调研，并提交调研报告。
- 国际、国内财经信息，重大事件信息。

（2）各项服务：
- 月度投资回顾及分析，并提出改进意见。
- 提供量身定做的投资组合及操作建议。
- 用手机短信等形式提示 VIP 会员客户股票买入卖出点位，盘前、盘中提示。

（3）提供家庭理财投资顾问服务。

（4）提供与本证券公司有合作的相关单位的优惠（如银行储蓄、保险、开放基金分析等）。

4．大客户的档案管理

大客户档案管理的内容如表 3-16 所示。

表 8-16　大客户档案管理

类　型	内　　容
基本信息	包括客户的电话、地址、传真、E-mail、性格、爱好等基本信息
重要信息	客户的资源及客户状况，我们所提供的服务有多少，竞争对手有多少，带给客户的利润如何等
核心信息	管理客户的计划和提供的策略，并检查其效果以便随时改正
过程管理信息	包括所有的谈判记录、谈判参与人的身份，我们在谈判过程中的回答、下一步的策略

任务3：对证券投资客户忠诚度进行管理

8.3 证券投资客户忠诚度概述

8.3.1 客户忠诚

1. 客户忠诚的含义和特征

客户忠诚的含义是指由于受价格、产品、服务特性或者其他因素的影响，客户长久地购买某一企业或某一品牌的产品或服务的行为。客户忠诚度就是对这一行为的量化。

客户忠诚是企业长期获利和业绩增长的有效途径。对于证券公司而言，其最大的成本就是吸引新客户，吸引一个新客户比留住一个老客户的成本高4~6倍。客户的存留量与公司的利润之间具有很高的相关性，与长期利润相关的唯一因素是客户的忠诚，不是销售量、市场份额或低成本。客户满意可降低经纪人未来工作过程中的交易成本，客户流失率每减少1%，就相当于降低5%的成本。客户忠诚还可以降低企业管理成本，节省时间，同时处理客户不满可花费更少的资源。

2. 忠诚客户的特征

- 会反复地消费证券公司的产品或服务，公司甚至可以定量分析出他们的购买频率。
- 在消费产品或服务时，选择呈多样性，他们更信任该证券公司的产品或服务，很支持企业的活动，更关注企业所提供的新产品或新服务。
- 乐于向他人推荐企业的产品，被推荐者相对于其他客户会更亲近于该证券公司的产品或服务。
- 会排斥其他该证券公司的竞争对手，只要忠诚的纽带未被打破，他们会竭力维护公司的利益与形象。

3. 客户忠诚三要素

客户忠诚建立在多个要素之上，而不仅仅是建立在客户经理对客户偏好的记录上，仅有客户管理系统和大容量的数据库是远远不够的，要培育客户忠诚，需要深入了解客户忠诚的各个要素。

（1）信任。客户忠诚的第一个要素是信任。客户必须要信任他的客户经理，信任是客户忠诚的一个决定性的因素。

- 在实际生活中，信任客户经理可以降低客户遭受损失的可能性，或帮助客户降低风险。
- 从本质上来说，信任支持了客户那种认为"可以在服务中得到积极成果"的信念。信任的效果可以表述为这样一种感觉，即经纪人是专业人士，可以"把事情做好"。

- 只有在客户产生了对经纪人的信任之后，忠诚才能产生。
- 让客户信任客户经理的前提是，客户经理具备三个支持性的部分：经纪人提供服务的能力、善意和信誉。只有这三个部分合一，才能让客户产生信任。
- 经纪人必须在和客户接触的早期就向客户表现出支持性的三个部分，并且在和客户的全面接触中不断深化客户对这三个部分的认知。

（2）感知价值。客户忠诚的第二个要素是感知价值。客户在服务中获得的感知价值必须要比从其他竞争者的服务中获得的服务价值更高。在这里，客户经理要非常注意从客户角度来理解价值和成本的真正内涵，因为这是使客户获得高感知价值的基础。具体来说，需要了解以下几个方面。

- 影响建立客户忠诚的要素中，纯感知价值是仅次于信任的要素。
- 感知价值可以被看做是一个综合框架，客户通过这个框架来评估价格、已发生的成本以及从客户经理那里所获得的收益，并将评估结果和其他证券公司的价格、费用和能够提供的收益进行对比之后，获得的总体感觉。
- 不同情况下评估框架的内容会有区别，因为不同的客户采用不同的方式来评估价值，通常所说的"客户满意度"，在一定程度上来源于纯感知价值。最基本的价值计算就是成本和收益的计算。
- 从客户的角度看，成本是多种多样的。成本既包括了货币成本、服务的价格，又包括了客户在交易中花费的时间和精力，以及所承受的担忧和不确定性。
- 价值也是多种多样的，客户经理要精确地理解客户所看重的价值，并将这些价值提供给客户。
- 也有一些客户会非常看重交易的方便性，对于他们来说，时间是关键性的要素。

总之，降低信息搜寻时间的成本，加快交易和交货的速度，减少交易过程中客户的精力花费，将会获得客户的价值认同。

（3）情感。客户忠诚的第三个要素是情感。如果客户经理能够实现以上两点，那么也能够让客户产生一定程度的情感依恋。这种情感回应一旦在交托给客户经理之后，就不容易改变，从而形成高度的客户忠诚。实际上，客户的所有决定都在某种程度上和情感因素有些联系。

- 忠诚客户经理对于客户自身来说也有好处，它不仅可以节省客户进行服务比较的精力，还能节省搜寻合意服务所需要的咨询时间，因此客户对于合意的客户经理总是抱有很深的感情。
- 客户对客户经理的感情依恋主要有信赖感与信誉感、自豪感和激情。
- 信赖感和信誉感来源于客户经理构建信任的努力，是客户经理确保服务的一致性并承担相关责任之后的成果。
- 自豪感则属于一个更高的层次，反映了客户对于客户经理的深层次认同。
- 激情则反映了服务对于客户的无可替代性，体现了客户经理对客户需求的完美满足。

4. 客户忠诚分类

这种以感性为基础的表述表明，不同客户所具有的客户忠诚度差别很大。具体的类型如表 8-17 所示。

表 8-17　客户忠诚分类

类　型	内　容	客户忠诚度特点
垄断忠诚	指客户别无选择。典型的情况是一个地区只有一家或很少的证券公司或营业部	高依赖、高重复购买的客户
惰性忠诚	指客户因为惰性而不愿意去寻找其他的证券公司或营业部。如果其他证券公司给予更好的服务，便会被挖走	高重复购买、低依赖的客户。通过提供高质量的服务与产品留住客户
方便忠诚	指由于地理位置或环境比较方便或熟悉等。如果其他证券公司给予更好的服务，便会被挖走	高重复购买、低依赖客户。通过提供高质量的服务与产品留住客户
潜在忠诚	指客户希望得到更多的咨询，但因为交易量不大，而被证券公司拒绝提供较周到的服务	低重复购买、低依赖客户。提供高质量的服务与产品留住客户。证券公司应提供差异化服务
价格忠诚	对于价格敏感的客户会忠诚于提供最低价格的证券公司	低依赖、低重复购买的客户。证券公司无法把这些客户培养成忠诚客户
激励客户	当证券公司提供优惠服务时，这些客户就会加入，但活动结束时，就转向其他证券公司	低依赖、低重复购买的客户
超值忠诚	这是一种典型的感情或品牌忠诚。这种忠诚对证券公司是最有价值的。客户对使其从中受益的产品和服务情有独钟	低依赖、高重复购买的客户

8.3.2　提高客户忠诚度的策略和方法

1. 培养客户忠诚的策略

获得客户忠诚的最好办法就是客户经理以自己的忠诚或者采取忠诚的行为换取客户的忠诚。在以客户需求为导向的今天，每一个客户都是独立的、不相同的，只有按照客户的需求去做，尽可能地满足客户需求，才能留住客户。让客户忠诚就必须从客户资产的安全性、流动性和收益性等方面来考虑，尤其是为重点客户服务时，要尽量为其着想。当客户需要帮助时，把客户的困难与问题当成自己的任务来解决，这样才会使客户成为企业忠诚的客户。

一般而言，从公司角度来说，可以通过客户差异化管理和服务差异化管理来获得客户忠诚。

（1）客户差异化管理。采取客户差异化管理的前提是必须了解客户，这包括熟悉每个客户的独特之处，掌握导致客户之间差异的原因。为了识别每个客户的特点，通常从内在因素识别忠诚客户群，根据客户交易量的大小、客户交易量增长率的大小、这种客户关系持续的时间长短、客户关系能带来利润的大小等方面，将客户进行分类。在搞清哪些客户让公司赚钱，哪些客户让公司赔钱后，有助于客户经理制定忠诚营销战略。

（2）服务差异化管理。服务差异化管理就是提高服务附加值的营销战略，其目的是提供一系列满足甚至超过投资者期望值的产品和服务。在了解了客户的差异及特殊需求后，就要提供相应的产品和服务使之得到满足。证券投资客户经理能为客户提供的服务产品主要有信息服务和理财服务。

一类是和投资者交易行为相关的账户交易服务，如实时成交回报、持仓股增发配送提示、自选股的预警、新股中签提示、新股上市提示等。客户经理要把这些信息及时传送给客户。

另一类是资讯服务。一般证券公司都有基于信息电子化平台向投资者传递其所需要的证券信息的服务，如与客户相关的重大消息公告、持仓股公告、财务数据、一对一答疑。从客户经理角度来说，要合理地利用公司这些资讯，及时向客户提示或提出建议。

2. 将潜在客户转化成忠诚客户的方法

（1）将潜在客户或一般客户转化成忠诚客户的重点是客户经理做深一层的调查，看对方是否有成为你的忠诚客户的实际欲望，令其自然过渡。

（2）将有效潜在顾客转型为一般客户，这一步非常关键，客户从此是否为忠诚客户在于客户经理的第一次服务。很多人总是操之过急，恨不得一口吃个大胖子，这样做的后果往往适得其反。

（3）将第一次合作者转型为一般客户，客户认可了客户经理的服务和专业技能，在其再次需要此服务时，一定会毫不犹豫地选择你。在这种时候，服务依然是最为关键的，客户现在成了你的朋友，但并不是你忠诚的朋友，这就需要客户经理再次努力。

（4）诱导一般客户转为忠诚的客户，到了这一步，客户经理才可以要求客户做自己的长期合作伙伴。一来基于客户的信任不好拒绝，二来客户经理也有足够的自信去要求客户。

8.3.3　客户流失

1. 客户流失的原因

导致客户流失的原因是多样的，具体如表 8-18 所示。

表 8-18　客户流失的原因与分析

流失原因	分　析
客户流动	客户从原单位调离，甚至离开所在城市，导致流失
竞争对手的"抢夺"	被竞争对手用感情投资或利益诱惑挖走客户
股市波动	一时不可预料的因素，如银行利率上调，股票价格下跌，导致客户没钱赚甚至赔钱，选择离开市场
细节疏忽	客户经理在与客户沟通的细节上出现了问题，使客户反感而离开
诚信问题	有意无意的失信，导致客户的信心尽失，进而退出
自然因素	缺乏沟通、管理不到位、客户不愿意继续从事股票行业，使客户流失
服务质量	客户对服务不满，就会转向寻求新的更能满足其需求的客户经理

2．防止客户流失的措施

要努力防止流失客户，有以下几个措施。

（1）在满足客户基本需求的情况下，可以尽可能为其提供额外增值。

（2）对于留住老客户来说，服务到位比什么都重要。一般来说，客户衡量客户经理服务优劣的标准包含几个方面，如图 8-2 所示。

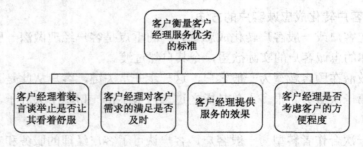

图 8-2　客户衡量客户经理服务优劣的标准

（3）感情留客。要留住老客户，就客户经理而言，以下三点要特别记住：

- 利益。要尽量让客户最大限度地得到好处，实现客户小投入大回报的愿望。
- 方便。让客户感觉和客户经理或证券公司合作是最方便的，而且麻烦也最少。
- 感情。让客户感受到被尊重，感觉到跟客户经理打交道有享受般的快乐，必要时客户经理要学会适当地满足客户的虚荣心。

3．留住客户的步骤

防止客户流失的措施可以减少客户流失，那么如果客户真的要流失了，该怎样挽留呢？其步骤如表 8-19 所示。

表 8-19　挽留客户的步骤

明确界定客户保持的目标和相关战略	对客户的基本目标和战略要有明确的了解，做到知己知彼
对客户群进行划分	根据"二八法则"，对于优质客户，要为他们提供更多的附加价值，提高他们的忠诚度，对于价值不大的客户群，也要保持足够的关注，因为他们也可能发展成为优质客户
了解客户的关键需求	全方位优质服务是好，但有的客户对时间的要求特别高，也有的客户可能对相关的成本看得比较重，或对服务质量有较高的要求，客户经理要弄清客户所期望的绩效与实际所感知的绩效之间存在的差距
通过改进服务流程	进一步改进和提高客户所需要的绩效
关注客户的需求变化	客户在不同时期有不同的需求，客户经理要随之做出调整，以满足其新需求
通过合理手段，增加客户的退出成本	有的客户考虑到退出成本比较大，于己不利，就会打消退出的念头
考核客户留住计划的实施情况	通过考核，调整自己的计划

单元实训题

目　　　的：使学生按照客户管理的流程，了解客户基本类型；根据客户行为特征，对不同目标客户设计不同服务组合策略。

规则与要求：

（1）根据四种不同类型的客户特征，要求学生以小组为单位，设计一种类型的目标客户及相应的服务策略。

（2）由各小组派出一名代表，一个学生扮演一个特定行为特征的客户，由另一个小组的学生扮演客户经理，要求客户经理与客户进行沟通，最后判断这名客户的行为特征，并针对其特征进行服务营销。

情　　　景：在实训室模拟证券公司营业部团队培训。

评　　　价：由教师根据设计方案中的合理与完整性进行评价，由学生对客户经理提供的服务营销的质量进行评价。

项目九

培养证券经纪人职业素养

知识目标

要求学生理解证券经纪人的基本职能，掌握必备的礼仪知识。

实训目标

- 培养证券经纪人的素质。
- 训练证券经纪人基本的礼仪。

学习导航

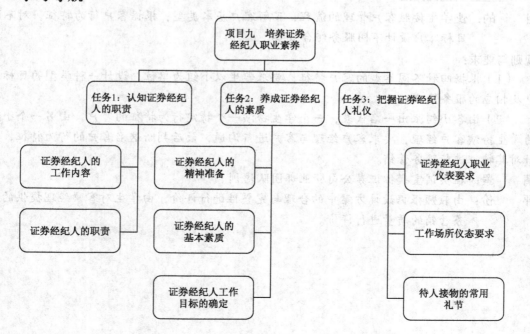

相关链接

这是一场艰难的谈判。一天下来，美国约瑟先生对于对手——中国某医疗机械的范厂长，既恼火又钦佩。这个范厂长对即将引进的"大输液管"生产线行情非常熟悉。不仅对设备的技术指数要求高，而且价格压得很低。在中国，约瑟似乎没有遇到过这样难缠而有实力的谈判对手。他断定，今后和务实的范厂长合作，事业是能顺利的。于是接受了范厂长偏低的报价。双方约定第二天正式签订协议。天色尚早，范厂长邀请约瑟到车间看一看。车间井然有序，约瑟边看边赞许地点头。突然，范厂长觉得嗓子里有条小虫在爬，不由得咳了一声，便急急地向车间一角奔去。约瑟诧异地盯着范厂长，只见他在墙角吐了一口痰，然后用鞋底擦了擦，油漆的地面留下了一片痰渍。约瑟快步走出车间，不顾范厂长的竭力挽留，坚决要回宾馆。第二天一早，翻译给范厂长送来约瑟的信："尊敬的范先生，我十分钦佩您的才智与精明，但车间里你吐痰的一幕使我一夜难眠。恕我直言，一个厂长的卫生习惯，可以反映一个工厂的管理素质。况且，我们今后生产的是用来治病的输液管。贵国有句谚语：人命关天！请原谅我的不辞而别，否则，上帝会惩罚我的……"

人常说，大智不拘小节。但别人可以这样看你，你自己却不能这样原谅自己，尤其是在社交活动中。因为有些小节，恰恰暴露出你礼仪修养上的差距。而又恰是对方所重视的，这就成了影响合作的大障碍。因此，在社会交往中，言谈举止中的礼仪是非常重要的。

（选自 http://www.worlduc.com/blog.aspx?bid=3963592）

任务 1：认知证券经纪人的职责

9.1　证券经纪人概述

9.1.1　证券经纪人的工作内容

要做一名成功的证券经纪人，就必须明确自己的工作职责，明白自身职责之前，有必要先了解其工作内容，我们认为正券经纪人的工作内容至少应包括以下两部分。

1. 客户开发

虽然现在炒股的人很多，但毕竟没有到人人都炒股的地步，因此证券经纪人必须努力地去开发客户，具体步骤如表 9-1 所示。

表 9-1　客户开发步骤

步骤一	客户名单获取	方法一：发传单
		方法二：购买
步骤二	客户约见	方法一：电话
		方法二：直邮
		方法三：电话营销（推荐使用）
步骤三	客户促成	有前面两个环节的铺垫，第三个环节就容易做了，一般而言，只要客户肯见面，就基本上能成交
		本步骤要求证券经纪人对证券有一定的认识，至少在客户面前能说出一些专业的东西来

2．客户维护

客户维护对证券经纪人而言至关重要，要维护客户往往是依赖于客户忠诚度，而客户是否忠诚，在很大程度上取决于他或她有没有得到优良的关怀服务。目前，证券市场普遍使用远程交易，所以需要从以下两个环节的工作着手来维护客户，如表 9-2 所示。

表 9-2　维护客户关系的方法

方　　法	工　作　内　容	特　　点
上门维护	上门取单、送单、提供咨询维护，协助客户进行资金安排，营销自身金融产品，挖掘和发展客户，收集和反馈各种信息	证券经纪人经常采用上门维护的方式，与客户维护关系中大部分时间是在客户那里
知识维护	普及金融知识、启迪金融意识是金融企业培育客户群、刺激金融需求的重要保证。证券经纪人可以在帮助客户治家理财的过程中，为客户提供良好的知识和信息服务中，提高自身的信誉，增加客户对自己的信任	能提供知识维护的证券经纪人才是证券投资业务的专家
情感维护	证券经纪人在与客户的沟通中，应设身处地为客户着想，不仅要把产品营销出去，还要注重人情味，与客户建立长期稳定的朋友关系	先与客户做朋友，把诚挚的情感、温馨的维护和美的享受注入维护客户的全过程中。向客户提供超出其心理预期的、具有人情味的服务
顾问式营销维护	证券经纪人在以专业营销技巧进行产品营销的同时，能运用综合分析等，满足客户的不同投资需求，并能帮助客户预见其未来的财务需求而提出建议	发挥证券经纪人对客户的顾问、咨询等作用，谋求买卖双方的长期信任与合作
交叉销售维护	当客户接受证券公司一个服务或产品时，证券经纪人应当努力争取为其提供尽可能多的服务	从客户的需求出发，为其设计产品和服务

证券经纪人的两大工作内容在时间的安排上应该是动态的。作为一个证券经纪人，一开始百分之百的工作量可能要放在客户的开发上。随着客户的逐步增多，开发的工作量将逐步减少，取而代之的将是客户维护，所以一定要努力维护好自己的客户，这将是证券经纪人的事业可持续发展的重要基础。

9.1.2 证券经纪人的职责

证券经纪人在证券交易中从事的是中介业务，他们的职责总的来说是代理客户买卖证券。具体而言，如表 9-3 所列的 5 个方面。

表 9-3 证券经纪人职责

职 责	内容描述
定期与客户进行沟通和联络，维护客户与公司之间的业务信息与需求信息	时刻关注客户的需求动态，做好售后服务工作和维护客户关系
	定期拜访客户，根据客户投资收益情况，定期对客户价值做出判断
	注重与客户进行沟通和协调，彼此形成互相信任的关系，增加客户对公司的满意度和忠诚度
不断地向客户营销和推介公司所有的产品和服务	根据客户需求的变化，寻找客户需求与证券产品和服务的结合点
	开发客户的潜在需求
	运用各种营销手段与技巧，让客户从使用公司单一产品，向使用综合产品发展，进而提升客户关系的价值
负责收集客户各种信息	收集需求信息、财务信息等
	对收集到的信息进行分类整理，然后归入客户资料档案
	将客户财务等方面的信息传递到公司相关部门，以便公司全面整合客户资源
主动寻找目标客户，负责开发新客户	学会并能运用各种技巧
	扩大客户资源
负责客户前期调查	初步评价产品设计方案
	提出业务建议
负责客户前期调查	提交关于客户的各种信息资料、客户综合服务方案和客户价值评估报告等方面的文字材料
	与其他部门积极主动地进行关系协调
	在与客户沟通中，要注意发挥促销功能，积极宣传公司文化与理念，为公司树立整体的社会形象

任务 2：养成证券经纪人的素质

9.2 证券经纪人的素质

证券经纪人在推销过程中能否游刃有余，主要取决于其业务素质。要提高业务素质，首先，要有精神上的准备；其次，在充分的精神准备基础上了解行业本身的素质要求；最后，在基本素质的支撑下来确定工作目标，开始自己的事业之旅。

9.2.1 证券经纪人的精神准备

在证券经纪人的工作中，寻找客户，向客户介绍营业部的产品和服务，最终让客户购买咨询产品、基金产品或开户投资，构成了证券经纪人工作的大部分内容。而对国家政策的准确把握，市场行情的变化，投资人的情绪变化，都让证券经纪人的工作充满了艰辛和挑战，因此，在具备推销过程中必备技能的同时，证券经纪人还必须有精神准备。

1．证券经纪人成功的精神要素

证券经纪人成功的精神要素表现在以下方面，如表 9-4 所示

表 9-4　证券经纪人成功的精神要素

内　容	具体要求	
制定目标	短期（一天到几个月） 中期（几个月） 长期（一年以上）	写出目标：让自己行动起来 告诉别人：得到别人的帮助
保持积极的心态	建立自信的方法	方法一：不断地取得成功
		方法二：不断地想象成功
		方法三：不断地强化成功经历
学会应对压力	对成功的渴望和现实中遇到的挫折会引起巨大的压力	
	用寻找工作与生活中乐趣的方法调节情绪，排解压力	
怀有梦想	梦想让所在中小投资者都能按照理性的投资方法，获取稳定的投资收益，不盲目、不悲观，不落入各种各样的投资陷阱	
保持自我激励和外在激励	长期保持行动的激情，不断进取	
	把外在的奖励作为内在满足的表现	
勇于表现自己	克服自卑感，大胆地在各种场合向投资者推荐产品，表现自己	
寻找竞争与合作的平衡点	与别人竞争，同时也与自己竞争	
	与同伴合作，与竞争者合作，谋求最大的成功	

2. 积极的自我暗示

为了更加形象直观,如图 9-1 所示。

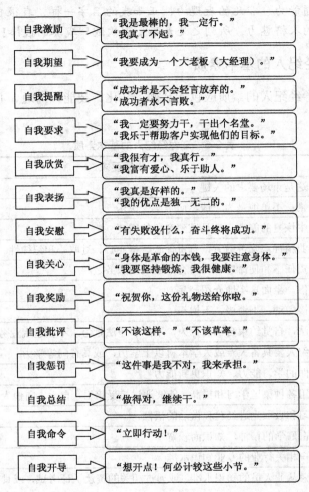

自我激励	"我是最棒的,我一定行。" "我真了不起。"
自我期望	"我要成为一个大老板(大经理)。"
自我提醒	"成功者是不会轻言放弃的。" "成功者永不言败。"
自我要求	"我一定要努力干,干出个名堂。" "我乐于帮助客户实现他们的目标。"
自我欣赏	"我很有才,我真行。" "我富有爱心、乐于助人。"
自我表扬	"我真是好样的。" "我的优点是独一无二的。"
自我安慰	"有失败没什么,奋斗终将成功。"
自我关心	"身体是革命的本钱,我要注意身体。" "我要坚持锻炼,我很健康。"
自我奖励	"祝贺你,这份礼物送给你啦。"
自我批评	"不该这样。" "不该草率。"
自我惩罚	"这件事是我不对,我来承担。"
自我总结	"做得对,继续干。"
自我命令	"立即行动!"
自我开导	"想开点!何必计较这些小节。"

图 9-1 积极的自我暗示训练

🌐 模拟情景设计 9-1

情　　景:模拟证券公司营业部证券经纪人团队培训。

学生角色:模拟证券经纪人。

顾客身份:一位客户(学生扮演)来到证券公司营业部或商业银行的咨询台,询问有关股票的事项。请证券经纪人与这位客户交谈,注意上述交谈禁忌。

情景内容:表现证券经纪人自信和工作激情。

情景设计：所有学生围坐一圈，让表演的学生在圈中尽自己的最大声，喊出鼓励自己的内容。如我叫×××，今年 21 岁，我是最棒的，因为我有超强的抗打击能力、良好的沟通能力、非凡的表现力，正如我的名字一样，我很自信，尤其值得一提的是我的人格魅力，所到之处无不受到欢迎！我真的最棒！

9.2.2 证券经纪人的基本素质

一般而言，证券经纪人的素质应包括品德、文化、技能、沟通、心理等几个方面，具体如表 9-5 所示。

表 9-5 证券经纪人的基本素质

类　　型	素质要求
品德素质	诚实：这是市场要求的关键
	自我激励：不单纯是为了钱，而是享受快乐
	从挫败中恢复的能力：这是激烈竞争的需要
	具备敬业精神，吃苦耐劳，有责任心、事业心、进取心和纪律性
	将社会责任感和使命感融入为客户的竭诚服务之中
	诚实守信，全面真实地介绍产品
	工作积极主动，不消极，不抱怨
	遵纪守法，自觉约束自己的行为，不从事违法行为，不做违规业务，自我约束力强等
文化素质	证券经纪人要具备大专或大学本科以上学历，或具有同等学力
	具有全面的学习能力、知识更新能力
	善于利用各种渠道学习和提高，能够通过接受培训、自学、向他人学习等方式不断进取
	具有学习和吸取先进经验和做法的悟性
	具有勤奋好学的精神，知识面较宽
	具有客户相关行业的专业知识水准
	具有金融从业人员的知识水准，或通过相关的资质认证考试，或具有丰富的银行从业的经验等
技能素质	熟悉所有产品，对证券产品具有操作和管理经验
	了解公司有关的业务规定，熟悉公司的发展战略及策略
	具有客户至上的工作意识，对市场、客户、新技术、新产品等方面的变换具有敏锐的洞察力
	具有丰富的营销经验和经销技巧，善于与客户沟通。
	具有创新思想，乐于并善于创新，在工作中灵活、敏感，能够及时调整低效率工作状态
	工作效率高，善于利用时间、管理时间，并具有稳健的工作作风

续表

类 型	素质要求
技能素质	处事果断，善于应变，愿意接受和面对挑战，并愿意虚心学习，自我提高
	具有较宽知识面，对某些客户的行业知识有专业化经验，善于钻研业务
	具备获取信息能力、直觉判断能力和综合分析能力，能够在工作中识别客户风险
	尊重上级，服从安排，并能够坚持工作原则
沟通素质	人际交往能力强，具有良好的协调与沟通能力，性格外向
	注意衣着整洁，举止稳重大方，具有较好的形象和气质
	具有较高的文化艺术修养，知识面广，有丰富的人生经历
	具有较高的悟性，善解人意，灵活机敏，不死板
	语言表达能力强，懂得语言的艺术，善用诙谐、幽默的语言调节会谈的气氛
	会应用高明的、委婉的语言来面对客户的拒绝，处理客户的异议
	善于借用外部资源，协调工作中的问题
	具有豁达、宽容的处世态度，善于合作
心理素质	具有外向、开朗、大度、包容的性格魅力
	对挫败和挫折具有较强的心理承受能力
	具有挑战性格，不服输，能吃苦耐劳，不断进取
	头脑冷静，不感情用事，善于灵活变通
	具有积极的心态，并能影响和调整他人的情绪
	具有克服困难的勇气和智慧
	具有利他主义的精神境界，善于为他人着想，不自私

9.2.3 证券经纪人工作目标的确定

通过学习，有了相应的精神准备，而且也具备了应有的素质，接下来就要有个职业规划了。一般而言，要从确定工作目标做起，之前还应了解有效目标的特征，如图 9-2 所示。

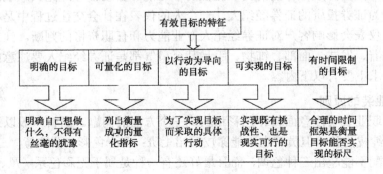

图 9-2 有效目标的特征

实现目标的步骤如图 9-3 所示。

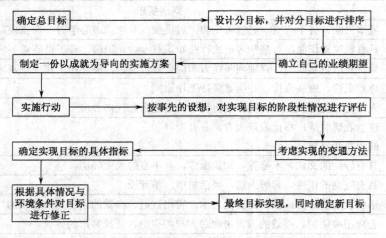

图 9-3 实现目标的 10 个步骤

任务 3：把握证券经纪人礼仪

9.3 证券经纪人礼仪概述

9.3.1 证券经纪人职业仪表要求

礼仪就是人们在社会交往活动中应共同遵守的行为规范和准则。在证券交易中，除了应具备一些必备的专业技能外，还必须了解与客户相处的规范，这些规范就是证券经纪人的交际礼仪。学习礼仪首先要摆正位置，端正态度，这在交际中至关重要。良好得体的礼仪行为是证券经纪人开展工作的前提，礼仪的学习能够帮助证券经纪人顺利地走进市场、走向社会。作为证券投资的证券经纪人，一个人的仪表在社会交往过程中是构成第一印象的主要因素，仪表会影响客户对证券经纪人专业能力和任职资格的判断。注重仪表应该是全方位的：衣着、发式、面部、饰物、手足甚至口气都是证券经纪人要注意的内容。在交往中的仪表要求主要有以下内容。

1. 着职业装的原则

通常，着职业装要注意面料、色彩和款式三个方面的问题。面料一般以纯毛、纯麻、纯棉、纯丝和纯皮为佳，但员工也不能穿皮短裙上班；至于色彩，要注意"三色原则"，即全身的服饰搭配不能超出三种色调，而且最好还有一种是属于无彩色系（黑、白或灰）；款式更有一个众所周知的"TPO"原则，即以时间、地点、场合为转移。

2．女性着装与化妆要求

（1）着装。具体如下分述。

1）服装。女士上班着装以保守为宜。时髦和个性是允许的，但不是在工作的时间。女性要想建立起自己的专业形象，衣着保守、装扮干练是很有帮助的。女士着装以套裙为宜，短袖、长袖不拘，无袖露肩则不宜。裙子不宜过短，最好是恰至膝部或膝上部。女士着装尤其避免走性感暴露路线，紧身服饰也应当避免。另外，长曳至地的拖沓衣裙也应避免。

2）女性配件。如果你的腿不是很出色，不要穿着有花样或颜色很深的袜子来吸引别人注意，浅淡风格的最好。丝袜一定要高于裙子下摆，无论站着还是坐着都不能露出大腿来。丝袜和鞋子的颜色一定要相称，即要浅于鞋子的颜色。

3）鞋子和手提包搭配。鞋子和手提包的颜色应该调和，黑色的手提包和鞋子是最好搭配的，可以省去一大堆其他的饰品。手提包应该擦亮，保持干净，勿破旧不堪。手提包不可以放在桌上。

4）首饰。有时首饰会让人质疑女性的专业特性，如太大、太吵、太耀眼的首饰就不适合佩戴，因为当你甩头的时候，你的耳环可能会叮当作响，这会完全破坏他人的注意力。不应该同时佩戴太多的首饰，通常全身饰物不宜超过 3 件。

（2）化妆。女性化妆的原则是要注意调和，不可以太夸张，也不可以太引人注意，要让身边的人不知道你化了妆。还要注意：不要在公众场合化妆；应该去盥洗室补妆；不要在男士面前化妆；不要轻易借用他人的化妆品；慎用浓香型的化妆品。

3．男士着装要求

（1）服装以西装为主。男士上班应着装正式，着西装，打领带，穿皮鞋。夏天可不穿西装外套。如有正式活动，一定要着西装外套。穿着西装还要注意与鞋袜的整体搭配。穿西装应注意以下问题：去掉袖口的标签；选用经典的两粒扣的西装为宜；在正式场合通常应当穿套装，即同质、同色、款式相同的西装。

（2）领带长短适合。领带被称为西装的"画龙点睛之处"，领带打好后的长度下端在皮带下 1～1.5 厘米处。正式场合，穿双排扣西装上衣，扣子应当永远扣着。穿 2 颗扣的单排扣西装上衣，上边那颗扣子应当扣上，下边那颗扣永远都是解开的；或上下 2 颗扣都解开。如是 3 颗扣的单排西装上衣，扣中间一个扣。领带的质地以真丝为最佳，领带的图案与色彩可各取所好。建议采用传统型的领带，比如条纹、格子。

（3）领带夹的佩戴。在室外行走，可以不用领带夹。但在正式场合，例如进餐，领带夹还是要用的。领带夹仅用于固定领带，它的正确位置在 6 颗扣衬衫从下朝上数第 4 颗扣的地方。

（4）合适的衬衫。衬衫一定要注意合身，不要穿一件肩过宽或领口过紧的衬衫，这些都会影响您的"高大"形象。衬衫的领子应高于西装衣领约 1.5 厘米，袖子应在西装上衣袖口之外露出 1.5 厘米，这样做主要是为了西装的整洁。男士一定要记得每天更换衬衫，否则会给别人留下一种感觉，就是昨晚你夜不归家。

（5）服饰。要使西装显得挺括、合身，上衣里面除去衬衫和西装背心外，不应再穿其他东西。若是太冷，可以穿一件羊毛衫，色彩宜素，图案不要太抢眼。最好是鸡心领套头衫，既便于打领带，又显得协调。西装上衣外面的口袋原则上不可以装东西，钢笔、钱包之类最好放在上衣内侧的口袋或是公文包里。上衣外面左侧胸袋仅能置放装饰手帕。

（6）深色的袜子。穿深色西装时，一定要记得穿深色的袜子。白色袜子适合于运动时，既潇洒又引人注目。

9.3.2 工作场所仪态要求

1．微笑和使用礼貌用语

微笑是人与人之间的润滑剂，要让别人感觉你的平易近人，要记得微笑。你可能有这样的经验：当你心情郁闷的时候，如果你努力微笑，渐渐地，你的心情会愉快起来，而别人会感受到你的愉快。微笑能赋予别人好感，增加友善和沟通，体现热情、修养和魅力，帮助建立信任和尊重。微笑时不要露出牙齿；嘴角的两端略微提起。

同样地，如果你希望别人钦慕你的风范，渴望与你交往，你并非一定要身着名牌，谈论时尚，只要在日常生活中，将"请"、"谢谢"、"对不起"挂在嘴边，你就可以逐渐建立起"高大"的形象，以及证券经纪人的号召力。一般的礼貌用语如下分述。

- 请：请进、请坐、请稍候、请多关照。
- 好：您好、早上好、大家好。
- 谢谢：谢谢光临、多谢合作。
- 对不起：非常抱歉、真不好意思。
- 劳驾：打扰了、麻烦您好吗？

2．仪态要求

（1）站姿。俗话说"站如松"。正确的站姿是抬头、目视前方；挺胸直腰、肩平；双臂自然下垂收腹；双腿两脚分开，比肩略窄；将双手合起，放在腹前或背后。千万不要"一站三道拐"。良好的站姿给人以"玉树临风"的美好感觉。

1）站立等待的姿势：

- 双脚微分。
- 双手握于小腹前。
- 视线可维持较水平略高的幅度。
- 气度安详稳定。
- 表现出自信。

2）站立商谈的姿势：

- 站着与客户商谈时，两脚平行打开，之间约10厘米。

- 头部前后摆动时，保持平衡。
- 双方的距离为两个手臂长。

（2）坐姿。"坐如钟"，入座时要轻，至少要坐满椅子的 2/3，后背轻靠椅背，双膝自然并拢（男性可略分开）。身体稍向前倾，则表示尊重和谦虚。如长时间端正坐，可双腿交叉重叠，但要注意将上面的腿向回收，脚尖向下。女性入座前应先将裙摆向前收拢，两腿并拢，双腿同时向左或向右放，两手叠放于左右腿上，给人一种"坐如芍药"的美感。

1）坐椅子的方法：

- 一般从椅子的左侧入座。
- 上身不要靠着椅背。
- 双手轻握于腿上或两手分开放于膝上。
- 双脚的脚后跟靠拢，膝盖可分开一个拳头宽，平行放置。
- 若是坐在较软的沙发上，应坐在沙发的前端。
- 当客户进来时，站立起来。
- 遵循客户的指示入座。

2）坐着商谈的距离：

- 坐着时约为一个手臂长。
- 避免自己的口气吹到对方。
- 通常与较熟客户保持的距离是 70~80 厘米。
- 与不熟悉的客户的谈话距离应保持在 100~120 厘米。

（3）行走。"行如风"，是微风，而不是狂风，也不是台风。在办公区域行走时，切忌奔跑，有急事可以小碎步或加大步伐。

（4）面部表情。当双方对话时，视线落在对方的鼻间，偶尔可注视对方的双目；当诚心诚意想要恳请对方时，两眼可以注视对方的双目；双目一直望着对方的眼睛也会出现过于针锋相对的情景，要注意当时的具体情景。

（5）蹲姿。如果你在拾取低处的物件时，应保持大方、端正的蹲姿。优雅蹲姿的基本要领是：一脚在前，一脚在后，两腿向下蹲，前脚全着地，小腿基本垂直于地面；后跟提起，脚掌着地，臀部向下。

 模拟情景设计 9-2

情　　景：模拟证券公司营业部正券经纪人团队培训。

学生角色：学生三人一组，其中一人为客户，二人为证券经纪人。

顾客身份：一位客户（学生扮演）来到证券公司营业部或商业银行的咨询台，询问有关股票的事项。请证券经纪人与这位客户交谈，注意上述交谈禁忌。

情景内容：表现证券经纪人在与客户交流中应具备的基本礼仪。

情景设计：

客户：（走进了走进交易场，向证券经纪人走来）您好！

证券经纪人：（西装笔挺，气质非凡）您好！见到您好高兴！您请坐！（注意座位的入座方法、商谈的距离，以及视线的落点）

客户：近来股票行情的走势如何？

证券经纪人：据我分析……（注意说话的语气，尤其不要唾沫横飞）

9.3.3　待人接物的常用礼节

1．礼宾次序

虽然人与人归根结底是平等的，但"凡是有人群的地方，就有左中右"，敬尊护弱是人人应遵循的守则。礼宾次序的规则有多种，如姓氏笔画为序，先来后到为序等，日常交往中常用的还有上级为尊、长者为尊、客人为尊、女士为尊等惯例。至于一位年长的男下级和一位年轻的女上司二者到底谁为尊，则要看在特定的场合到底是哪种关系占主导地位了。

2．介绍和称呼

（1）介绍他人。介绍是社交礼节的重要环节，这是彼此不熟悉的人们开始交往的起点，通过介绍，新的朋友结识了。介绍通常是把男士介绍给女士，年轻者介绍给年长者，位卑者介绍给位尊者，主人介绍给客人，未婚者介绍给已婚者，这是因为位尊者有先了解情况的权利，也就是知情权。当然介绍前首先要了解被介绍的双方是否有结识的愿望。当被介绍者拥有许多身份时，只需介绍跟当下场合相关的身份即可。在介绍时，可以提供一些有利于他们更快认识的信息，如两位都是江西人，就可以把老乡关系突出，以便他们能尽快找到共同话题。

（2）称呼。一般称男性为先生，称女性为小姐、夫人及女士，即为称呼国际惯例。按照中国的习俗，称呼带头衔更合适。在不同的场合，总有一个客户最乐于接受、他人也可能认为的最佳称呼，如果证券经纪人能善用这个称呼，可能会事半功倍。

（3）自我介绍。在自我介绍时，一般要把自己的姓名、供职单位或部门、职务或职能范围介绍清楚。

3．点头礼和鞠躬礼

（1）点头礼。微微地点头，以对人表示礼貌。适用于比较随便的场合，如在路上行走或是在公共场所与熟人相遇，无须驻足长谈时，可行点头礼。还可以随之说些问候话。

与相识者在同一场合多次见面，只点头致意即可。对一面之交的朋友或不相识者在社交场合均可点头或微笑致意。

（2）鞠躬礼。我们都知道日本人是最喜欢鞠躬的，见面和分手都要鞠躬。另外我们经常在电视剧中看到这样的镜头，古代的官员们在退朝时，也要面对君王行鞠躬礼。鞠躬也是表达敬意、尊重、感谢的常用礼节。鞠躬时应从心底发出对对方表示感谢、尊重的意念，从而体现于行动，给对方留下诚恳、真实的印象。

4. 握手

（1）握手的要领。握手时要面带真挚的笑容，迎上客户的同时伸出自己的手，握手应保持站立姿，身体前趋，右臂向前伸出，与身体略呈五六十度的角度，手掌心微向左上，拇指前指，其余四指自然并拢，汪视客户的眼睛。握手需要握实，摇动的幅度不要太大，时间以客户松手的感觉为准。如果关系亲密，场面隆重，双方的手握住后应上下微摇几下，以表现出热情。

（2）握手的禁忌。

- 贸然伸手。遇到上级、长者、贵宾、女士时，自己先伸出手是失礼的。
- 目光游移。握手时精神不集中，四处顾盼，心不在焉，是无礼的。
- 长时间不放手。特别是男士握着女士的手时，如果长时间不放手，会让女士很难为情。
- 交叉握手。当他人正握手时，跑上去与正握手的人相握，是失礼的。
- 敷衍了事。握着对手两个手指头握手，漫不经心地应酬对方。
- 握手用力摇晃。

5. 名片的使用方法

名片是工作过程中重要的社交工具之一。交换名片时也应注意礼节。使用的名片主要包含两个内容：一是标明你所在的单位；二是标明你的职务、姓名及承担的责任。总之，名片是自己（或公司）的一种表现形式。因此，证券经纪人在使用名片时要格外注意。

（1）名片的准备。名片一般都放在衬衫的左侧口袋或西服的内侧口袋，也可以放在随行包的外侧，避免放在裤子的口袋。出门前要注意检查名片是否带足，递交名片时注意将手指并拢，大拇指夹着名片以向上弧线的方式递送到对方胸前。拿取名片时要用双手去拿，拿到名片时轻轻念出对方的名字，以让对方确认无误。拿到名片后，仔细记下并放到名片夹的上端夹内。同时交换名片时，可以右手递交名片，左手接拿对方名片。

- 名片不要和钱包、笔记本等放在一起，原则上应该使用名片夹。
- 名片可放在上衣口袋（但不可放在裤兜里）。
- 要保持名片或名片夹的清洁、平整。

（2）接受名片。

- 必须起身接受名片，应面带微笑，使用双手并稍稍欠身，以示尊重。
- 接受名片时要说"谢谢"并一定要看一遍，使对方感到你对他的名片感兴趣。
- 应用双手接收。
- 接收的名片不要在上面做标记或写字。
- 接收的名片不可来回摆弄
- 接收名片时，要认真地看一遍或念一遍，特别是碰到生字、难字，一定要向对方请教。

- 不要将对方的名片遗忘在座位上，或存放时不注意落在地上。
- 名片应妥善放好，不要在名片上写东西，不要往名片上压东西。

（3）递名片。名片的次序是由下级或访问方先递名片，如是介绍时，应由先被介绍方递名片。

- 名片夹最好使用品质优良的名片夹，能落落大方地取出名片。
- 递名片时，应说些"请多关照"、"请多指教"之类的寒暄语。
- 互换名片时，应用右手拿着自己的名片，用左手接对方的名片后，用双手托住。
- 互换名片时，也要看一遍对方职务、姓名等。
- 在会议室如遇到多数人相互交换名片时，可按对方座次排列名片。
- 会谈中，应称呼对方的职务、职称。无职务、职称时，称小姐、先生等。
- 当其他人向你索要名片，若自己没有准备或不愿交换，可以这样说"对不起，我的名片用完了"或"对不起，我忘带了"。
- 出示名片时可以说："这是我的名片，今后如果有问题，尽管打电话给我。"
- 如果你想向一位长期客户出示名片，你可以说"你有我的名片吗"或"我一直想给你一张名片"等。

6. 其他

（1）引路。在为客人引导时，应走在客人的左前方 2～3 步前，让客人走在路中间。要与客人保持步伐一致，适当做些介绍。这样做是遵循两个原则：一是以右为尊；二是把安全留给客人（因为中国基本是车辆靠右行驶）。

在楼梯间引路时，让客人走在右侧，引路人走在左侧，拐弯或有楼梯台阶的地方应使用手势，提醒客人这边请或注意楼梯。

（2）开门。向外开门时，先敲门，打开门后把住门把手，站在门旁，对客人说"请进"并施礼。进入房间后，用右手将门轻轻关上，请客人入座。向内开门时，敲门后，自己先进入房间，侧身，把住门把手，对客户说"请进"并施礼。轻轻关上门后，请客人入座。

预约客人来访时，应提前做好接待的准备工作，提前几分钟在约定地点等候。客人来到时应主动迎上去表示欢迎之情，初次见面的还应主动做自我介绍，并行领客人至接待处。安置好客人后，奉上茶水或饮料，再进入正式的会谈。

临时来访的客人造访时，也应以礼相待。若确实因工作太忙抽不开身时，应大方地向客人说明原因，表示歉意，主动地与客人另约时间，千万不可吞吞吐吐或频频看表来表示送客的心情。

（3）奉茶。客人就座后应快速上茶，上茶时要注意不要把有缺口和裂缝的茶碗拿出来使用，使用一次性杯具最好。太烫和太凉的茶水都起不到招待的作用，只会引起来客的不快，茶水合适的温度为 70 度，浓淡适中。俗话说"茶满七分，酒满杯"，因此给客人倒茶时只要七分满就行了。

同样地，来客中应从身份高的开始沏茶，如不明对方身份，则应从上席者处开始沏，在客人处还未沏完时，不要给本公司的人沏茶。

（4）送客。送客时应主动为客人开门，待客人走出后，你再随后出来。送客千里，终有一别，我们可在适当的地点与客人握别，如电梯口、大门口、停车场或公共交通停车点等，一定要送客人到公司门口。若是远道而来的贵宾，应送客至车站、机场、轮船码头。送客人要等客人消失在视线之外，才打道回府，否则会很失礼。

 模拟情景设计 9-3

情　　景：模拟证券公司营业部或是与客户约见的其他地方。

学生角色：两人一组，其中1人为客户，1人为证券经纪人。

顾客身份：一位年龄大约38岁的女士，来到证券交易市场，询问有关股票行情的事项。请证券经纪人两人一组，在介绍后礼貌地递上名片。

情景内容：证券经纪人与客户交换名片礼仪。

情景设计：

　　证券经纪人：您好！见到您很高兴！

　　客户：您好！我想问一下，最近有哪些股市的行情好一些？

　　证券经纪人：上海股市的要好一些，还有……

　　客户：好的，非常感谢，我明白了。

　　证券经纪人：不用客气，这是我应该做的。（面带微笑，双手出示名片）对了，您有我的名片吗？这是我的名片，今后如果有问题，尽管打电话给我。

　　客户：谢谢，噢，您就在大同啊，云冈石窟就在那里，是吗？

　　证券经纪人：是的，有机会的话，欢迎您来大同。如果方便的话，是否可以给我一张您的名片？

　　客户：对不起，我忘带了。

　　证券经纪人：没关系。

　　客户：不过，我会打电话和你联系的。

　　证券经纪人：谢谢，接到您的电话我一定很高兴。

　　客户：好了，我还有点事，今天就聊到这儿，再见！

　　证券经纪人：您走好，再见

7. 赠送礼品的技巧

证券经纪人在业务交往中，为了联络感情或表达谢意，往往要赠送一些礼品，具体的环节如表9-6所示。

表 9-6　赠送礼品的技巧

赠送礼品前应考虑的事项	公司或部门有关赠送礼品的政策或惯例以及对方的基本情况
	送礼的客观环境。谈判中送礼，礼品会被人误解为行贿；附带条件的送礼是不礼貌的，而且会带来不良的效果
	受礼人的喜好如品位、爱好、兴趣、生日等
	礼品的价值
	礼品的类型，礼品的选择要符合当地的风俗、习惯或对方的喜好
赠送礼品时应考虑的是事项	彼此的关系
	赠送礼品的理由
	赠送礼品的时机，可选择个人事件如生日、提升等
	赠送礼品的场合，可选择家庭场合、私人场合、公司场合、节日场合等
赠送礼品的方式	面送
	托他人转送
	通过邮寄方式寄送
礼仪卡的赠送	礼仪卡的赠送应及时，否则就失去意义
	受卡人的姓名、称呼要正确
	礼仪卡上的附言要本人书写并签名

 模拟情景设计 9-4

情　　景：证券公司营业部。

学生角色：两人一组，其中 1 人为客户，1 人为证券经纪人。

顾客身份：职业为商业服务行业职员，40 岁的女士，对证券市场基础知识了解甚多，是证券经纪人的老客户。

情景内容：证券经纪人巧妙地向客户赠送礼品。

情景设计：

　　客户：您好！

　　证券经纪人：您好！见到您很高兴，听说您要升为主管了，是吗？

　　客户：是的，下周正式接任。

　　证券经纪人：恭喜您！为了向您表示祝贺，我特意准备了一份小礼物送给您，希望您能喜欢。

　　客户：你可真客气，谢谢，这卡好漂亮啊。

　　证券经纪人：您能喜欢我就很高兴了。

　　客户：跟你合作真是愉快，我们聊聊市场行情吧。

证券经纪人：好的。您是股票投资的老行家了，现在的市场行情您怎么看呢？

8．聆听的礼仪

聆听是与人交流沟通的渠道和桥梁，聆听的礼仪规范对证券经纪人而言是十分重要的。

（1）头脑清醒。倾听要全神贯注听。你只是在听，不要想任何其他事情，也不要怀着企图。不要一边听一边想要回的话或是要问的问题，而是将心、脑腾出来装客户的说话内容，否则就听不到隐藏在客户声音中的真实想法了。

（2）专注地听。倾听是要同时眼到、口到、心到，眼睛注视着对方，不断地点头来回应对方的话，心要摆在当下，不要有杂念进来，否则就没礼貌了。保持目光接触，仔细听清对方所说的话，不要三心二意。

（3）心情放松。倾听时只有认同与接纳对方的意见，要让对方说得够、说得爽，不加入自己的意见（除非客户真的想听你的意见），因为你是来跟他谈投资的事情，不是来谈政治，也不是来谈孩子的教育问题，更不是来帮客户算命的，你真正要表达的只是你建议他买你的产品或服务而已，不是吗？

（4）不插话、不抢话。如果证券经纪人跟客户抢话说，客户也会抢话说。不让客户把话说完，他是绝不可能静下心来听证券经纪人谈投资的。

（5）察言观色。证券经纪人在聆听的同时，还要注意观察。例如，谈话时的表情，兴奋或是沮丧；身体的姿势，紧张还是放松，传递语言以外的其他信息。证券经纪人若将表述者的言与行结合在一起作分析，将有助于理解其真实想法，进而赢得交易，取得成功。

🌐 单元实训题

目　　的：掌握证券经纪人接待客户礼仪。

规则与要求：2人一组，1人为证券经纪人，1人为客户。要求证券经纪人与客户模拟练习接待客户的基本礼仪。

情　　景：（1）地点：实训室。

　　　　　（2）人物：证券经纪人、客户。

评　　价：

由教师评价、小组评价、学生自评相结合，评价标准如下分述。

（1）专业能力方面：掌握基本礼仪要求，接待客户礼仪规范到位。

（2）方法能力方面：应变能力和语言表达能力都有一定提高。

（3）社会能力方面：对合作的同学有更深入的认识，能与同学很好地合作并完成任务，团队合作意识强。

参考文献

[1] 中国证券业协会. 证券市场基金知识[M]. 北京: 中国财政经济出版社, 2011.

[2] 中国证券业协会. 证券交易[M]. 北京: 中国财政经济出版社, 2011.

[3] 中国证券业协会. 证券投资基金[M]. 北京: 中国财政经济出版社, 2011.

[4] 王明生. 商业银行客户经理必读[M]. 北京: 中国金融出版社, 2003.

[5] 程峰, 王彬. 证券营销学[M]. 广州: 广东经济出版社, 2003.

[6] 高阳. 48种社交场合绝妙辞令[M]. 南京: 江苏人民出版社, 2005.

[7] 李新国, 王宏道. 证券客户经理实务[M]. 北京: 北京师范大学出版社, 2011.

[8] 卡耐基著. 卡耐基口才的艺术与人际关系[M]. 马剑涛, 肖文键, 译. 北京: 中国华侨出版社, 2010.

[9] 李昌彧. 人际沟通与职业礼仪[M]. 北京: 化学工业出版社, 2010.

[10] [美]特劳特. 显而易见: 终结营销混乱[M]. 谢伟山, 苑爱冬, 译. 北京: 机械工业出版社, 2011.

[11] 陈永芳. 销售攻心术: 销售就是一场心理战[M]. 北京: 中国华侨出版社, 2011.

[12] 杜晓颖, 丁俊峰. 金融客户经理[M]. 北京: 中国金融出版社, 2007.

[13] 李成谊. 实用沟通与演讲教程[M]. 武汉: 华中科技大学出版社, 2005.

[14] 魏江, 严进. 管理沟通: 成功管理的基石[M]. 北京: 机械工业出版社, 2006.

[15] 郭延江. 证券投资与管理[M]. 北京: 北方交通大学出版社, 2007.

[16] 秦冬杰. 证券公司业务与经营[M]. 北京: 中国物资出版社, 2004.

[17] 夏国俊. 证券客户经理制与大客户服务规范[M]. 哈尔滨: 哈尔滨地图出版社, 2004.

[18] 周理弘. 现代礼仪必备全书[M]. 北京: 中国致公出版社, 2007.

[19] 金正昆. 社交礼仪[M]. 北京: 北京大学出版社, 2005.

[20] 惠特摩尔. 商务精英必须知道的基本礼节[M]. 姜岩译. 石家庄: 河北教育出版社, 2008

[21] 刘俊. 银行服务礼仪[M]. 北京: 中国金融出版社, 2011.

[22] 陈丽卿. 职场礼仪[M]. 北京: 机械工业出版社, 2010.